THE MISSION OF PUBLIC RELATIONS IN THE CONSTRUCTION OF FAMOUS CITIES IN THE WORLD

The eighth session of the West Lake public relations Forum

世界名城建设之公共关系使命

——第八届西湖公共关系论坛论文集

虞华君 刘江 金大伟 ◎ 编著

上海三联书店

序　言

城市形象是城市的名片，是城市的整体精神和风貌。一座城市，如果没有良好的城市形象，那么这座城市就会失去灵魂和色彩，其经济和社会发展也将难以持续。当今世界上一些著名城市都非常注重塑造和设计自己的形象，随着中国城市的发展，越来越多的城市也开始重视城市形象建设。

相当长时期以来，在城市形象建设问题上有两种倾向：一是大搞城市形象工程。这种倾向把城市形象理解成一种“外在美”，从树立城市标志性建筑物到旧城改造，甚至有城市斥巨资实施“亮丽”工程、“穿衣戴帽”工程，从而把城市形象建设推到极端的境地。的确，这些形象工程提升了城市的形象，但现实中更多的情况是，有些形象工程由于政策失误，造成了巨大的浪费，损坏了城市形象；二是着力硬性城市建设。这种倾向把城市形象理解成一种“硬实力”，从关注城市经济增长到重点工程建设，中国城市政府在相当长时间内无一例外地将这些作为头等重要的大事来抓。本来，致力于城市硬实力的提升，乃是塑造城市形象的必经之路，但城市形象的话题远不止这些，城市的历史文化传统、风土人情、城市政府的治理模式乃至城市人的行为方式与价值观念等，都是城市形象建设不可或缺的话题。进入 21 世纪以来，城市形象建设不再局限于“外在美”和“硬实力”的认识，而更多地发掘城市的“内在美”和“软实力”，例如，在全国范围内掀起的“文明城市”创建活动，地方政府传统管理模式向社会治理方式的转变，这都在很大程度上提升了城市的形象，同时也改变了人们对城市形象建设的认识。

对于城市形象建设而言，一个更有挑战性和创新意义的方式来自公共关系。现代公共关系已有一百多年的历史，它作为一门塑造形象的科学和艺术，注重组织与公众、组织与组织之间的真诚沟通、坦率交流、互相理解、建立信任，其目的是为了在社会公众中塑造良好的组织形象。企业界很早就引入公共关系来营销产品以及应对企业危机，从而为塑造和维护企业形象起到了重要作用。城市发展也面临着和企业同样的障碍与困境，城市形象需要传播和推广，城市文化需要传承和发展，城市政府需要倾听来自人们的声音，这些都离不开公共关系的介入。因此，在这个意义上，公共关系实可成为城市形象建设的重要方式。应该承认，运用公共关系塑造城市形象面临着一定的挑战，当前很多城市热衷于邀请社会知名人士或组织开展公关活动塑造城市形象，而忽视了城市居民公关参与的权利。实际上，塑造城市形象的公共关系应该以全员参与为己任，积极引导公众参与到城市公关活动当中，这种全员公关参与城市形象塑造无疑是一大挑战。不过，作为一种城市形象塑造的方式或手段，公共关系以其独有的创新意识为一个城市的形象提升谋篇布局。在这全民创新的时代，城市形象塑造更是需要创新，从城市形象定位到城市形象传播，从城市形象识别到城市形象策划，任何环节都需要依靠创新引领，而公共关系的核心在于创新，公共关系能够为城市形象的定位、识别、策划与传播提供创新的泉源。

近些年来，杭州市一直致力于城市形象的提升以打造世界名城，其中公共关系的创新与实践为此提供了重要支持。杭州自古就有“人间天堂”的美誉，经过多年的改革、创新与发展，杭州的城市形象得到了显著的提升。早在 2007 年，杭州市第十次党代会将确定以

“生活品质之城”作为杭州的城市品牌形象。伴随杭州“生活品质之城”的确立，城市国际化被作为杭州提升城市形象的重要方向而提出来。2008年，“城市国际化”就被列为杭州城市发展的六大战略之一，2016年，杭州正式推出《加快推进城市国际化行动纲要（2015—2017）》以及《关于全面提升杭州城市国际化水平的若干意见（草案）》，从而使杭州的国际化之路更为清晰，也使杭州城市形象建设上了一个新台阶。杭州城市形象提升以及城市国际化发展过程中，公共关系特别是政府公共关系发挥了重要作用。政府不断通过媒介的力量宣传西湖的魅力、宋城的千古情和钱塘江的天下奇观，以及杭州人民的富足、舒适和休闲的生活；政府发布“十大公共关系事件”，世界文化大会在杭举行、京杭大运河申遗成功、国际动漫节成功举办等，这些事件深刻地影响了杭州的城市形象，也为杭州打造“世界名城”迈出了坚定的脚步。值得提及的是，作为一次重大的国际公关事件，G20在杭州的成功举办，向世界展示了杭州历史与现实交融的“别样精彩与独特韵味”，城市国际品牌形象得到持续提升。

公共关系在城市形象提升实践上的开展有赖于理论与学术创新思想的引领。今由杭州市政府和中国计量大学联合主办的第八届“西湖公共关系论坛”，以及受全国公共关系学专业院长/系主任联席会议委员会委托承办的“全国公共关系学专业院长/系主任联席会议暨杭州城市品牌形象建设研讨会”，旨在围绕公共关系与城市品牌形象建设、打造国际名城进行学术交流与探讨，推动杭州城市国际化，促进公共关系的创新与发展。会议得到了来自全国多所高校公共关系学界专家学者的积极响应，飨以文字，结集成册，这份对专业的热爱和对城市发展现实的深切关怀，值得学习与借鉴。这本论文集，融进了诸多学者对城市形象建设的创新思考，特别是将其置于“一带一路”国家发展战略背景下，这无疑是一个切中热点与标新立异的思路，或许在这一思路指引下，杭州城市品牌形象的提升与国际名城打造能够走出一条新路来。

城市，让生活更美好。不论是城市形象的提升还是城市国际影响力的拓展，都应当以每一个城市人的美好生活为旨归。作为城市形象建设的推动者和引领者，公共关系人也应该秉承这样的理念，为城市形象提升和城市发展做出应有的贡献，以实现每一个城市人对美好生活的愿望。

编　者

2018.3.18

目　录

1. 加大公共关系参与促进杭州世界名城建设

中国计量大学　虞华君　霍荣棉　翁列恩　吴　丽
杭州市公共关系协会　杨耀樑　刘　江
杭州建德市人民政府　童定干　朱　欢

2017年10月14日，第8届西湖公共关系论坛在杭州建德市开幕。本届论坛由杭州市人民政府与中国国际公共关系协会、中国计量大学等联合主办，杭州市公共关系协会和建德市人民政府联合承办，世界华文大众传播媒体协会支持。来自中国大陆、台湾、香港等地的300余位各界嘉宾济济一堂，围绕“世界名城建设之公共关系使命”这一主题展开了热烈探讨。中共浙江省委常委、杭州市委书记赵一德向本届论坛发来贺信。中共中央外事办公室原副主任、原驻瑞典等多国大使吕凤鼎，新华社原副社长兼常务副总编马胜荣，台湾财政部门原负责人刘忆如博士、香港中文大学教授黄懿慧博士、中国传媒大学教授文春英博士等业内权威专家学者莅临演讲。徐鸿道、许勤华、冯仁强、杨耀樑、安志云、朱荫湄、王基信、葛洪良、童定干、陆曜等领导出席论坛参与互动。同时，本届论坛面向全国二十余所高校征集到30余篇学术论文，并举行了学术分论坛。在全体与会人员的共同努力下，本届论坛取得圆满成功，新华网、《杭州日报》、澳门卫视、瑞士《欧亚时报》、美国《中国日报》等海内外数十家媒体予以关注报道。

一、杭州世界名城建设的现状

杭州自古就有“人间天堂”的美誉，经过多年的内修外炼，城市影响力不断提升。杭州紧抓“两会两区”的历史性机遇，在十一届一次全体(扩大)会议上研究部署城市国际化工作，提出分“三步走”建设世界名城。在强调提升杭州影响力的同时，重视塑造杭州的独特城市品牌。

1. “独特韵味、别样精彩”的世界名城。杭州始终坚持基于自身优势建设城市品牌，逐步打造系统化品牌，提升品牌核心引领。首先，以“生活品质之城”为内核，主导城市品牌行动。提出“天堂硅谷，品质生活”引领高新技术产业；提出“东方休闲之都，品质生活之城”引领旅游产业；提出“西湖博览会，品质生活城”引领会展产业。在产业发展过程中贯彻“先生态、再生活、再生产”的品质生活精神，不断夯实杭州实力，提升杭州魅力。其次，以“电商之城”为内核，助推产业升级。杭州以良好的电商业态为基础，升级发展目标，大力推动电子商务跨境、跨国发展，提升电子商务的国际声誉和国际影响力。同时，以互联网为基础的信息经济和智慧应用也得以快速发展，以科技和金融为核心的新产业形态逐步形成。再次，打造“创新创业之都”，提升城市活力。依托浙商、杭州高校、阿里巴巴集团等人才队伍，杭州已经打造了一批有影响力的创业创新人才，引领行业发展。为了建设以人才队伍为主要推动力的核心城市能力，杭州在产业吸引力和城市品质吸引力的基础上重视人才政策建设和资本引入，持续提升创新水平，增强城市活力。

2. 影响力不断提升的国际化名城。在关于城市品牌纵深发展的思考中，杭州市政府认为只有立足世界，积极参与国际竞争，主动将城市国际化，才能有效应对未来挑战，并逐步确立了杭州的城市国际化战略，2016 年杭州市“十三五”规划把“提升城市国际化水平”升级为重大战略任务，城市国际化成为城市品牌升级的主战略。杭州城市的国际化建设是内在设施、人员能力支撑的国际化，也是外部影响力提升的国际化。在内部提升上，实施“五水共治”工程，生态环境不断提升；重视基础设施建设，城市建设不断完善；优化城市治理体系，公共服务水平显著提高。在外部影响上，“互联网 + 创新”捕获全球视线；“G20 会议 + 亚运会”展现国际影响力。杭州作为一个古都，正以全新的面貌彰显其独特魅力；以独特的方式，吸引全球目光。

二、公共关系促进杭州世界名城建设的成效

进入 21 世纪以来，杭州确立城市国际化发展战略，促进世界名城建设，其中公共关系的创新与实践提供了重要支持，杭州世界名城建设也取得了显著成效。

1. 凭借媒介力量传播杭州世界形象。让世界知道杭州，这是杭州促进世界名城建设的首要任务。杭州在中央电视台中文国际频道和英文国际频道投放 15 秒城市形象广告，与中央人民广播电台合作开设专栏推介杭州，组织新加坡亚洲新闻台、香港凤凰卫视等境外媒体到杭采访等，这些媒介推广在杭州世界名城建设中发挥了重要作用。伴随着杭州城市形象在世界范围内的传播，杭州的城市发展实力持续增强。在国家发改委发布的全国城市综合实力排名中，杭州位居全国第七；在 2016 年中国城市可持续发展综合排名中，杭州排名第二位；在信息经济的带动下，杭州已逐渐向一线城市迈进，在多个代表一线城市竞争力的指标上，杭州已与一线城市并驾齐驱。

2. 借助会展平台展现杭州国际风采。杭州近年通过会展持续提升杭州的城市国际影响力。2008 年，杭州将西博会更名为“西湖国际博览会”，其中增加了大量的国际性元素，西湖国际音乐节、西湖国际旅游节、杭州国际友城市长峰会等，除此之外，杭州还举办国际

休闲博览会、国际丝绸博览会等国际展会，推动杭州城市国际化传播。更为引人注目的是，作为一次重大的国际公关事件，G20 在杭州的成功举办，向世界展示了杭州历史与现实交融的“别样精彩”与“独特韵味”。在 2017 年城市发展动力指数排名中，杭州在全球 134 座城市中位列第 26 名，与北京和上海等中国一线城市共同进入全球前 30 强榜单，杭州的城市国际品牌形象和国际影响力得到持续提升。

3. 通过举办活动推动杭州全球参与。杭州现在每年都举办“生活品质国际交流日”活动，成功举办杭州国际马拉松赛，组织万人同跳一支舞，并创造了“排舞吉尼斯世界纪录”。这些活动着力于参加人员的国际化和服务标准的国际化，无疑为推动杭州城市的全球参与提供了重要契机。此外，杭州还利用文化的传播、经济的影响力以及公共关系中政府品牌的树立为世界名城建设提供能量，例如，世界文化大会在杭举行、京杭大运河申遗、阿里巴巴纽交所上市等，这些事件深刻地影响了杭州的城市形象，极大提升了杭州在全球范围的知名度。

三、杭州在建设世界名城中的公共关系策略及建议

1. 推动大杭州协同一体化发展战略的传播与融合。随着城乡一体化进程发展，大杭州正在逐渐突破区域范围的限制，以一个更具开放性、包容性、协同性的系统承担着经济社会可持续发展的重要使命。“互联网 + 信息”的广泛应用，也使大杭州在信息互联互通、知识共享传播方面彰显特色。要更好地推动大杭州协同一体化发展，不仅需要经济社会发展战略的引导，还需要运用以下条件：一是建构大杭州经济社会文化方面的有效信息与信息网络，运用现代信息网络平台与新媒体技术传播杭州城市建设正面形象；二是建立清晰、顺畅、持续的信息传播渠道。考虑到社会多元化发展的趋势，应致力于公众的接受能力和信息接收方式，建立多元的信息传播机制，确保大

杭州发展战略有一个良好的传播过程和沟通协调机制；三是建立灵敏性、分工明确的信息应对计划与评价机制。大杭州协同发展的进阶性决定了其应构建灵活应对各种传播事件的应急管理机制，并建立有效的评估机制以确保大杭州发展战略的传播效果与品牌建设。大杭州协同一体化发展是经济社会文化融合、协调与相互影响的结果，更需要各个领域积极传播与引导，以更好地推动经济社会文化各方面的发展。

2. 完善杭州世界名城特质体系的建构与推广。城市特质是世界名城的"灵魂"，杭州世界名城建设必须凝练名城特质，明确城市定位，同时要持之以恒不断强化对外传播。杭州从20世纪90年代开始提出打造"爱情之都""休闲之都""女装之都"，到2000年后提出打造"会展之都""中国茶都""动漫之都""生活品质之都"，再到2012年提出建设"东方品质之城"，接着到近年来提出的打造"电子商务之都""创新创业之都"等。这些别称雅号虽已在公众中印象深刻，但给公众的印象是"有点多，有点乱"，杭州名城核心特质及特质体系仍不够清晰。因此，杭州亟须从公关战略视角构建一套名城特质体系，明确核心特质，并多个维度展现，如城市文化维度、自然资源维度、城市管理维度、经济产业维度、商业服务维度等，结合杭州已有的城市品牌形象，凝练或凸显杭州名城核心定位，构造杭州名城特质体系。同时，配合各类公共关系传播策略，多方位、多渠道、多手段地持续展现杭州世界名城核心特质。最终，确保杭州世界名城特质声名远播，深入人心。

3. 加大公共关系专业人才智库建设和世界名城建设专项课题研究。高素质的公共关系专业人才对促进杭州世界名城建设，提升杭州的国际影响力有着至关重要的意义。因此，杭州应不断推进公共关系专业人才智库建设，对接国际知名智库机构，构建公共关系话语体系，建设具有重要影响力的政府或非政府国际交流平台。同时，进一步加大公共关系参与杭州世界名城建设专项课题的研究。在交汇融合中发现问题、解决问题，积极探索公共关系促进杭州世界名城建设的历史使命，不断深化公共关系在杭州世界名城品牌形象推广、杭州城市国际化水平建设提升等重大领域内的研究工作，以研究促发展、以研究求突破，最终确保杭州早日成功跻身世界名城之列。

4. 持续推进城市品牌建设的纵深发展。杭州以独特的历史文化、产业优势、未来发展为基础，逐步形成了以“国际化生活品质之城”为核心，以“创新创业”为动力，以“电子商务、会展、休闲旅游”等产业为支撑的复合城市品牌，并逐步绽放独特魅力，体现国际影响力。需要注意的是，复合城市品牌在发展过程中容易丢失重点，影响城市品牌的持续性，模糊城市定位，甚至影响公众对城市形象的认同。比如，“电商之城”“创新创业之都”是杭州这几年创建的城市品牌，但必须在“国际化生活品质之城”的内核下系统理解杭州品牌才能真正理解杭州城市定位，扩大城市品牌包容度。城市品牌的建设是不断深入民众，提升公众认同度的过程，应重视公关传播的重要作用。采用信息公开、事件传播、新闻报道等多种方式提高公众对城市品牌的知晓度、理解度和认同度，以形成人人参与、全民公关的良好氛围。

2. 后G20时代杭州城市形象传播发展思考

——以“生活品质”为核心，构建城市形象传播的战略系统

浙江工业大学　姚利权

摘要：良好的城市形象，不仅对提高城市美誉度、创立城市品牌、繁荣城市经济等有着重要的促进作用，而且还能产生强大的内部凝聚力和外向发展力。因此，城市形象自概念创立以来一直都是国内外学者研究的热点。G20峰会给杭州带来了更高的国际知名度和美誉度，本文思考了后G20时代杭州的城市形象传播问题，应继续围绕“生活品质之城”的核心理念，从战略目的、战略方针、战略力量、战略措施、战略效果等五个维度建构杭州城市形象传播的战略系统，并提出了一套具体的指标体系。

关键词：后G20时代　城市形象传播　战略系统　生活品质

一、引言

1960年美国学者凯文·林奇在《城市意象》(The Image of the city)一书中首次提出“城市形象”的概念。他的研究侧重把城市形象看作是对城市物质形态的知觉认识。时代变迁，城市形象的内涵也

发生相应的改变。城市精神、城市文化以及政府行为、市民素质等内容纳入也成为其重要组成部分。城市形象作为一种重要的无形资产，对于城市发展具有巨大的带动作用。

杭州作为一个在全国具有影响力的城市，自古以来其城市形象就备受世人的关注。2007 年，杭州市第十次党代会决定把“生活品质之城”作为杭州的城市定位和城市品牌。2008 年，杭州市委十届四次全会决定把杭州城市定位的表述完善为：中国特色、时代特点、杭州特征，覆盖城乡、全民共享，与世界名城相媲美的“生活品质之城”。2011 年，杭州市委、市政府主办了“生活与发展”国际会议，提出了“让我们生活得更好”理念，融入城市生活的方方面面，使文化与经济、社会、生活相融合，这不单是一种良性的社会运行模式，更是一种现代社会生活方式。2016 年，G20 峰会在杭州顺利举行，更是把杭州这座城市推向了世界，杭州也逐步跨向“国际大都市”的行列，城市形象更具品质感和国际范。

后 G20 时代，杭州的城市形象该如何塑造及传播？本文认为，杭州要放大峰会的综合效应，应继续围绕“生活品质”的核心理念，构建一整套城市形象传播的战略系统，努力提升城市国际知名度、国际化水平及国际竞争力。

二、城市形象传播战略系统的五大维度

（一）确立传播战略目的：城市形象传播要有引领性

“战略目的是战略行动所要达到的预期结果，是制定和实施战略的出发点和归宿点。”从城市形象传播的角度来看，确定战略目的，强调需要与可能相结合，具有科学性和可行性，符合城市发展的相关政策，与城市的总体目标和实力相适应，满足城市在一定时期内对维护自身利益的基本要求。战略目的的确定，一方面要充分依托城市自身的实际情况，如综合实力、人民生活水平、城市资源和环境、规划期

许等，明确城市的特色及定位；另一方面要以发展的眼光统领全局，借鉴国内外城市发展的经验及教训，以超越及引领的思维去看待城市的发展。

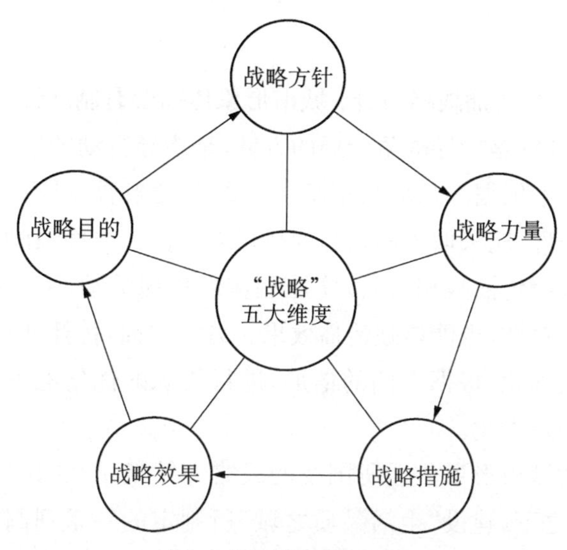

图 1 “战略”的五大维度

杭州是中国七大古都之一，自古有“人间天堂”的美誉，是首批国家历史文化名城和全国重点风景旅游城市，元朝时曾被意大利旅行家马可·波罗赞为“世界上最美丽华贵之城”。近年来，杭州市委市政府十分重视城市品牌形象的建设与推广，早在 2007 年杭州就将“生活品质之城”作为城市定位和城市品牌，并围绕此定位展开了一系列的工作，在国内外引起了较大的反响。“生活品质”是从“人”的角度出发来衡量城市的发展，因此杭州的城市形象传播究其战略目的来说，可以用一句话概括，即“让我们生活得更好”。而这一理念，也已于 2011 年由杭州市主办的“生活与发展”国际会议上正式提出，即要使文化与经济、社会、生活相融合，这不单是一种良性的社会运行模式，更是一种现代社会生活方式。它意味着良好有序的社会关系和人际关系、符合生活本意的工作生活方式和社会运行方式、体现“更好”的社会价值导向和个人价值追求。杭州的城市形象传播战略要以此为目的，真正地融入城市生活的方方面面，具有现实意义的引领性。

（二）围绕传播战略方针：城市形象传播要有制度性

“战略方针是指导战争全局的方针，是指导行动的纲领和制定战略计划的基本依据。”从城市形象传播的角度来看，对不同的传播对象和传播条件，应采取不同内容的战略方针。一方面，在城市形象传播过程中围绕传播战略方针，实施相应的传播活动，可以有的放矢，做到更有针对性，也能增强传播效果。另一方面，传播战略方针可一步步推进及细化，根据不同的情形，进行资源的优化配置，最终实现资源利用的最大化。

杭州的城市形象传播所围绕的战略方针就是在“让我们生活得更好”理念之下，建设“生活品质之城”所制定的一系列制度及规范。近年来，杭州市委、市政府在塑造城市品牌、建设“生活品质之城”方面做了大量的工作，推陈出新，不断探索，取得了有目共睹的成绩：第一，逐步构建城市品牌网群，形成了以杭州市城市品牌促进会、杭州发展研究会、杭州市杭商研究会、杭州学习生活促进会、杭州成长型企业品牌促进会等不同层面社会复合主体为代表的杭州城市品牌大网群格局，激发了社会各方参与城市发展、行业引领、公共服务中的积极性，更好地推动城市品牌、区域品牌、行业品牌、企业品牌和产品品牌的互动、共赢。第二，充分依托这些城市品牌网群，推出一系列有利于杭州城市形象传播的活动及载体，使传播活动更规范，也更有制度性，如杭州市民体验日、生活品质总点评、国际交流日、品质杭商、生活与发展国际论坛、生活品质趋势发布等，形成长效机制，产生广泛的社会影响力。

（三）借助传播战略力量：城市形象传播要有保障性

“战略力量是战略的物质基础和支柱。”从城市形象传播的角度来看，传播的战略力量以城市的综合实力为依托，并能为城市形象的传播创造更多更好的机会和条件，与城市的发展融为一体，促进城市的良性发展。而传播战略的力量保障，一方面来自于基础，即政府、民间团体组织、广大市民对于城市形象传播方面的投入及保障情况；另一方面则来自于管理，如果没有好的管理，就没有更有效的协作与配合，城市形象传播的管理，需要更加科学合理。

应该说，杭州在城市形象传播战略力量的保障方面有其先天优势和后天努力。“先天优势”方面主要是指城市独有的气质和气场，与其他城市相比较具有明显的特色，能加以区别。杭州这座城市与生俱来就有这样的“先天优势”，它的地理位置、人文历史、环境资源、名声地位等都是其他城市不可比拟的。“后天努力”方面主要是指政府、民间团体组织、广大市民对于城市建设的投入、付出及期待。这需要城市决策者和管理者的整体规划及发展部署，当然也需要民间团体组织的主动参与和积极行动，更需要广大市民的献计献策、群策群力，为城市的发展贡献自身的一份力量。杭州在这些“后天努力”的方面也是走在全国城市的前列，正如上文所述，近年来杭州城市品牌网群的不断发展和扩大，正是多方力量共同参与城市建设，为城市发展出谋划策，这些都为城市形象的传播提供了有力的保障。

（四）实施传播战略措施：城市形象传播要有策略性

“战略措施是所采取的各种全局性的切实可行的方法和步骤。”从城市形象传播的角度来看，战略传播措施要根据战略目的、战略方针的具体要求，依托城市的现有基础和保障力量，实施城市形象传播的各种方法和策略。一方面城市形象传播离不开有效的手段和方法，这是达到好的传播效果所必须的；另一方面城市形象传播需要各种载体和平台，这也是实施传播手段和方法的介质。两者相辅相成，互为补充。

近十多年来，杭州在城市形象传播中所推出的措施方面，也是不断探索、不断创新，根据形势、环境的变化，勇于突破既有的模式，寻找更合适的方式。比如说在影视传播方面，《非诚勿扰 1》《唐山大地震》《80后》《命运交响曲》《富春山居图》等越来越多的影视剧来杭州取景，将杭州的多种元素融入影视当中；又比如说在节事传播方面，每年杭州都要举办国际马拉松赛、西湖音乐节、大学生旅游节等各大节事，通过这些节事，吸引更多的目光，打造“休闲之都”；再比如说在展会传播方面，杭州举办了世界休闲博览会、杭州西湖博览会等，尤其是自 2005 年开始每年举办的中国国际动漫节，吸引了国内外众多动漫爱好者，带动了杭州动漫产业的发展，也将杭州打造成了“动漫之都”。

（五）检验传播战略效果：城市形象传播要有有效性

“战略效果是最终检验战略成败的指向标，是战略的归宿与目的地。”从城市形象传播的角度来看，城市形象传播要有有效性，即在城市形象传播过程中，从传播战略目的、战略方针、战略力量和战略措施等方面，都要为最后的传播战略效果服务，实现城市形象传播的可持续发展。城市形象传播的战略效果，一方面要通过第三方的实际调查和多方认证，以确定传播战略的实施其效果如何，进行如实的反馈；另一方面还要综合多方的意见和建议，总结经验和教训，为下一步的形象传播做好铺垫和预热。

经过这些年的努力，杭州围绕“生活品质之城”的建设已经取得了不俗的成绩和效果。目前，杭州是世界休闲博览会、中国国际动漫节和中国国际微电影展的终身举办城市，是中国主要的会展城市之一，中国首座高铁十字架城市，也是杭州都市经济圈核心城市，是国家旅游局确定的中国最佳旅游目的地城市。此外，杭州也是国际重要的旅游休闲中心、全国文化创意中心、电子商务中心、区域性金融服务中心，并获得过中国（大陆）国际形象最佳城市、全球十大休闲范例城市、中国十大最具经济活力城市、中国大陆最佳商业城市榜、中国软件名城等荣誉，并连续多年蝉联“中国十大最具幸福感城市”（第一名）。这些成绩的取得，也进一步印证了杭州在城市形象传播方面是有效的，通过围绕传播战略，以提升城市形象，提高城市竞争力，扩大城市影响力和辐射力，最终促进城市更好更快地向前发展。

三、杭州城市形象传播战略系统指标体系

根据以上“传播战略”五个维度和具体的形象传播策略，本文粗略地构建了一个包含“两大维度（即一级指标）、八个层次（即二级指标）、二十五个具体指标（即三级指标）”的杭州城市形象传播战略系统的指标体系，具体如下（表1）。当然有些三级指标还可以进一步具体化，分成若干个四级指标，但由于研究的精力和时间有限，本文不再具体深入和细化。

表1　城市形象传播战略系统指标体系

<table>
<tr><th>一级指标</th><th>二级指标</th><th>三级指标</th></tr>
<tr><td rowspan="10">城市实体形象传播</td><td rowspan="5">城市形象传播的引领性</td><td>城市形象的国内外媒体关注度</td></tr>
<tr><td>城市在各类评比中的结果</td></tr>
<tr><td>城市旅游及创收情况</td></tr>
<tr><td>城市投融资及创业情况</td></tr>
<tr><td>城市居住及生活情况</td></tr>
<tr><td rowspan="3">城市形象传播的保障性</td><td>政府的投入及保障情况</td></tr>
<tr><td>民间团体组织的投入及保障情况</td></tr>
<tr><td>市民的投入及保障情况</td></tr>
<tr><td rowspan="2">城市形象传播的策略性</td><td>传统的城市形象传播策略运用</td></tr>
<tr><td>新媒体环境下城市形象传播策略运用</td></tr>
</table>

续表

一级指标	二级指标	三级指标
	城市形象传播的有效性	城市的知名度
		市民对城市的认可度
		各方对城市的满意度
城市网络形象传播	城市网络形象传播基础数据	人均网页数量
		人均新闻数量
		人均微博提及数量
		人均微信提及数量
	城市生活网络形象传播	城市物质生活的网络反映
		城市精神生活的网络反映
	城市政务网络形象传播	政务网站建设
		政务微博建设
		政务微信公众号建设
	城市舆情网络形象传播	一般事件的舆情收集及处理情况
		危机事件的舆情收集及处理情况
		网民意见及反馈情况

四、结语

从意义层面看，随着全球化和城市化进程的推进，城市间的竞争愈演愈烈；良好的城市形象能产生强大的内部凝聚力和外向发展力，是城市竞争的重要砝码，因此城市形象战略也被看作是城市可持续发展战略的要素之一。G20 后，对杭州的城市形象发展也提出了更高的要求，本文充分依托杭州市“生活品质之城”的建设目标，从城市形象传播作为切入口，研究分析了城市形象传播的策略和应用，从而来提升杭州城市的竞争力，具有一定的意义价值。

从实践层面看，本文将城市形象传播上升到“战略”的高度，从更宏观、便全面的角度去理解和实施城市形象的传播，并围绕“传播战略”，从战略目的（方向与统领）、战略方针（渠道与规律）、战略力量（管理与保障）、战略措施（方法和载体）、战略效果（意见和反馈）等五个维度，提出了杭州城市形象传播要有引领性、制度性、保障性、策略性和有效性，站在更高的角度和全局的视野，对杭州的城市形象传播提出了要求和建议，具有一定的实践价值。

从应用层面看，本文提出了一套包含“两大维度、八个层次、二十五个具体指标”的杭州市城市形象传播战略系统的指标体系，从实际的操作层面对杭州市城市形象传播作了具体的规划和设计，具有一定的应用价值。

3. “游客凝视”视角下的城市符号建构

浙江大学城市学院　汪　曼

摘要：城市符号是城市品牌传播的基础，是在品牌建设过程中容易被忽略的部分。本文从“游客凝视”理论的视角清晰阐述了城市形象载体、城市符号和城市品牌之间的相互关系，创建城市符号关系模型，通过模型对城市符号的特征和品牌价值做出分析，并对城市符号的建构做出阐述。

关键词：游客凝视　城市符号　城市品牌

当前，我国已经进入城市化加速发展的新时期，城市间的竞争日趋激烈，越来越多的城市开始重视城市形象和个性的塑造，更加注重城市品牌的打造，而城市在品牌化的过程中形成的那些属于城市独特的个性特征和文化内涵的事物，就成了城市的标志性文化符号，即城市符号，这些符号的建构成为了建立一个旅游形象的有效途径，是城市品牌传播的基础。本文从“游客凝视”视角去讨论、分析城市形象载体、城市符号和城市品牌三者之间的关系，从城市符号建构角度梳理出城市品牌塑造的可行路径，为城市品牌化的可持续发展做出积极、有益的尝试。

一、"游客凝视"与城市形象载体

凝视理论源于法国著名思想家米歇尔·福柯(Michel Foucault)所提出的"医学凝视",最初是基于人的精神关注。1990年,英国社会学家约翰·厄里(John Urry)在福柯的研究基础上,创造性地提出"游客凝视"(tourist gaze)这一概念,并将其应用于旅游研究(2009),其所关注的焦点是,人们为什么会为休闲而旅游以及为什么他们会去特定地方旅游。按照厄里的认识逻辑,旅游就是游客去寻找一种在本地所看不到的视觉体验,而游客在旅游中主要的活动就是"凝视符号"。大众旅游恰好印证了这一理论,人们在旅游过程中,往往是选择具有"凝视"特性的对象加以注意,这使得"地点(sites)"转而成了"名胜(sights)",比如游客开始去参观教堂,不是为了祈祷,而是为了拍照(MacCannell, 1999),这种"地点神圣化"也演变成为旅游发展背后的推动力。而随着摄影技术的不断便利化,游客通过重复拍摄那些城市地点并加以扩散,又形成了极大的传播效应,对于城市形象和品牌传播而言,这无疑也是一种极具价值的传播路径,值得注意的是,游客凝视具有相应的群体共同性,即人们所凝视的对象往往集中在特定的目标之上。正如厄里(1995)所指出的,拥有"集体主义"凝视的游客们在追随大众时会感觉安全,他们通过有组织的旅游体系游览那些"游客磁体",借以验证自己的期待。由此可见,游客凝视的内涵并不是由游客自身所赋予,而是通过背后的社会体制、组织和话语机制来规定,在看与被看中,游客只是对异文化中各种城市符号的收集和消费而得到满足。当然,这些被凝视的符号不是随意生成的,旅游的地点也不是随机选取的,在厄里看来,游客和景点都是被操控的,游客的凝视焦点正好落在已经被期待的地方元素和符号上。因为他们已经被各种媒体渠道操控而建立起了那种凝视,知道游览一个地方应该期待什么,比如意大利的比萨斜塔,北京的天安门,其实游客早已从旅行指南、电视、网站等地方看到了这些景点的照片和画面,现在要做的无非是亲自去验证自己的期待。从这个角度说,“游客凝视”是可以操控的,城市并不需要一种完全真实的体验,而只要确保提供与游客期待一致的符号和形象,使游客获得与内心期待相似的体验就可以了。

这就涉及城市旅游中品牌形象的指向问题,即用什么样的符号型态建构游客凝视的载体。具体而言就是,在城市当中哪些形象和事物能够成为游客拍摄的对象,即成为被凝视的主体?有学者将城市形象载体归为三种主要类型,具体如下(Ashworth, 2009):

1. 建成环境:一般游客去游览一个地方,首先会去凝视建成环境的物体。基于对美国和欧洲城市的大量实证研究表明,在构建城市形象时,主要是五个物理元素(表1)起到了一定作用:路径、边缘、区域、节点、地标。其中尤其是边缘和地标,更具有形象载体属性,因为它们可以轻易被识别和牢记。

表1 建成环境的五个物理元素

物理元素	基本内容	举例
路径(paths)	街道、铁路线、小径河等人们沿着移动的其他道路。	巴黎的香榭丽舍大街
边缘(edges)	清晰的过渡区和线性的边界,如滨水区和绿地。	尼斯的林荫大道 纽卡斯尔的泰恩河畔
区域(districts)	住所、邻里和其他拥有城市鲜明特色的地方。	多伦多的唐人街
节点(nodes)	策略性的集合点,如广场、火车站等。	马德里的马约尔广场
地标(landmarks)	作为公共参照点的物理对象。	马尔默的 HSB 旋转中心

2. 标志性事件:一座城市不仅能通过事件(比如体育、艺术或音

乐)的组织活动来进行识别,而且可以通过对活动的举办来展现一个城市的组织能力,提高城市知名度和美誉度,标志性事件和活动对于城市形象的作用是不容忽视的,比如戛纳电影节、萨尔茨堡音乐节等,而国际事件的发生对于城市形象的助推是事半功倍的,比如奥运会举办城市,可以转眼世界皆知。

3. 著名人物:游客们游览一座城市,可能是因为他们将这座城市与名人联系在了一起,例如一位画家、音乐家或作家,他们都是一个城市合适的形象和图像。在巴塞罗那利用名人——建筑设计师高迪与城市联系在一起,成为城市的符号,成功将其品牌化后,Ashworth(2009)把这种品牌化技术叫作“高迪策略”,典型的案例有披头士乐队(利物浦),巴赫(埃森纳赫)等。

当然,在实践中形象载体经常会重叠,而且很多时候,具有象征性的形象载体往往可能都是多重含义的。此外,一个城市可能拥有比上述三种更多的形象载体,比如,一个城市也可能由于当地经济等方面而产生一定的名望,诸如杭州与阿里巴巴、旧金山与硅谷等。但不论怎么样,在城市品牌传播中,必须注意运用相应的形象载体,进一步促进游客凝视。这就涉及作为凝视物的形象载体,其本身所具有的符号属性和品牌价值。

二、城市符号的特征和品牌价值

城市形象载体品类众多,并不是所有的城市形象载体都可以通过操控运作,变成城市标志性符号继而打造成品牌。与此同时,在旅游日趋个性化的追求中,越来越多的人已经不满足于“集体主义凝视”,而倾向于“浪漫主义凝视”,并寻找凝视对象背后的文化和意义,因此建立具有符号性的城市形象载体,就显得更为重要。

所谓符号是有丰富内涵的意义表征,是某种概念或意象的载体。因此,城市符号指的是能够反映城市品牌特性和文化精神的符号形象，它们是能够代表城市文化特征，具有一定的传承价值，能够给人以深刻的印象，并且让人引以为豪的标志性事物（刘新鑫，2011），是对城市内在本质高度挖掘和提炼后，所形成的城市物质和精神的载体，因此必须具备代表性、差异性、象征性和知名度几个特征。与普通符号相比，独特的城市符号能够代表城市的品牌形象，反映着一个城市的魅力，一个城市的文化底蕴和内涵，是识别城市的金名片，吸引着“游客凝视”，因而更具有宣传和塑造的价值。

从城市符号的生成来说，环境、事件、人物等元素，都可以成为城市的形象载体和城市符号产生的来源。那些蕴含丰富文化内涵的城市符号，通过提炼、升华进而成为真正的城市品牌，并进一步提升了“游客凝视”。基于这一认识，按照城市形象（载体）、城市符号和城市品牌之间的关系，为了更加清晰勾画其中关系，本文创建城市关系模型图加以说明（图 1）。

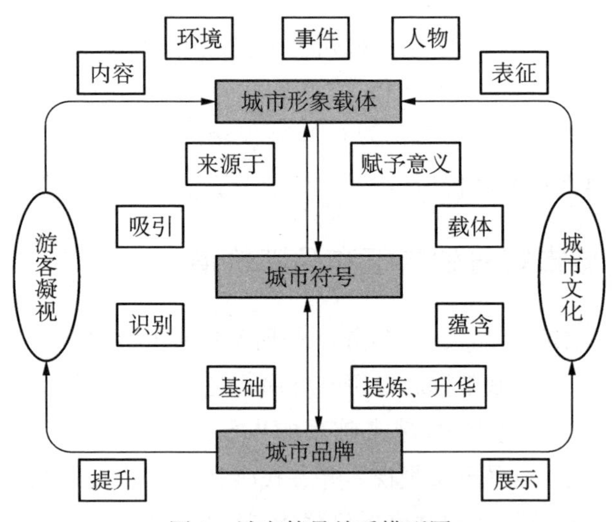

图 1　城市符号关系模型图

从图 1 中，我们知道，城市形象载体与城市品牌之间不是直接的关系，也就是说，不是随意一个建成环境或事件或人物都能打造成城市品牌，它中间需要城市符号这个关键环节作为连接。城市符号是城市品牌塑造过程中的最基本元素，城市品牌的传播是通过视觉载体与社会公众进行沟通，通过对视觉形象赋义、赋值的过程转换，使之成为视觉上易与感知和识别的具有特殊内涵的形象化城市视觉符号（孙湘明＆宋月华，2009），这些城市符号包含了城市各类典型的物象符号，包括建成环境的、事件的、人物的，这些符号承载着城市文化内核，以象征性的视觉语言和形态，将城市快速、准确、形象地传达给公众，社会公众通过城市符号来识别城市。因此，没有独具特色的城市符号，塑造城市品牌就只能是一句苍白的口号，城市的总体形象战略也等同于无源之水。从这个意义上来说，城市符号的提炼和开发是打造城市品牌，提升城市形象过程中应该着重考虑的一项基础性工作。整个模型各个环节和概念息息相关，环环相扣，互融互通，为打造独特的城市符号，塑造城市品牌提供路径。

三、独特城市符号的建构和应用

城市符号是城市品牌的基础，如果要进行城市品牌塑造，首先就要着力打造一批特色鲜明的城市符号。根据城市符号关系模型（图 1），本文大致把城市符号的建构过程分为三步：

第一步，选取典型城市形象载体

根据城市符号关系模型，城市符号来源于城市形象载体，那么面对异常丰富的人文资源、自然资源、产业资源等，可以从建成环境、事件和人物等城市形象载体入手，选取城市中那些能轻易被识别、被认可和被牢记的形象载体，特别是可以作为具像化的照片、图片、影像等风景元素的载体。

在建成环境中特别留意边缘（edges）、地标（landmarks）和节点（nodes）等物理元素，挑选出其中最具有代表性、最具有差异性、最具有知名度以及最具有象征性的形象载体，比如独特的地标性建筑。在事件中，特别留意那些组织层次高、影响大、富有地方特色并且具有传承作用（周期性）的城市活动，或者是对城市发展具有重要意义的历史性事件等。在人物中，特别留意与城市相关的文化、政治、经济、社会等名人名士，特别是挑选出与城市文化和精神相一致的典型人物。

第二步，赋予形象载体以独特意义

城市形象载体的传播力和扩散力非常有限，只有被赋予一定的意义而变成真正意义上的城市符号，才能真正吸引“游客凝视”，因此，面对多种多样的城市形象载体，要努力挖掘城市历史资源和文化内涵等特色资源，深刻理解“城市人心理要素的构成，是城市历史、文化与价值观念的积淀”（张鸿雁，2002），是政治、经济、文化等多种元素的有机结合和协调传播，给不同的形象载体赋予不同的意义，比如一个故事，一段传说，一种象征等，给予这些形象以丰富的内涵，让其成为真正意义上的城市符号，让其拥有强大的符号传播能力。

第三步，凝练城市符号的唯一性

城市符号必须具备让人们产生自然联想的功能，也就是发挥符号中的事物和意义之间的意指关系，即看到这个词或图片就能联想到这座城市，因此只有某一事物融入独具城市魅力的唯一性，才是其作为城市符号最重要的方面。城市符号关系图告诉我们，城市符号承载着城市文化，文化在城市品牌的发展中具有无可替代的作用，这些城市文化在城市历史长河中不断提炼和凝聚，形成独特的城市精神，因此建成的城市符号必须根据城市的定位和发展方向进一步凝练和升华，从城市的政治、经济、文化、社会等方面与城市符号强化联系，并通过凝视理论，将其转化成图像载体、视觉形象载体，形成视觉象征，建立城市符号的唯一性，从而建立品牌联想。

以杭州为例，杭州是进行城市品牌塑造比较早的城市，她通过一系列的城市符号运作和管理，向世人展现出了“东方休闲之都”“生活品质之城”的独特魅力。在最新的世界城市体系排名中，全球化与世界城市研究组织 GaWC 公布了 2016 年世界城市体系排名（全球最权威的排名体系），杭州进入了世界级城市行列，中国第十，成为名副其实的国际大都市。

就地标性建筑这一项城市符号，就能够让人们感受到整个杭州城市的逐步演变，也记录着杭州文化和思想的演变，诞生了新的城市功能和新的价值标准。从这个角度上说，这些地标性建筑成了城市符号，承担了这些新功能。

杭州的地标性建筑承担着传承历史的功能，从最早的西湖十景、瑶琳仙境、六和塔、雷峰塔、灵隐寺等传统标志性建筑到现代化的建筑实体，比如 1988 年杭州大厦成为市中心武林商圈走向繁华的重要代表力量；1994 年黄龙体育中心正式启动，成为浙江省目前规模最大、功能最全的现代化体育设施；2005 年西湖文化广场建成，体现了西湖文化、运河文化和古塔文化相结合的文化内涵，展现出秀外慧中的吴越文化本质；之后杭州迈入钱塘江时代，跨江发展成为大势所趋，钱江世纪新城迅速崛起，其中杭州国际会议中心与杭州大剧院日月同辉，市民中心、来福士广场、财富金融中心等具有重大意义的现代建筑物相继诞生，开启了杭州钱塘江新时代；2016 年，杭州成功举办了 G20 峰会，举办会议的杭州国际博览中心成了浙江省和杭州市首次举办大型国际会议的场所，让结合了东方文化和中国传统文化的杭州赢得了极大的美誉度和知名度；还有正在建造的绿地中心“杭州之门”，位于钱江世纪城奥体板块核心，与钱塘江对岸的“日月建筑”相辉映，是奥体博览城的标志性建筑，等等。这些独具特色的新老地标建筑通过电视、报纸、网络、杂志、城市地图、宣传片等多种营销方式，成了“游客凝视”的城市符号，显示出杭州丰富的文化内涵、奋发的精神、开放的城市胸怀以及越来越大的经济体量，这些标志性符号向世人宣告杭州既是一座有着悠久历史的文化名城，又是一座焕发无限青春和活力的现代化大都市，从而树立起杭州鲜明的城市品牌形象。

所有这些独具特色的城市符号，不仅仅是简单的一座建筑，而且是能够代表城市文化、脉动和走向的符号，只有承载着城市历史、经济、文化实际的城市符号，才能被识别、被认可和被牢记，才是具有生命力也最富潜力的城市符号，才能最后凝练成独一无二的城市品牌。

四、结语

对于一座城市来说，如何留给人们清晰的印记，如何打造独具特色的城市名片，吸引更多的“游客凝视”，是所有城市不遗余力去做的一件事。在这个过程中，城市符号的建构和打造成为城市品牌传播的重要一环，是城市品牌塑造的基础。从这个意义上来说，城市符号的提炼和开发是打造城市品牌，提升城市形象过程中应该着重考虑的一项基础性工作，这项工作对于城市品牌的创建和传播具有十分重要的意义。

参考文献：

1. Ashworth, G. The instruments of place branding: How is it done [J], *European Spatial Research and Policy*. 2009, Vol. 16, No. 1: 9.
2. Osborne, P. *Travelling Light: Photography, Travel and Visual Culture* [M]. 2010, Manchester University Press, Manchester, United Kingdom.
3. Peirce, C S. *Collected Papers* [M]. Cambridge, Mass, Harvard University Press, 1931 - 1935.
4. 约翰·厄里著.杨慧、赵玉中、王庆玲、刘永青译.游客凝视[M].桂林：广西师范大学出版社，2009.

5. 刘新鑫.城市形象塑造中文化符号的运用[J].当代传播，2011.3：130.
6. 张鸿雁.城市形象与城市文化资本论[M].东南大学出版社，2002.
7. 孙湘明、宋月华.城市品牌的符号学解析[J].郑州轻工业学院学报（社会科学版），2009.6：3

4. 在布达佩斯领略“看得见的历史”

——从“转型正义”的实现方式看世界名城建设

华东师范大学　郃浴日

内容提要：本文以中欧大学、恐怖屋博物馆以及纪念雕塑公园等几个典型案例为例，介绍了匈牙利首都布达佩斯在国家实现了政治转型之后继而实行“转型正义”的种种方式。如今的布达佩斯恰恰是通过这些街头随处可及的“看得见的历史”，来帮助人们了解自己的过去，铭记过往的历史，进而避免重蹈历史的覆辙。这其中所蕴含的意义和启示，或许同样值得其他城市予以借鉴。

关键词：匈牙利共产党　政治转型　转型正义

2011 至 2012 学年，笔者在匈牙利首都布达佩斯的中欧大学(Central European University)进行了为期近一年的访问。笔者主要研究的是东欧各国在 1980 年的政治转型史。在常人看来，往事已逝，要探寻历史，似乎就只能钻进档案馆与故纸堆为伍了。但是矗立在布达佩斯街头的那些博物馆、纪念碑、雕塑以及广场公园等公共建筑，又无一不是历史的某种具象化体现，可谓名副其实的“看得见的历史”，给笔者留下了深刻印象。而匈牙利在完成政治转型之后，如何实现所谓的“转型正义”(Transitional Justice)，即如何看待和处置本国过往那段匈共统治时期的历史，以及如何对之前历史中的种种不正义事件进行弥补与纪念，也成为民众和政府当局需要严肃面对的问题。本文将就几个重点案例予以介绍。

一、中欧大学

首先，中欧大学的建立就是匈牙利剧变之后的一个重要变化。而要介绍这所大学，又不得不提到一位匈牙利裔美国人——国际知名投资家乔治·索罗斯(George Soros)，是他在 1991 年出资捐建了这所大学。索罗斯于 1930 年出生于布达佩斯，所以当纳粹德国的军队于 1944 年占领匈牙利时，他还只是个 14 岁的少年。然而作为一名犹太人，他与自己的同胞们一样，随时面临着被驱逐和被杀害的可能。所幸他的父亲当时及时意识到了这种风险，为家人和其他一些朋友准备了假身份证，才使得他们在那个时期幸存了下来。

然而当纳粹德国军队因战败而撤出匈牙利之后，紧接着的就是苏联军队的占领。虽然在苏联占领的最初两年内，匈牙利的政治环境因为“联合政府”政策的实行还没有变得那样严苛，但是索罗斯因为感到社会生活开始逐渐变得沉闷与乏味，便在父亲的帮助下于 1947 年离开了匈牙利，到伦敦去上学。想必索罗斯事后应当十分庆幸当时做出的选择，因为从 1948 年开始，匈共便加速了全面夺权的步伐，并于 1949 年最终确立了对于国家政权的全面垄断。在时任匈共最高领导人拉科西·马加什(Rákosi Mátyás)的统治下，犹太人的日子依旧不好过，普通人也无法轻易出国了。

正因为索罗斯有过在纳粹德国和苏联占领下生活的双重经验，他才会在伦敦政治经济学院(LSE)学习期间，选择了当代著名哲学家卡尔·波普尔(Karl Popper)作为其导师。波普尔的著作《开放社会及其敌人》对索罗斯影响甚深。波普尔在其中指出，声称掌握绝对真理的意识形态是一种错误的宣称，因而只能强加于社会，所有这类意识形态都会导致对社会的压抑。波普尔还进而提出了一个更有吸引力的社会组织形式——开放社会。在波普尔看来，既然没有人知道完美的政府是个什么样子，于是自由的选择便是建立一个可以通过和平的手段更替权力的政府。在这个社会里，人们可以自由地持有不同的见解，法律也允许观点不同且利益各异的人们和平地生活在一起。总之，文化多元不仅是开放社会的特点，也是开放社会得以不断完善和进化的活力源泉。很显然，在亲身体验过纳粹政权与匈共政权的统治之后，开放社会的理念对于索罗斯来说具有极大的吸引力。而致力于推动开放社会的建立与完善，也成为索罗斯功成名就之后所一直致力的一项公益事业。

1989 年东欧剧变之后，匈牙利终于有机会践行开放社会的理念。在匈共时代被妖魔化的大资本家索罗斯得以回到祖国，以捐建科研机构的方式，为推动开放社会的建立做出自己的一份贡献。中欧大学便是这一努力的结晶。它是一所以英语为教学语言的国际研究生院，主要致力于人文和社会科学领域的研究。其初衷是要创造一个以西方教学模式为基础，又独具中欧视野的科研机构，希望以此促进区域内部合作，以及为中东欧的民主化和市场化进程贡献研究成果和培养人才。索罗斯为中欧大学的建立和运营提供了巨大的财力支持，其教学区得以坐落在市中心的几幢新古典主义风格的大楼中，离布达佩斯的标志性建筑——横跨多瑙河之上的赛切尼链桥仅咫尺之遥。同时，学校还设有专门的基金来为学生提供奖学金。

中欧大学的图书馆是中欧地区最大的英文书籍收藏地之一，不仅拥有丰富的实物馆藏，还拥有详尽的数字化图书馆。除此之外，中欧大学还拥有一处重量级的资料馆——开放社会档案馆（Open Society Archives）。它被视为冷战国际史研究中最为重要的研究基地之一。这里收藏了冷战时期的报纸杂志、政府档案等珍贵资料，同时其收藏的东欧各国的地下刊物（Samizdat）以及涉及政治反对派的相关资料的数量之多也堪称世界之最。此外其馆藏还包括自由欧洲电台（Radio Free Europe）广播内容的文字记录、有关国际人权及战争犯罪的文件及音像资料等等。这些共产党时期的政治、社会和文化生活的相关资料，其厚度累计起来达到了惊人的9 000米！所有这些档案资料都可供研究者们免费调阅。

总之，无论是探究历史还是建设未来，都离不开踏实的学术研究活动。索罗斯捐建的这所大学，无论就硬件还是软件而言，无疑都为学术研究提供了一个良好的基础环境。而这对于开放社会的建设与完善来说，也是会有所助益的。

二、“恐怖屋博物馆”

布达佩斯的安德拉什大街向来都是游客们趋之若鹜的景点。这条笔直的林荫大道联结了布达佩斯的市中心与著名的英雄广场，街道两边坐落着具有新文艺复兴风格的公寓建筑，它们各自具有独特的立面及室内设计，构成市内一道亮丽的风景线。在这条大街上，还坐落着诸如匈牙利国家剧院、李斯特故居以及老音乐学院等诸多著名历史建筑，一些别墅亦被选作别国驻匈牙利的大使馆。鉴于安德拉什大街所具有的历史文化价值，联合国教科文组织于2002年将其列入了世界遗产名录。在这条大街的正下方，是欧洲大陆上的第一条地铁，它于1894年完工，至今仍在运行。

然而这条街上有一幢建筑，却与上述的美好与辉煌无关，它有着一个与这条街道所具有的浪漫色彩格格不入的名字——“恐怖屋”(House of Terror)。位于安德拉什大街60号的这幢新古典主义建筑是二战时期匈牙利纳粹党“箭十字党”的政治警察总部所在地，二战后随即成为匈共的秘密警察总部所在地。在政治剧变之后其被改建为一家历史博物馆，且内部展览极具创意，令人过目难忘。

恐怖屋博物馆中令人印象最深刻的展厅莫过于“皮特的房间”了。皮特·加博尔(PéterGábor)是匈共执政初期的国家保安局局长，可谓是这幢大楼的主人。还未进到那间展厅，房间大门上的那个金属铭牌就吸引了参观者的目光，上面刻着皮特的全身像，但却具有“阴阳”两面——左半边的皮特西装革履、春风得意，右半边的皮特则是赤身裸体、狼狈不堪。参观者还未来得及思索其中的寓意，便又会被整个房间的“阴阳”风格所吸引——说这是皮特当年的办公室，明显只对了一半，因为这个房间以中间为界，两边分别被装修成了截然不同的两种风格！这一边从天花板到墙壁再到地板，都是一片令人愉悦的暖色：天花板上有精致的雕花，墙壁上有几何形的装饰，显得优雅而温馨，再加上实木雕花的办公桌椅，桌上摆放着电话、钢笔、文件等办公用品，让人一看便知，这就是局长的办公室了；但这个房间的另一边，从上到下却只有令人压抑的黑色，仅有的摆设是一把简单的木椅和一张冰冷的铁床，不仅跟刚才那一半的局长办公室很不搭调，简直就像一间监狱嘛！在进一步了解了皮特的故事之后我们才知道，原来，它真的就是一间监狱！

从 1950 年开始，匈共党内的清洗运动也开始落到了负责执行清洗行动的机构——国家保安局的头上。许多局内原来的得力干将，如今也一一身陷囹圄。而同样的命运最终也落到了机构的负责人——皮特的头上。1953 年 1 月，在斯大林掀起社会主义阵营内新一轮反犹高潮的背景下，时任匈共最高领导人的拉科西便毫不犹豫地将具有犹太人血统的皮特及其数十位同僚投入了国家保安局的地下监狱。拉科西此举并不令人意外，一方面皮特多年的辛勤“工作”已经累积了太多民怨，另一方面皮特几乎亲身参与和见证了匈牙利“解放”之后的所有重大政治事件，掌握了太多秘密。因此，拉科西恰好可以借着平息民愤的名义来消灭掉这个党内的潜在威胁。

一边是豪华的首长办公室，另一边就是阴森的酷刑监狱。类似的情节在当年的匈牙利并非仅是皮特一例。匈共的第二任内务部长拉伊克·拉斯洛(Rajk László)为了能够亲自督查他所负责案件的侦办进展，就曾频繁地造访过安德拉什大街 60 号。这位信仰坚定的共产主义者，其任内在清除法西斯分子以及打压对付反对党等工作上可谓不遗余力，甚至连在战时救过他一命的哥哥拉伊克·安德烈都被判了死刑。但由于他是匈共“本土派”的代表人物之一，其声望又对“莫斯科派”的领导人拉科西产生了威胁，于是便也成了拉科西的清洗对象。拉伊克在1949年5月20日被逮捕，在狱中受到了自己以前下属所施行的刑讯逼供。这一切对他来说也许并不陌生，只是这次是用到了他自己身上。他在其后著名的“拉伊克叛国案”中被判处死刑，并于10月15日被执行了绞刑。同时被判处死刑的还有他的四个高层同僚。

拉伊克早在被捕的几个月前，他就被免除了内务部长的职务而改任外交部长。其内务部长的职务由“本土派”的另一位重要领袖卡达尔·亚诺什接任。但是，拉伊克“本土派”的身份也已然注定了他将成为拉科西的下一个清洗对象。卡达尔于1950年6月被解除内务部长职务，次年5月被捕，而直接负责整个逮捕行动并将卡达尔投入监狱的，正是时任国家保安局局长的皮特·加博尔。最为吊诡的是，当年卡达尔恰恰就是这个机构的创始人！在经受了严刑逼供之后，卡达尔被判处无期徒刑。在狱中他被打掉牙齿，与世隔绝地度过了三年半的时光。在被单独囚禁的漫长岁月里，他没同任何人交谈过，出狱的时候几乎丧失了语言能力。

接替卡达尔内务部长职务的人名叫泽尔德·山道尔(ZöldSándor)。这位文质彬彬的内务部长已经从自己的两位前任身上看到，在这个职位上，既可以审讯别人，也容易落到被别人审讯的境地。当他觉察到自己很快将成为接连被捕的第三位内务部长时，为了免除肉体和精神上的痛苦，他竟主动选择了自我毁灭的道路。当天夜里，泽尔德与其夫人、岳母以及两个孩子共同结束了自己的生命。第二天上门逮捕他的警察们面对的只是五具已经僵冷的尸体……

类似的例子当然还可以继续列举下去，该展厅墙上的显示屏就循环播放着所有那些受害领导人的照片和简介。他们昨天还是施暴者，今天就成了受害者；昨天还是坐在楼上办公室里掌握着生杀予夺大权的秘密警察头子，今天就成了关在地下室牢房里接受刑讯逼供的囚犯。一边是天堂，另一边就是地狱——在缺乏对于个人权利实行有效保障的制度安排的情况下，其实没有一个人是真正安全的，天堂与地狱之间，往往也只是一线之隔。这就是“皮特的房间”所带给我们的启示吧！

三、纪念雕塑公园

在布达佩斯市内，当年匈共统治时期所建立的那些雕塑和纪念碑，如今留在原地的只剩下了一处。可是我们知道，苏联式政权是特别热衷于以象征性的雕塑和纪念碑来进行意识形态宣传的。当年布达佩斯街头的这类雕塑和纪念碑一定也不在少数。那么如今它们都去哪里了呢？事实上，这不仅是匈牙利曾经面对过的问题，也是所有实现了政治转型的东欧国家都需要面对的问题。如今这些国家的社会政治环境都正变得日益自由和开放，一方面，当年的各种历史真相逐渐浮出水面，另一方面，对于当时的制度安排和意识形态的反思也在逐渐深入。尤其当人们有了在两种不同制度下生活的切身体会之后，更是清楚地认识到了两者的优劣。不得不承认，如今东欧各国的绝大多数民众对于曾经的体制都是持否定态度的。因此如果那些多如牛毛的具有当年印记的雕塑和纪念碑都留在原处，多少会引起人们的反感，甚至会使他们联想到那个时代的谎言、暴力以及无处不在的压抑氛围。因此多数国家都会选择将它们从原处移除。

但是移除之后又该如何处置呢？有人主张对之进行公开销毁，这些人认为，就好像当年它们所具有的象征性功能一样，如今对它们的公开销毁也同样具有某种象征性的意义，即以此表明与旧制度的一种决裂，并且让旧制度带给民众的恐惧与怨恨，随着这些东西的湮灭而一起消失，人们从此投入到全新的生活当中。然而另一种意见却认为，不仅不应当对之进行销毁，反而要将他们收藏起来，善加保管。这样一方面可以保留历史的原貌，不至于割裂历史，另一方面也可以作为历史教材，提醒人们只有时刻记得那段不堪的历史，才有可能在未来的日子中不再重蹈覆辙。匈牙利便是后一种主张的践行者。

1991 年，布达佩斯市议会决定用一个地方来集中放置匈共时代的雕塑和纪念碑，于是便建起了如今这座纪念雕塑公园。公园位于布达佩斯西南近郊的萨巴特卡大街(Szabadkaiutca)与巴拉特尼大街(Balatoniutca)的交叉口附近。它还被当地的旅游手册列为一个重要的旅游景点，因此虽然位置有些偏远，但却很容易获得相关的交通路线。

公园内陈列有四十多座那个时期的各种雕塑，包括了马克思、恩格斯、列宁以及以匈牙利 1919 年共产主义革命的领导人库恩·贝拉(Kun Béla)为首的匈牙利共产党人士的雕像等。参观者如果有兴趣，可以在公园入口处的纪念品商店买一本英文版的导览手册，里面详细介绍了公园内每座雕塑背后的一段故事。

这里重点介绍一座苏联士兵像的故事。布达佩斯位于多瑙河畔，是由历史上的三个独立城市——位于多瑙河西岸的布达和老布达，以及位于多瑙河东岸的佩斯合并而来的。佩斯这边属于平原地形，而对岸的布达则属于山地丘陵地形，多是低矮的山丘和高地，其中最高的那座小山丘是海拔 140 米的盖莱特山(Gellért Hill)。在这座山的山顶，匈牙利政府曾遵照苏联占领当局的旨意于 1947 年建起了一座纪念碑以纪念苏军对于匈牙利的“解放”。纪念碑的主体是一位站在高达 22 米基座上的身高 13.5 米的女性铜像，她双手高举着一片代表着自由的棕榈叶，俨然成了布达佩斯的“自由女神像”。在她的前方，还有一个高 7 米的基座，上面放置着一座手持红旗的苏联士兵铜像，左右两侧还放置了两座分别象征着进步与战胜邪恶的人像雕塑。盖莱特山顶本就是布达佩斯的制高点，这里是俯瞰城市全景的最佳地点，如今树立起的这座总高达 35.5 米的纪念碑，成了城市新的制高点，可以说在布达佩斯市区的几乎任何一个地方，都能够眺望到这座"自由女神像"的身影。

然而到了 1956 年事件期间，那座苏联士兵像也被民众自发推倒了，而这座"自由女神"像却得以幸存。在苏联出兵进行镇压之后，匈共当局于 1958 年在原处又重新放置了一座当年苏联士兵像的复制品。直到匈牙利发生政治剧变之后，这整个纪念雕塑群的去留问题再一次回到了台面上。当时也存在两种意见，一些人认为应当将整个雕塑群全部移除，而另一些人则认为只需要移除其中那些令人不快的部分就可以了。最后第二种意见占了上风，政府只移除了那个苏联士兵像，以及"自由女神像"基座正面的那个金色五角星。

至于这个俯瞰全城的"自由女神像"，也在 1992 年举行一系列文化活动的期间被盖上了一块白色绢布。数天后绢布被移除，象征着对于"自由女神像"的重新揭幕。从此，她得以成为一个真正的自由象征。而那座被移除的苏联士兵像，如今就陈列在这个雕塑公园当中。

四、小结

本文以几个典型案例为例，介绍了匈牙利首都布达佩斯在国家实现了政治转型之后所继而实行的"转型正义"的种种方式。如今的匈牙利民众，可以说已经翻过了历史的那一页。旧制度已不复存在，新制度虽仍有诸多不尽完善之处，但民主制度的要义便在于它虽不完美却具有自我完善与纠错的机制。其所具有的开放心态，使人们能够了解过去，铭记过往的历史，进而避免重蹈历史的覆辙。在如今的布达佩斯街头，这些“看得见的历史”可谓随处可及。它们不仅在预示着这个民族历史的丰富与深厚，同时也彰显了她的开放与智慧，使这座千年古城时刻彰显着令人无法抗拒的永恒魅力。这其中所蕴含的意义与启示，也同样值得其他城市予以借鉴。

5. 近30年上海城市国际公关发展特点和启示

上海外国语大学　杨　晨[①]

摘要：本文在考察近30年来上海城市国际公关重大事件及其环境因素的基础上，尝试归纳上海城市国际公关的基本特点为：上海城市国际公关观念较强，吸纳外国人口和外资效果突出；大量接待外国元首访问，提高城市国际地位；举办各种国际大型活动，传播上海，沟通世界；辅助国家外交，支持创建国际政治经济合作平台；市公关协会积极参与，服务助推城市国际形象建设。上海城市国际公关的经验，提供了一些具有政策意义的启示：我国城市国际公关具有鲜明的政府主导性；城市国际公关以对外经济贸易合作、开展国际文体活动交流、接待各界领袖访问、市民参与国际议题设置、引进国际组织入驻等为主要内容；城市国际公关有实践先导和理念先导两种发生模式；推进长三角城市群的国际公关联动工作对打造中国全球城市群形象竞争力有重大战略意义。

关键词：城市国际公关　特点　启示　上海

---

① 杨晨，男，公关方向博士，上海外国语大学公共关系学系主任。教育部高等学校公共管理类新设专业教学指导分委员会委员，全国公共关系学专业院长（系主任）联席会议委员会秘书长，中国新闻史学会公共关系研究委员会副会长。

按照公共关系基本理论进行定义，城市国际公关是指以某一城市作为行为单元，通过形象建设和传播沟通，促成国际公众合作的工作。上海作为一座海派文化特征突出的大城市，国际形象建设和国际传播活动早已有之，但自觉的、有计划和系统的国际形象建设和国际传播活动，则是在改革开放背景下公共关系工作从海外引进中国大陆之后的事情。因而，笔者把考察起点定为上海市公共关系协会成立的1986年。

一、重大事件

一个客观事实是，对正面提高一个城市国际知名度和吸引国际公众合作有较大促进作用的方式，当属运作积极的重大事件。所以，近30年来上海城市举办过的重大国际事件也就成为本研究的样本对象。1986—2015年上海城市组办过的重大国际事件见下表1：

表1　1986—2015年上海组办过的重大国际事件一览表

名称	时间	规格	公众
上海电视节	1986年12月创办	中国第一个国际电视节，现已成亚洲规模最大、最有影响力的综合性国际电视节活动。开始时两年1届，2005年第11届起改为每年1届。	首届有16个国家18个城市的23家电视台、制片公司以及中国众多电视台的代表，近400人参加。
上海市市长国际企业家咨询会议	1989年10月创办	每年举办1次。规模一般在500人左右，中方40%，外方60%。	成员最初有7个国家，现增加到16个国家。
首届东亚运动会	1993年5月	东亚运动会联合理事会主办的东亚规模最大的综合性运动会，每4年1届。	有9个国家及地区的1 283名男女选手参加比赛。

续表

名称	时间	规格	公众
上海国际电影节	1993年10月创办	当今世界9大A类竞赛型国际电影节活动之一，中国第一个获国际电影制片人协会认可的全球15个国际A类电影节之一，和戛纳国际电影节、威尼斯国际电影节、柏林国际电影节等著名电影节齐名。开始每两年举办1届，从2001年第5届起改为每年举办1届。	迄今吸引了近万名中外电影制作人及影星到访，成为上海系列节事活动中一个闻名中外的文化领域国际传播交流活动品牌。
第11届世界中学生运动会	1998年10月	首次在欧洲以外的国家举行。由国际中学生体育联合会主办，限17岁以下的在校中学生参加的国际综合性运动会。1990年以前每两年1届，后改为每4年1届。	有28个国家和地区的1 300多名运动员参加比赛。
第5届《财富》全球论坛	1999年9月	是《财富》全球论坛第一次在中国举办。由全球商业新闻领导者美国《财富》杂志主办，出席者仅限于各大跨国企业的董事长、总裁、首席执行官及高级管理人士，不定期举行。	
上海国际艺术节	1999年11月创办	由中国文化部主办，上海市人民政府承办的国家级国际艺术节，是我国最高规格的对外文化交流节庆活动之一。每年举办1届。	
上海之春国际音乐节	2001年4月创办	每年举办1次。	
上海合作组织（SCO）成立	2001年6月	永久性政府间国际组织。是迄今唯一在中国境内成立、以中国城市命名、总部设在中国境内的区域性国际组织。	目前有成员国6个，观察员国6个，对话伙伴国6个。

续表

名称	时间	规格	公众
2001年亚太经合组织(APEC)会议	2001年10月	亚太经合组织是亚太地区最具影响的经济合作官方论坛,也是亚太地区最高级别的政府间经济合作机制,总部设在新加坡。这是首次在中国举行。	目前有21个正式成员和3个观察员。
F1中国大奖赛	2004年起承办	由国际汽车运动联合会(FIA)主办的当今世界最高水平的赛车比赛,与奥运会、世界杯足球赛并称为"世界三大体育盛事"。上海是中国唯一一个承办这项赛事的城市。	2004年收视率达600亿人次。
上海国际田径黄金大奖赛	2005年9月创办。2010年改名国际田联钻石联赛	国际田联正式批复的室外赛事之一,中国举办的国际顶级田径大赛,世界一流单项体育赛事。年度排名前40位的选手方具参赛资格。	
2006年A1汽车大奖赛中国总决赛	2006年4月	由国际汽联(FIA)批准的首个世界级国家杯赛,级别仅次于F1汽车赛事。	25个国家派出车队参赛,累计有8万人次观看这次比赛。
第8届世界短池游泳锦标赛	2006年4月	第一次在中国大陆举办。由国际游泳联合会主办的在25米游泳池里进行的世界锦标赛,每两年举办1次。	共有117个国家和地区的1 045名优秀选手参加比赛。观众人数42 000人。
环崇明岛女子国际公路自行车赛	2007年起举办	洲际顶级赛事,每年举办一届。2010年承办国际自行车联盟女子公路世界杯赛,属亚洲首次举办。	2007年有10个国家和地区的14支队伍77名运动员参加。
第12届世界特殊奥林匹克运动会	2007年10月	这是世界夏季特殊奥林匹克运动会首次在亚洲和发展中国家举办。	创造了特奥会规模之最,世界170多个国家和地区的1万多名特奥运动员、教练员,2万多名运动员家长、专家学者和嘉宾以及3—4万名志愿者参加。

续表

名称	时间	规格	公众
浦江创新论坛	2008 年 5 月创办	科技部和上海市人民政府共同主办,每年举行 1 次。	2012 年创立主宾国机制。近年每届都吸引 10 多个国家和地区的政界、学界、企业界知名人士参加,境内外主流媒体广泛报道。
上海世博会	2010 年 5 月至 10 月	中国第一次举办。从 2000 年起每 5 年举办一次。	参展方 240 个国家地区组织,参观人数 7 308.44 万人,单日客流 103.28 万,创造了世界博览会史上最大规模纪录和参观人数之最。
第 14 届世界游泳锦标赛	2011 年 7 月	由国际泳联总会主办的最高级别的大型国际性游泳赛事。是迄今为止在中国举办的唯一一届世界游泳锦标赛。	有 181 个国家和地区的近 3000 名运动员参加比赛
第四次亚信峰会	2014 年 5 月	每 4 年举行 1 次。本次峰会由习近平主席主持,联合国秘书长潘基文参会。	现有成员国 26 个,观察员国和组织 12 个。
第 19 届跳水世界杯	2014 年 7 月	由国际泳联主办的世界最高级别的跳水单项赛事,每两年举办 1 次。	
金砖国家新开发银行	2014 年 7 月成立,2015 年 7 月开业	金砖国家组织成员共同建立的国际性金融机构	金砖 5 国
2015 年世界花样滑冰锦标赛	2015 年 3 月	国际滑冰总会主办的四大世界顶级花样滑冰赛事之一。这是中国第一次举办该项赛事。	
首届“中国杯”世界名校赛艇赛	2015 年 7 月	世界最高水平的高校赛艇赛	10 个国家 26 支大学生赛艇队参赛,牛津、剑桥、耶鲁大学等欧美强队悉数亮相。

表中内容显示,1986—2015 年上海城市组办过的重大国际事件

不但数量多，领域广，而且规格高，其中不少还是自主品牌或定点上海常年举办。单从数量来看，上海30年来组办过的重大国际事件数（非组办次数），仅是表中列出的项目就有24个。如果把一般性的国际事件也列入，并按年份加以统计，其数量则相当可观，例如2016年上海市组办的重大国际事件中，单是体育赛事就至少有31项之多，见下表2：

表2　2016年上海举办的国际体育赛事一览表

序号	名称	时间
1	2016“微笑杯”中韩全明星慈善赛	1月
2	2016国际滑联上海超级杯短道速滑及花样滑冰队列滑大奖赛	3月
3	2016年F1中国大奖赛	4月
4	2016射箭世界杯赛	4月
5	2016上海浪琴环球马术冠军赛	4—5月
6	2016中国国际极限运动单车大师赛	5月
7	2016环崇明岛国际自盟女子公路世界巡回赛	5月
8	2016年国际田联钻石联赛	5月
9	2016年“高飞杯”国际体操联合会蹦床世界杯	5月
10	2016国际剑联花剑世界杯大奖赛	6月
11	2016世界女子水球联赛总决赛	6月
12	第十三届上海苏州河城市龙舟国际邀请赛	6月
13	2016中国（上海）国际青少年校园足球邀请赛	7月
14	2016亚帆联杯帆船赛	8月
15	第八届世界9球中国公开赛	8月
16	2016上海世界华人龙舟邀请赛	9月
17	2016 D1 GP飘移大奖赛中国杯	9月
18	2016世界斯诺克上海大师赛	9月
19	2016世界房车锦标赛	9月
20	2016索道滑水世界杯	10月

续表

序号	名称	时间
21	2016 中国国际保龄球公开赛	10 月
22	2016 上海 ATP1000 网球大师赛	10 月
23	2016 上海国际马拉松赛	10 月
24	2016 上海国际自由式轮滑公开赛	10 月
25	2016 上海航海模型国际邀请赛	10 月
26	2016 高尔夫世锦赛汇丰冠军赛	10 月
27	2016 国际汽联世界耐力锦标赛	11 月
28	2016“斯巴鲁杯”环上海国际公路自行车赛	11 月
29	2016ASC 亚洲极限滑板冠军赛	11 月
30	2016 世界女子冰壶冠军巡回赛(上海大师赛)	11—12 月
31	2016“永业杯”WDSF 大奖赛总决赛	12 月

如此众多的国际体育赛事在上海举办,有利于通过实地体验和大众传播,增进海外运动员及来宾与上海运动员及市民之间的友谊,展示上海城市的体育运动优势形象;并与其他领域的国际事件、国际活动形成合力,对增加国际公众对上海城市的多方面了解及信任,会产生很好的助推作用。

二、环境分析

能够举办如此数量多、规格高,其中不少还是自主品牌或定点上海常年举办的国际活动,自然与上海城市的环境条件分不开。

1. 地理和人口优势

上海位于中国海岸线的中点,是长江的入海口,对长江三角洲、整个长江流域和全国拥有强大的辐射作用。地理优势决定着上海成为全国的经济中心,经济总量全国第一,并拥有世界货物吞吐量最大的港口以及中国大陆首个自由贸易试验区,城市繁华,就业机会多。

上海成为世界各国了解中国的窗口、进入中国的门户。

上海全国人口聚集，城市人口规模仅次于重庆市。据国家统计局2010年第六次全国人口普查数据，排名前五位的城市为重庆(28 846 170人)、上海(23 019 148 人)、北京(19 612 368 人)、成都(14 047 625 人)、天津(12 938 224 人)。新中国成立之后，特别是改革开放之后，上海又作为全国开放的前沿重镇。1984年成为14个沿海开放城市之一，1990年浦东开发开放，2013年1月1日起对45国游客实行72小时过境免签政策，同年9月自由贸易试验区揭牌。一系列的历史机遇，使上海具备了极好的开展城市国际公关的优势，成为国际各类重大活动的举办地。

2. *历史和观念优势*

近代上海是引进和传播西方科学的中心，中西文化交流的桥梁。20世纪上半叶，上海来自58个国家的外籍居民曾多达15万(约占当时全市人口的4%)，留下众多的历史文化印迹，如大韩民国在上海设立的临时政府、二战期间的犹太难民区、邬达克留下的众多建筑、上海街头的普希金铜像等等。1972年签署的《上海公报》更是揭开了中美两国关系正常化的新篇章。丰富的文化积淀是稀缺资源和宝贵财富。

长期的“华洋杂居”，使上海富有宽广的国际视野，成为海派文化的代表，这种文化既具有江南文化的灵动雅致，又有西方文明的民主和契约精神，还有着国际化大都市的繁华与时尚。海派文化中开放多元、自由平等、开拓创新的精髓，有助于上海的国际公关收获更多的认同与合作，同时还有利于中国文化在世界范围的传播与交流。

这些优势造就了上海“海纳百川、追求卓越、开明睿智、大气谦和”的城市精神，以及“公正、包容、责任、诚信”的城市价值取向。海纳百川，是上海历史与现实最鲜明的特征，就是要兼容并蓄、学习别人长处的同时，真正发挥上海面向世界、服务全国的作用；追求卓越，是上海突出的城市品格，体现于上海城市发展中所表现出来的勇于争当世界第一的精神；开明睿智，是上海传统文化资源，开明意味着不因循守旧、不抱残守缺，睿智意味着城市智慧更进一步的充分激发；大气谦和，是上海现代化的基石，体现出一个开放城市需具有的国际大都市的广博胸怀。

3. 政策和经济优势

新中国成立之后，特别是改革开放之后，上海又作为全国开放的前沿重镇。1984 年成为 14 个沿海开放城市之一，1990 年浦东开发开放，2013 年 1 月 1 日起对 45 国游客实行 72 小时过境免签政策，同年 9 月自由贸易试验区揭牌。上海是全国的经济中心，经济总量全国第一，并拥有世界货物吞吐量最大的港口。一系列的历史机遇，使上海具备了极好地开展城市国际公关的优势，成为国际各类重大活动的举办地。

城市优势加上主观努力，使上海的现代化和国际化程度较高。1994 年元月，美国卓越国际公司副总裁给上海市领导写信，指名道姓痛陈上海许多窗口单位服务质量不高，人的素质不高。市领导将此信转给《解放日报》编发，一个旨在沟通海内外的交点适时地诞生了；一场由公众引发、媒介参与、政府策划的上海有史以来规模最大的政府公关举措——窗口形象塑造，席卷了上海滩；千余家窗口单位再塑造新形象，千万名职工市民重树文明意识。一个契机，让世界瞩目上海，再次展示了现代化城市的风采。根据 2014 年度美国专业调查机构（PRI）所做的中国城市国际知名度排名，上海仅次于北京和香港位列第三。在城市美誉度上，也有着很好的体现。据《新民晚报》2015 年 6 月 4 日发表的调研信息显示，在被问及“你喜欢上海吗”时，受访的外省市人士中，64.73%的人选择了“喜欢”，外籍人士选择“喜欢”的比例为 86.08%。问卷结果表明，生活在上海的大部分外省市人士和外籍人士，对上海的整体印象不错。在被问到“如果您喜欢上海，那么上海最吸引您的地方是哪里”时，三类人群不约而同地选择了“机会多，发展空间大”和“国际化程度高、文化多元”这两项。

三、发展特点

1. 上海城市国际公关观念较强，吸纳外国人口和外资效果突出

上海具有海派文化基础，长期的“华洋杂居”，使上海开放包容；较早形成的契约精神，有助于获得外国人的交往认同。1984 年成为 14 个沿海开放城市之一；1990 年浦东开发开放；2013 年 1 月对 45 国游客实行 72 小时过境免签政策，9 月自贸试验区揭牌。上海成为中国大陆国际化程度最高的城市。2013 年 4 月，“2012 魅力中国——外籍人才眼中最具吸引力的十大城市”评选揭晓。上海、北京、深圳、苏州、昆明、杭州、南京、天津、厦门、青岛入选，上海位列第一名。本次评选活动于 2012 年 9 月至 12 月进行，共吸引 17.54 万余人次外籍人才参与，对中国地级及以上候选城市（不含港、澳、台）进行投票。这是国内唯一一个完全由外籍人才参与评选，由中国政府“友谊奖”获奖外国专家、“外专千人计划”专家等组成的专家评委团队评出的引才引智“中国城市榜”。所有这些，也都造就了上海良好的外商投资环境，增强了外商在上海的投资信心，进而影响外商把短期临时性投资转为长期性战略性投资。

在 2010 年第六次全国人口普查中，在我国大陆居住三个月以上或能够确定将居住三个月以上的香港特别行政区居民 234 829 人、澳门特别行政区居民 21 201 人、台湾地区居民 170 283 人，外籍人员 593 832 人，合计 1 020 145 人。按居住地分，人数排在前十位的省市是：广东省 316 138 人，上海市 208 602 人，北京市 107 445 人，江苏省 64 177 人，福建省 62 564 人，云南省 47 396 人，浙江省 36 380 人，

山东省 33 098 人，辽宁省 23 834 人，广西壮族自治区 23 445 人。从城市来看，上海则是吸纳外国人口最多的城市。据统计，截至 2012 年底，上海拥有 73 个国家的总领事馆，20 个国家 76 家媒体在沪常驻，外籍居民 17.3 万，外国留学生 5.1 万人，当年入境外国游客 539.3 万人次，位居全国第一。

2. 大量接待外国元首访问，提高城市国际地位

北京、上海、西安，分别代表了中国的政治、经济、文化中心，成为外国元首来华访问首选的“老三站”。无论“新三站”中的第三个城市如何变化，在接待外国元首来访数量上，北京和上海的地位一直保持不变。

联合国秘书长、八国集团国家元首都单独访问过上海。尤其是一些重大国事访问，外国元首经常会选择在到北京之前，先抵达上海，这成为一个有趣的现象。作为一个非政治中心城市，能迎来大量外国元首到访，这对提升城市的国际地位和影响力有着重要意义。接待外国元首来访已经成为一个城市开展国际公关活动的一项重要内容。

3. 举办各种国际大型活动，传播上海沟通世界

活动公关是一种高效的传播沟通方式，对提高城市知名度发展地方经济作用显著，被越来越多的城市竞相运用。上海在引进和举办国际大型活动方面成就突出，不仅数量多、类型广、层次高，而且许多活动属于第一次在中国举办。

30 年来，上海举办的文艺类国际活动主要有上海电视节、上海国际电影节、上海国际艺术节、上海之春国际音乐节。体育类国际活动主要有首届东亚运动会、第 11 届世界中学生运动会、F1 世界锦标赛、上海国际田径黄金大奖赛、2006 年 A1 汽车大奖赛中国总决赛、第 8 届世界短池游泳锦标赛、环崇明岛女子国际公路自行车赛、第 12 届世界特殊奥林匹克运动会、第 14 届世界游泳锦标赛、第 19 届跳水

世界杯。会展类国际活动主要有上海市市长国际企业家咨询会议、第5届《财富》全球论坛、2001年亚太经合组织(APEC)会议、陆家嘴论坛、浦江创新论坛、2010上海世博会、2014年亚信峰会。这些国际活动规格较高或者参与人数众多,媒体报道覆盖面大,有的已举办多年形成了相当好的品牌效应,对传播上海、沟通世界起到很好的作用。

4. 辅助国家外交,支持创建国际政治经济合作平台

与首都北京相比,上海具有弱政治性,利于平衡对外传播中官方和民间声音的比重;同时又是中国最大的经济中心城市,这样的地位非常利于开展辅助国家外交的工作。上海充分发挥出这方面的优势。

典型的事例如2001年6月在上海成立上海合作组织(SCO),支持创建国际政治合作平台。2014年7月在上海成立金砖国家新开发银行,支持创建国际经济合作平台。这些公共产品的提供主体是国家,但在兼顾公共外交的理念下,进行某些国际组织选址的下移,对提高相关城市的知名度,以及辅助国家公共外交工作的有效实现都具有创新意义。

5. 市公关协会积极参与,服务助推城市国际形象建设

上海市公共关系协会是1986年建立的全国第一个省级公共关系社团组织,30年来,协会一直注意与美国、英国、德国、俄罗斯、日本、新加坡、印度尼西亚、马来西亚等国公共关系协会和专业机构的联系和交流,或组团出访,或邀请对方来沪参加活动,并和其中不少协会和机构签订了合作备忘录。另外,协会还和国际商业传播人员协会(简称IABC)签署了合作协议,在上海合作开展国内首次具有权威性的国际商业传播专业资格认证。

在上海城市国际公关活动开展过程中,协会起到了积极的理念助推作用。例如举办各种国际公共关系论坛和专题研讨活动,广邀

中外人士参加“经济全球化时代公共关系论坛”(2001)、“上海国际公共关系峰会”(2005)、“中外公关业合作交流论坛”(2006)、“公共危机管理的现状与未来—上海公共关系论坛”(2008)、“大数据时代的都市形象和公共关系论坛”(2014)等,发展公关前沿理论知识。这些论坛和研讨会的持续举办,利于从专业角度影响和提高城市管理者与市民对城市国际公关重要性的认识,合力开展城市国际形象建设工作。

四、经验启示

通过对上海城市国际公关的历史考察,我们可以得出如下经验启示:

第一,我国城市国际公关具有鲜明的政府主导性。城市国际公关行为大都离不开政府主导(一般由地方政府主导,有时以中央政府主导、地方政府配合),政府甚至成为行为主体,如上海世博会的申报和举办。

第二,城市国际公关以对外经济贸易合作、开展国际文体活动交流、接待各界领袖访问、市民参与国际议题设置、引进国际组织入驻等为主要内容。

第三,城市国际公关有实践先导和理念先导两种发生模式。实践先导源于地理优势,早于理念先导;理念先导源自城市管理者国际公关意识的觉醒及拥有。

第四,推进长三角城市群的国际公关联动工作对打造中国全球城市群形象竞争力有重大战略意义。

参考文献:

1. 吴友富等.上海公共关系30年发展报告[M].中国财政经济出版社,2017.
2. 上海市政协对外友好委员会.提升上海对外交流影响力 促进现代化国际大

都市建设的建议[J].公共外交季刊,2014(02).
3. 沪城市跨文化交际能力现状调查：近半老外想留上海[J].新民晚报,2015年6月4日。
4. 国家统计局网站,http：//www.stats.gov.cn/tjsj/tjgb/ndtjgb/。

6. 杭州城市品牌塑造中社会公益组织的作用
——以浙江省公羊会为例

中国计量大学　邵小瑜　李　航　李斐然　李忻祖
方　静　王卫东

摘要：从社会公益组织和城市品牌的关系切入，以浙江省公羊会为典型案例，分析其在G20杭州峰会中发挥的积极作用，以“中华传统龙舟竞演”为载体，把杭州城市文化和中华文明带出国门，走向世界。公羊会的实践充分说明了社会公益组织应该而且可以对城市品牌的塑造发挥积极作用，因此在杭州市品牌建设中应该进一步发挥各类社会公益组织的积极作用。

关键词：城市品牌　城市文化　公羊会　G20杭州峰会　“中华传统龙舟竞演”

一、引言

改革开放以来，我国经济、社会不断发展和完善，市场化竞争日趋激烈，同时随着全球化、城市化进程的不断加速，市场竞争已经不仅仅限于单纯的商业领域，作为行政主体的城市间的竞争也日趋激烈。如何充分利用、合理分配城市资源，突出城市特色、发挥优势，在与其他城市的激烈竞争中脱颖而出，成为当下城市管理者必须面对和考虑的重要问题。而塑造城市品牌，无疑是解决这一问题的有效途径，并且逐渐得到越来越多人的认可和重视。借鉴产品的推广营销，将营销策略应用于城市发展，对城市形象进行包装和推广，通过准确鲜明的城市品牌定位、系统科学的品牌开发和有效的品牌传播，塑造和提升城市的形象，不仅可以使外部公众更好地了解城市，感受城市的发展变化，提高城市知名度和影响力，还可以增强城市内部凝聚力和竞争力，使城市在开放的市场中吸引到更多的资金支持和高新人才，从而推动城市的全面发展。在我国现代城市的发展过程中，随着政府简政放权工作的推进，非政府组织作为独立于政府和企业之外的"第三部门"，其在社会发展过程中的重要性逐渐凸显，无论是在城市建设还是在城市服务、管理工作中都发挥着越来越重要的作用，成为社会的重要组成部分。而社会公益组织作为非政府组织非常重要的一部分，随着时代的进步、社会的变革和观念的创新，必然将以多种角色、采用多元化的方式越来越多地参与到城市品牌塑造的工作中来，对城市品牌建设做出越来越大的贡献，得到更多的关注。

基于以上原因，本文采取文献研究法和案例研究法等方法，选取浙江省公羊队作为研究典例，着力研究和分析，作为重要的社会公益组织，公羊队如何发挥自身优势，积极参与杭州市的城市品牌建设。

二、"社会公益组织"和"城市品牌"的关系

城市品牌，顾名思义，反映的是城市在某些方面与其他城市相比更为突出或更为优越的一些特征，即城市特色，这种特色要能充分体现这座城市的独特之处，能够表达城市区别于其他城市的核心精神，如此才能在人们心中留下深刻的印象，从而打响城市品牌。城市特色既可以是物质方面，比如说自然资源、经济产业，像在"西子湖畔"享有"人间天堂"美誉的杭州就凭借其秀美的自然风光成为旅游胜

地，景德镇单凭“瓷都”的称号就能够强力带动当地制瓷业及其他产业的发展。当然，城市特色也可以是精神方面，比如说城市的文化底蕴、历史典故或者城市氛围等等，如山东曲阜和邹城，虽然在经济实力等方面与其他城市相比并不占优势，但凭借其孔孟故里的特殊身份，也享有一定知名度。

那么，社会公益组织与城市品牌塑造究竟有什么关系呢？首先，社会公益组织是城市品牌塑造工作的参与者。相较于政府，非政府组织具有机动灵活、专业性强等优势，尤其随着近些年来政府“简政放权”工作的推进，这种优势愈加明显，其在城市建设当中的作用也愈加重要。社会公益组织作为非政府组织的重要组成部分，在城市品牌塑造的过程当中承担着重要职责，这些职责往往通过公益组织举办、参与的一些公益活动体现出来。以浙江省公羊队为例，其“二十四小时公益急寻”活动自开展以来，先后救助走失老人上千人，真正将公益做到了实处，成为公羊队同时也是杭州市的一个品牌公益活动，不仅在社会上营造了热心公益的氛围，同时帮助杭州市树立了良好的城市形象，在公众心中留下杭州“公益之城”印象。第二，社会公益组织能够拉近政府与公众之间的距离，获得公众对于城市形象的认同感，从而凝聚社会力量，共同致力于城市的形象建设与品牌塑造。社会公益组织的非营利性、自治性、志愿性等特点决定了其拥有改善社会现状的热情和内在动力，他们既可以深入社会，向民众宣传有关城市形象的政策动态，鼓励大家共同参与到城市形象的塑造工作中来，又能够优先发现那些容易被政府、市场所忽视的民众需求，作为传达民情的渠道，反映民众对于城市发展的愿望和建议，从而影响政府决策，使城市形象更符合民众期待，推进城市品牌塑造工作顺利进行。最后，社会公益组织本身就是城市形象的一部分。一个好的公益组织，不仅能够帮助城市建立、传播其城市精神，更是城市形象的一个物质依托，它体现着这座城市的文化内涵，使人们对这座城市的形象有一个更加直观的感受和认知,从而更容易接受和认同。

拥有定位鲜明、特色突出的城市形象固然让人羡慕,但根据时代变化,适时推陈出新、创新城市形象也是非常重要的。杭州作为西子湖畔的美丽古城,自古以来就享有"人间天堂"的美誉,但它并不因此满足于已有成绩,而是不断寻求新的发展,树立新的城市形象定位。近年来,杭州"活力之都""创业者的天堂""最幸福城市"的名号越来越响,尤其在成功举办过 G20 峰会后,杭州在全国乃至全球范围内的知名度、美誉度、影响力不断提升,对于杭州的城市形象更是提出了一个新的挑战。杭州市市长张鸿铭曾就"G20 后峰会期间"杭州的城市形象定位阐述看法,他表示,杭州的下一步发展方向,是按照历史文化名城、创新活力之城、东方品质之城和美丽中国的样本,打造世界名城。由此可见,杭州已经开始以 G20 峰会为契机,着力打造并大力推广城市新品牌,在这个过程当中,社会公益组织发挥的作用着实令人期待。下面,我们以浙江省公羊会为例,来具体看一下在城市品牌塑造当中社会公益组织扮演的角色。

三、浙江省公羊会的诞生与发展

2003 年,青年企业家何军创办了公羊会,寓意"公"益之心,行"羊"之善,"会"天下英豪,自此在全球开启了"智趣人生,公益帮扶"的公益之旅。随着公益事业的发展,公羊会的成员们开始意识到仅做慈善捐助并不足以改善现状,便发出了组建一支专业的社会应急救援队的号召。2009 年,公羊队诞生了。公羊队的全称为"浙江省公羊会公益救援促进会",是公羊会下属的一支社会救援队伍,主要参与国家自然灾害抗险救援、山地应急救援、城市应急救援,以及搜寻城市走失老人等救援活动。作为杭州市内起步较早、发展较为成熟的社会救援组织,公羊队在全国范围内也有较大的影响力。

目前,公羊队拥有 500 多名经过严格挑选、培训考核并具有扎实救援知识及实战经验的志愿者，每位队员都有自身的专业优势，拥有专业技能。如直接参与救援行动的队员中就有退伍士兵、特种兵、户外运动爱好者等，这些队员皆具有过硬的身体素质和丰富的实战经验；负责医疗救援的队员本职工作是医生，有专业的救援知识；负责心理咨询的队员，也是专业的心理咨询师。在救援设备方面，公羊队在浙江杭州、四川成都和新疆建立了三个战备仓库，储备有应急救援专用车、冲锋艇、充气船、无人飞机、卫星电话、专业医疗帐篷（含配套设施）以及众多山地和水上救援器材等装备。在组织人员设置方面，浙江省公羊队也有一套较为完备的组织体系：总队长、参谋长、秘书长各一名，由委员会选举任命，下设有“六部五队”，“六部”包括人事考核部、作训部、通讯及车辆保障部、外联部、新闻部、文宣部；“五队”则是五个支队，包括两个搜救队、救援犬队、后勤保障队以及预备队。另外，值得一提的是，相比于政府出动部队救援需要层层请示，公羊队设有24小时战备值班机制，时刻响应，机制更为灵活，保障消息可以随时传达，在接收到消息的第一时刻，公羊队便可立即召集第一批队员赶往灾害现场进行救援，从而保障了救援的速度，大大提高了救援的效率。

作为社会公益组织，公羊队与政府的交流与合作十分密切，其“24小时公益急寻”项目就充分体现了两者合作的优势和成果。该项目由浙江省公羊会公益救援促进会（公羊队）面向社会发起，旨在为意外走失的老人提供24小时公益慈善搜救的服务。目前，杭州市公安机关与公羊队已经建立了联动机制，当发生失智人员走失事件时，公安民警的调查与公羊队队员的全方位专业应急搜救双管齐下，形成了公安民警与公羊队队员的搜救合力，实现了两者在信息交换、应急搜救上高效的配合，同时也大大降低了失踪率，真正使民众感受到这座城市带来的温暖。

四、G20 杭州峰会中公羊会的公益行动

G20 杭州峰会是中国迄今举办的最高规格的一次国际会议。此次会议不仅为中国在参与世界治理、贡献中国智慧提供了良好的契机和平台,也能让中国替发展中国家发声,实现与其他国家的共赢。无疑,G20 杭州峰会是举世瞩目且举足轻重的。因此,维护好 G20 杭州峰会的秩序与安全,促其顺利举办是杭州人民以及全国人民的责任。公羊队作为杭州市的社会组织之一积极参与,为 G20 杭州峰会的举办做了许多保障工作。

1. G20 水域保障。随着 G20 进入倒计时状态,水上安保任务愈加繁重。由 6 名专业的潜水救援人员组成的“水上应急救援队”于 8 月 24 日至 9 月 6 日,在钱塘江水域,配合海事部门开展应急潜水、打捞作业和救助工作,保障峰会期间水上交通安全。

2. G20 突发灾情保障。为预防 G20 期间突发灾情,公羊队 US&R 搜救队举办了建筑物坍塌救援的综合演练和专业设备使用操练。本次演练,主要使用操练了破碎镐、圆盘切割机和电锯。每位队员都亲手操作了机器,并认真学习使用注意事项,充分扩充自己在地震破拆方面的救援能力和专业技能,为 G20 期间的突发灾情保障做好充分的准备工作。

3. 临时信息应急处置保障。G20 峰会期间,临时信息应急处置组根据峰会境外注册媒体记者(非随团)服务保障方案精神,早谋划、早落实,扎实推进各项工作有效运转,并推进了各项保障工作:市公羊会组织志愿者开展 AHA 心肺复苏应急培训;峰会前每天对五个驻地宾馆设置的 96020 双手柄翻译电话进行测试演练,对演练中发现的问题,加强与市外办联系;协助领证中心做好记者办理领证工作;根据外媒指挥部指示,开展境外注册媒体记者工作生活情况调研摸底,陪同安抚美国环球时报记者;多次为英国 BBC 记者提供采访问

询信息，及时纠正 G20 官网峰会媒体手册误拼的英语单词等。

4. G20 安全巡防保障。长庆街道坐落在杭州市最繁华的市中心，因此长庆街道每个社区的安全都非常重要。公羊队的志愿者们在社区街道的号召下，积极参与了护航 G20，平安巡逻的任务。

5. G20 安保保障。8 月 24 日，上城公安联合公羊队，在吴山进行了一次藏匿点的排查安保工作。队员们凭借专业知识和经验在吴山上容易被巡逻人员忽视且容易藏匿不法分子的地方插上警戒旗。做好标记，以防巡逻人员漏查。

6. G20 民兵保障。G20 期间，由公羊队队员组成的下城长庆民兵队在杭州市消防培训中心进行备勤训练。不仅如此，他们还进行了急救常识的培训，包括心肺复苏、简单包扎等技能。

公羊队在 G20 期间做的各项保障工作，为 G20 杭州峰会的成功举办贡献了一份来自民间救援组织的力量，实现了重大活动中的政民合作。通过这次峰会，公羊队不仅实现了其救援保障、防灾减灾的职能，更好地做到为民服务，而且也有助于让更多民众知晓公羊会的力量，扩大公羊会作为社会公益组织的声誉，这对建设杭州市城市品牌起到一部分的正面作用。

五、公羊会“中华传统龙舟竞演”欧洲行及其社会影响

2016 年，公羊会带着杭州蒋村传统龙舟漂洋过海来到美国达拉斯，携手美国马可波罗基金会共同举办“2016 年美国达拉斯国际龙舟大赛”，让东方“龙”的精神、传统龙舟文化在美国流传。而 2017 年，旨在传播公益理念，弘扬中华文明的国际文化交流活动——“中华传统龙舟竞演活动”更是走进欧洲，在奥地利、意大利和法国展示了独特的中国魅力。

正如浙江省公羊会创始人何军所说，要让中华文化的传播更为

有效，除了文化本身要富有特色外，还要有寓教于乐的形式，以此来带动大众的新鲜感和参与感，随之逐渐固定为一种形式，形成一种习俗，久而久之，不仅可以影响到海外华人，还可以让国际友人以参赛的形式乐在其中。为了"说好中国故事，弘扬中华优秀传统文化"，公羊会积极发挥枢纽型公益组织的辐射带头作用，通过"蒋村龙舟"胜会将中华文化推向世界。2017 年 6 月 23 日，"中华传统龙舟全球竞演"的最后三站（欧洲站）在欧洲历史名城、奥地利首都维也纳揭开帷幕，公羊会架起了一座友谊的桥梁，让美丽的多瑙河上千帆竞发，百舸争渡，共同谱写了一曲文明盛歌，给人们留下了深刻的印象。7 月 1 日，欧洲行的第二站，公羊会又将寄寓着风调雨顺、繁衍生息等美好向往的龙舟文化带到了巴黎的塞纳河上，慷慨激昂的祭文、舞龙舞狮的表演、激烈角逐的竞渡为两岸人民呈现了一场中华文化盛宴。而 7 月 8 日，华人龙舟大赛"划动"佛罗伦萨，中国传统文化意国"开花"，流淌着千年璀璨文明的阿诺河也迎来了公羊会，全球纷至沓来的选手组成的蒋村龙舟表演队，他们用独特精湛的划行技艺为中外友人奉献了一场真正的来自中国民间的传统龙舟艺术表演，引起两岸观客拍案叫绝。这独特的民族特色、深厚的文化底蕴，让我们看到了一个崛起中的大国所独有的文化自信。

在奥地利活动期间，奥地利议长布勒斯评价公羊会是"国际人道主义和传统文化的传播大使"，而在意大利、法国，它同样得到了高度的赞赏。公羊会以中华龙舟文化为桥梁和纽带，持续在"一带一路"沿途国家开展的中华传统龙舟全球竞演和公羊会大帆船全球公益秀等活动，不仅团结、凝聚了更多的华人华侨和国际友人，更是为"弘扬中华传统文化、讲好中国故事"打造了一张独特的中国名片。此次"中华传统龙舟竞演"活动，政治上促进了中欧的友好往来，增进了双方民众的相互了解；经济上，由于中国传统文化在异国的兴起，无疑会带动传统工艺、手工制品等相关产业的发展；而文化上，更是一场东西方价值观念与行为取向的碰撞,如果说民族的就是世界的,那么有独特的文化底蕴才能铸造出别样的文化自信,而正是这种由内而外散发出来的自信才是中国作为一个不可或缺的世界大国重新崛起的源动力。当今这个世界的大国间博弈,已经不仅要靠经济实力、科技创新、军事水平来说话,更重要的还要有在全球制定和遵循各项标准的能力和寻找自身文化自信的决心。因为,只有文化自信了,思想才会自信;思想自信了,国民才会自信;国民自信了,国家一定自信。而这次的"中华传统龙舟竞演"活动,就让我们看到了一个大国的底蕴与气魄。

见微知著,一个公益组织可以树立起一个国家的形象,同样也可以建立起一个城市的印象。浙江省公羊会作为浙江省杭州市社会公益组织的一部分,其在社会应急救援、公益活动组织中的正面形象也向世人展示了杭州这个城市的个性与价值理念。美国杜克大学富奎商学院 Kvein Lane Keller 教授说:"城市品牌是这个城市的资源和无形资产。"浙江省公羊会在此次欧洲行活动中,将杭州"蒋村龙舟"带到海外,与华人华侨、国际友人共赏中华传统文化之精彩绝伦,无疑为杭州这个城市更添了一抹文化的古意与韵味。

六、充分发挥社会公益组织对杭州城市品牌建设的积极作用

一个社会公益组织的声誉以及社会知名度很重要,而一个优秀的公益组织更是对城市品牌特色的打造起着积极的推动作用。那么,如何提升自身的声誉及知名度成了当今许多社会公益组织所需要面临的问题。

首先,自身的实力以及履历要过硬。社会公益事业的成败很大程度上取决于组织自身建设和能否取得社会公信。因此,社会公益组织在发展过程中应加强法制观念、社会责任,完善内部管理制度,

健全自律机制，规范组织行为，保持良好信誉等。只有做好这些基础性的自身建设，并结合自身实际情况进行适当修改及创新，才能拥有优秀的“履历”，才能为下一步的宣传工作打下坚实基础。依旧是以“公羊会”为例，自2003年初创以来，“公羊会”一直走在公益事业的最前线，2005年深入四川甘孜康巴牧区和凉山州彝族山区帮扶当地群众；2007年大北线穿越；2008年深入四川、汶川抗震救灾；2009年创建杭州市户外应急救援队；2010年赴青海玉树灾后帮扶……而近日的九寨沟7.0级地震，科地·公羊队浙江总队更是紧急启动救援响应，携生命探测设备及救援犬于当晚及时赶往灾区进行抗震救灾工作。所以说，一个社会公益组织想要更好地发展和提高自身的声誉及公信力，那它自身一定要足够优秀。

其次，正确而有效的宣传手段对于提高声誉，打造城市品牌特色也起着很大的作用。针对社会公益组织的特性，社会公益组织目前常用的宣传手段有：与政府合作开展社会公益活动宣传；与企事业单位、新闻媒体合作开展公益主题活动宣传；通过不同的新闻媒介对公益机构及公益项目宣传；利用社会公众人物进行公益代言宣传；社会公益组织自创新闻热点宣传；与同行业机构联合借势互补宣传；公益机构领导者或员工通过外联手段推广宣传；对新设公益项目、公益产品进行营销宣传；优秀公益人物典型宣传；发挥组织系统优势进行组织网络宣传等等。还是那句老话：“实事求是，具体问题具体分析。”不同情况下所需要采取的宣传手段也应该是不同的。

而除了宣传手段上的灵活多变外，社会公益组织还应该与时俱进，充分利用微信、微博等国民经常用的软件进行权威宣传。以“公羊会”为例，到目前为止，“公羊会”所拥有的微信公众号有：公羊会、公羊会服务号、公羊会公益大学、公羊队。微博也经过官方的加V认证。但其仍有不足，主要问题有关于自身的资料较少，动态更新不及时不频繁，所发内容部分缺少一定的严肃性及权威性。因此，在宣传方面应做到下几点：1. 把握受众心理，分析受众的公益需求是把握受众心理的关键；2. 把握社会环境，社会公益组织在策划大型公益活动时，要重视把握好活动推出的外部环境；3. 把握新闻点，新闻点的确定一定要考虑诸多内外部因素；4. 把握合作者，把握好新闻载体同新闻单位建立良好的合作关系；5. 把握宣传技巧，选好宣传媒介，巧妙借势宣传，选取有亲和力的活动宣传切入点，调动全员宣传，做好日常宣传，以冷静正确的态度面对负面报道。

7. 一带一路背景下杭州的多重城市身份

中国计量大学　霍荣棉

摘要："一带一路"是中国为推动经济全球化深入发展而提出的国际区域经济合作新模式。在经济全球化和区域合作主题化的形式下，如何整体定位城市，如何系统设计城市形象，如何建设城市形象？是城市可持续发展的重要问题。本文以社会身份理论为基础，提出城市的多重身份系统，并认为多重城市身份具有体系性，基于城市历史和产业优势系统设计城市身份，并整体建设城市身份，有助于杭州的可持续发展。

"一带一路"是以促进经济要素有序流动、资源高效配置和市场深度融合，推动开展更大范围、更高水平、更深层次的区域合作为目标，打造开放、包容、均衡、普惠的区域经济合作架构。"一带一路"框架包含了与以往经济全球化完全不同的理念，即"和平合作、开放包容、互学互鉴、互利共赢"，而且强调了"共商、共建、共享"的原则。杭州是一带一路框架下的重点城市，杭州将以什么样的身份进入到一带一路的深度合作框架是城市身份塑造过程中需要思考的问题。本文将以社会身份理论为基础，分析一带一路背景下杭州的多重城市身份。

一、社会身份理论概述

社会身份是理解个体行为的依据。Tajfe 发现只要单纯的对个体进行分组,被试就会对群体内成员和群体外成员表现出不同的行为方式,并进一步区分了社会身份与个体身份,认为人们的自我概念包含以上两个部分[1]。社会身份能够影响个体的目标、态度、情感及行为方式,是理解个体行为方式的重要依据。

社会身份具有多重性。个体的社会身份具有多重性,不同的身份标签会激活相应的认知和思维图式。根据抽象水平不同可以区分为个体身份、人际身份和集体身份。个体在不同的抽象水平上其关注点不同。在个体水平上,员工将自己视为一个独特的个体,基于自利动机,通过特征、能力、绩效等的人际比较获得自我概念;个体身份水平上,个体是独立自主的;在人际水平上,员工关注人际相关的特征;人际身份水平上,个体不再是一个独立的角色,转而关注个体间的交换和潜在的人际关系;在集体水平上员工是团队的去个体化成员,关注集体的共同命运,凝聚力和组织规范,通过组织间比较获得自尊,其主要动机是集体利益。

二、社会身份与城市身份的塑造

在高速的城市发展进程中,越来越多的城市建设趋同化,张帆(2008)针对中国城市身份的现状提出“有没有建设‘人的城市、有文化的城市和高效节能的城市’的可能性”这一问题,塑造基于城市历史和角色的城市身份是建设独特、可持续发展的城市的重要环节[2]。隆德大学可持续城市实验室从多方面对可持续城市设计进行了定义,其中一点就是身份特征,斯约斯特洛姆认为城市身份特征的存在意味着我们不能用普适性方法解决所有场所的问题,而是需要突出城市特征，避免千城一面[3]。但是目前并没有系统研究阐明如何有效设计城市身份。社会身份理论能够为城市身份的设计理论支撑。

城市身份塑造的多维度支撑。城市的文化历史是城市身份的根基，系统梳理城市文化和历史发展，有助于确立城市身份的调性[4]。城市当下的特征和属性是城市身份的动力，理解城市整体发展的优劣有助于驱动城市身份的延伸。城市在区域中的角色是城市身份建设方向，清晰的城市身份有助于在区域发展中发挥出更显著的作用。城市身份具有多重性。在高速发展进程中，面对不同主体可同时扮演多个身份，体现城市身份的多重性。多重城市身份具有内嵌性，应保持内在一致性，避免身份冲突。

三、一带一路背景下的杭州城市身份

杭州位于中国东南沿海、浙江省北部、钱塘江下游、京杭大运河南端，是浙江省的政治、经济、文化、教育、交通和金融中心，长江三角洲城市群中心城市之一、长三角宁杭生态经济带节点城市、中国重要的电子商务中心之一，新一线城市。是一带一路的重点城市，在国家战略中扮演重要的角色。杭州的城市定位也开始有了一些变化，从“生活品质之城”向“有特色的国际化大都市”转变，在一定程度上体现了杭州在高科技产业发展上的雄心。在十三五建设纲要中逐步体现出更清晰的城市省份特征。

国际舞台上的重要身份。G20 之后，杭州作为会议承办地的国际影响力不断提升。以此为契机，确立杭州的国际地位势在必行。以杭州本身的历史文化特征和产业支撑为基础，杭州提出了“国际会展之都和赛事之城”“国际重要的旅游休闲中心”“东方文化国际交流重要城市”的整体定位，强化国际影响力。最新的城市定位将杭州设定为“国际名城”，集中体现了杭州的国际化以及杭州在国际上的影响力，是更为抽象的定位。

产业平台上的重要身份。随着电子商务的快速发展，杭州逐步体现出在互联网领域的整体优势，以 Alibaba、网易等龙头企业为依托，形成跨境电商的产业集群。以此为基础，杭州确立"跨境电子商务综合试验区"这一行业身份定位，增强产业优势。以杭州本身的旅游和休闲资源为根本，杭州在休闲产业上也不断积累，展现出越来越强的品牌特征和影响力。总体而言，杭州在产业平台上的身份定位并不充分，没有形成底层的丰富化，在对整体产业定位的支撑上还需要进一步强化思考。

基于自身成长的身份建设。为了支撑对外的影响力，杭州在内部成长的身份建设上也有相应定位。在整体形象上，全面系统建设智慧城市。在产业培育上增强自我培育，发展产业集群，打造多元化创新创业载体。在人才吸引上，吸引人才和培育人才相结合的保障体系。在综合环境整治上，有效保护六条生态带，深化生态屏障建设，深入推进生态修复，形成以智慧杭州为身份特征的平台、人才、保障为一体的学习型城市。目前，杭州在交通、空气质量等一些问题上还存在不足，如何以整体身份定位为基础，突出优势，弥补缺陷是城市品牌建设中需要系统思考的问题。

四、结论

在一带一路大战略背景下，城市面对的对象更加多元化，产业更加丰富、人才更加多元、生态体系更加完善，以多重城市身份理论为基础系统分析优劣势、明确多重身份定位，提升基于城市身份的整体建设能够重点明确地提升整体竞争力和影响力。

参考文献：

1. 史学嘉.战略公关——提升企业"软实力"策略性分析[D].上海外国语大学硕士学位论文.2008：10

2. 陈先红、刘晓程. 核心价值观传播的国家公共关系战略构想[J]. 现代传播. 2015(6)：25—3.
3. 张帆. 关于城市身份的启示与思考[J]. 建筑师，(5)，2008：119—124.
4. 同上.
5. 同上.
6. Tajfel, H. (Ed.). (2010). *Social identity and intergroup relations*[M]. Cambridge University Press.

8. 关于城市形象的理论及意义

浙江传媒学院　马志强

摘要：城市形象是一个城市精神文明和物质文明程度的综合的外在反映，反映着城市自然、经济和社会发展的整体水平，既是城市经济发展的结果，也是城市经济可持续发展的动力。研究城市形象的理论具有重要的意义。

关键词：城市形象　公共关系

城市形象是一个城市政治、经济、历史、文化的综合反映，是一个国家的人对一个城市基本印象。这个印象最终影响着城市的发展。城市形象是一个城市的软实力。城市经济发展到一定时期，就必须打造城市的软实力，这是各国城市发展的时间所证明了的。

一、提升城市形象的理论意义

（一）城市形象是一个城市精神文明和物质文明程度的综合外在反映

城市形象是一个城市精神文明和物质文明程度的综合外在反映，反映着城市自然、经济和社会发展的整体水平，既是城市经济发展的结果，也是城市经济可持续发展的动力。有目的地进行城市形象的塑造和建设，实际上就是在优化城市的整个社会环境，就是在提高城市社会的文明程度，就是在提高整个城市的竞争实力，就是在给发展城市经济打基础，因此，城市形象与城市经济的发展具有密切关系，对经济的持续发展有着深刻而深远的影响。

考察世界和我国经济发展的实际情况可以看出，城市形象与城市经济的发展存在着一种正比关系。这种正比关系表现在：城市形象较好的地区其城市经济的发展也较好，城市形象较差的地区其经济也往往较落后。这不是一种无意识的巧合，而恰恰是一个规律。这种正比关系告诉人们，发展城市经济和塑造城市形象是密切相关的。在发展城市经济，进行城市规划，开发城市内的产品时，必须要同时考虑到城市形象的塑造问题。树立城市的良好形象，就是在给城市内的企业营造良好的竞争环境，就是在给后代人营造良好的生存环境，就是在给城市经济持续健康的发展营造良好的氛围和后劲。城市形象对城市经济的消长作用十分明显。

一般地说，经济发展的初期，城市形象对经济的影响并不突出，这个时期，人们即使单纯发展经济，对城市形象无暇顾及，也可能使经济有一个快速的发展和提高。但经济发展到一定阶段，尤其是城市经济开始向外扩展，并出现了竞争对手时，城市形象对经济的制约作用就开始显现了，这个时期进行城市形象建设就非常有必要了。经济方面的竞争越是激烈，竞争对手越多，城市形象对经济的制约作用就越发突出。谁早一点意识到这方面的问题，并协调好两者之间的关系，谁就会在竞争中处于主动地位。实际上城市形象理论本身也是随着经济竞争的激烈应运而生的。经济发展与城市形象是互为依存，互为驱动力的。良好的城市形象既是城市经济发展的标志，也是城市经济持续发展的良好基础。良好的城市形象可以振奋城市精神，优化城市的内外环境，促进一个地区经济的健康发展，增强城市的凝聚力和吸引力，是城市经济乃至整个城市可全面持续发展的后劲。而经济的发展反过来可以进一步促进城市形象的提高，从而形成良性循环。反之,较差的城市形象则对城市经济的发展产生一系列消极的负面影响,甚至会阻碍城市经济的发展。

(二) 城市形象的塑造和建设同城市经济的发展具有相辅相成的联系

城市形象的塑造和建设,是一项复杂的软系统工程,同城市经济的发展具有相辅相成的联系。我国经济发展的具体实践已经证明,改善和塑造城市形象,进行城市形象的建设是经济发展到一定时期的必由之路。经济发展到一定时期,进行城市形象的塑造、强化城市的对外影响力、加强城市全方位的建设就成了必须要做的工作。

城市形象的塑造和建设,能对城市经济产生潜在的效益和优越性,但这种潜在的效益和优越性往往需要较长的时间才能看出。对城市形象建设的投资,初看是没有直接投入到经济领域中那么明显,但它对城市经济的回报只是个早晚的问题。如果说发展经济的投入可分为有形资本投入和无形资本投入两部分,那么塑造城市形象就属于经济发展中的无形资本的投入。城市形象就是城市的无形资产,这种无形资产虽然无法用具体的数字表示,是看不见、摸不着的东西,但它确实存在于城市社会之中,对城市的发展有着很大的影响,并对城市的建设一直产生着能动作用。高发展位势的地区如果致力于塑造形象,发挥好这部分无形资产的作用,将会使发展速度得以维持,从而走向更高的台阶;低发展位势的地区如果塑造良好的形象,这部分无形资产将会加大,将会加快地方经济的发展速度。江苏省张家港市自设市以来,注重城市自身形象的塑造,注意发挥形象资产的作用,使其在国内的名气迅速上升,其知名度和美誉度迅速提高,不仅带来了巨大的社会效益,也创造了可观的经济效益。

在发展中,我们应当知道,我们不是单纯地为发展而发展,我们发展经济的目的除了增强国力,满足人民群众的物质生活的极大需要外,还要充分考虑到满足人们生存环境的需要,满足人民群众精神生活的需要,还要考虑到让子孙后代继续过上好生活。要获得这些,良好的城市形象就显得十分必要了。[1]

(三) 城市形象的定位与传播问题在发达国家早已受到高度重视

城市形象的定位与传播问题在发达国家早已受到高度重视。小到一个乡村,大到一个地区、一个国家,甚至一个国家集团,要有效地在当今世界求得生存和发展,都需要精心定位、传播、维护自己的形象。从国际上看,经济活跃的国家和地区,都比较注重城市形象的塑造。各国家、各城市集团为了在激烈的国际市场的竞争中取得最大的利益,争得较多的份额,都在不断地改善其国家形象和地区城市形象,营造良好的竞争环境。地缘相近的一些国家,为了共同的经济利益,通过交流经验,协商讨论,以协议的形式确立相互间经济合作的关系,形成城市经济的集团,使其内部的资本、资源、人才、技术都有扩大,给成员国提供了更为良好的生存和发展空间。同时,集团内部实行互惠互利,对外协调立场,采取一致行动,既保护了成员国的利益,也增强了国际竞争的能力和地位。形成了相对固定的地区城市形象。

(四) 在国内,塑造良好的城市形象已经成为共识

从我国的实际情况来看,自改革开放以来,我国的国民经济连续30年突飞猛进地发展,成了世界上发展速度最快的国家之一,综合国力不断增强,人民生活水平迅速提高。伴随着经济的发展,中国在世界上的地位越来越高,其国家形象越来越好,发挥的作用正越来越大。中国正以全新的形象迈向新世纪。再从我国城市发展的现状看,改革开放以来,东部及沿海地区利用优惠政策,抓住机遇,大胆改

革，其经济持续高速发展，创造了新中国经济发展的奇迹，为中国的崛起做出了不可磨灭的贡献。伴随着东部经济的发展，东部地区也加强了各项基础建设，改善生态环境，优化社会环境，加大教育投入，提高人民素质，增加个人收入，使东部地区的城市地位迅速提高，其知名度和美誉度越来越高，城市形象越来越好。良好的城市形象吸引了大批投资者，实现了城市形象和经济建设互相促进的良性循环，使东部地区对国家发挥的作用也越来越大。

（五）城市形象与城市软实力的辩证关系

城市综合实力是指城市生存和发展所拥有的、包括物质力量和精神力量在内的全部实力和对外影响力，如果我们把物质力量称之为城市生存和发展所必须拥有的硬实力，那么城市在生存和发展中所逐渐积累起来的各种精神力量、文化力量和对外影响力则称之为城市的软实力。硬实力主要表现为城市经济的强大和厚实，而软实力则主要表现为城市对外交往时无处不在的影响力和对内的凝聚力，这种影响力具体的外在表现就是城市形象的优劣与城市竞争力的强弱。大体说来，城市形象就是城市整体实力的外在表现。它既反映了城市的硬形象，也反映了城市的软形象。

（六）国内各城市之间的生存和发展也表现在软实力上

从国内看，这种软实力的竞争主要表现为各城市之间的生存和发展上。三十余年的改革和发展，实际上就是各城市培育和发展城市软硬实力的过程。考察国内各城市发展的进程可以看出，国内城市发展的层次大体可分为这样两类：一类为浅表层次的发展，一类为深层次的发展，这两类发展层次又都同时存在着不同的亚层次。浅表层次的发展特点是发展中过多的注意经济速度的提高，注意城市硬实力的发展，对城市其他功能的进步注重不多，投入的精力不够。在城市初期腾飞发展中这种层次的发展在短时间内很容易显出功效，但如果按这种模式长期发展下去，城市发展的根基就显得很不牢靠，发展基础不扎实，城市今后发展的前景就必然会受到制约和影响。我们称这种发展为“单极发展”。处于这种发展层次的城市多是中小城市或是经济欠发达的城市。这些城市的领导为了发展城市，往往采取这种急功近利的形式，使得城市的经济在较短的时间内有一个显著的提高，当然城市的对外形象也会得到一定程度的改善。

深层次发展的特点是发展中同时注重城市其他功能的进步，注意城市全面和谐的发展，这种发展把提高城市层次当成城市发展中一项极重要工作，使城市的软硬实力得到和谐发展。深层次的发展是城市步入成熟发展期时的发展。处于这种发展层次的城市多是发展水平较高、城市发展已有一定规模、经济已有一定实力的大中城市和部分已步入良性发展的中小城市。

（七）提升城市形象已是城市经营和发展到一定时期的必由之路

我国一些城市发展的具体实践已经证明，增强城市的软实力，设法提高城市的竞争力，扩大城市的对外影响力，提升城市形象已是城市经营和发展到一定时期的必由之路。塑造城市形象本身是在增强城市软实力，塑造形象是增强城市软实力中一项重要的工作，增强城市软实力就必须注意塑造城市形象，城市形象是城市软实力的外在表象，城市软实力是城市形象提升的基础。一般地说，经济发展的初期，软实力对城市发展的影响并不突出，形象对经济发展的制约还不大。这个时期，人们即使单纯发展经济，城市软实力不强，也可能使经济有一个快速的发展和提高。但经济发展到一定阶段，出现了平台期，尤其是城市的经济开始向外辐射，并出现了竞争对手时，软实力和形象对经济的制约作用就开始显现了，这个时期强化城市软实力、塑造城市形象就非常有必要了。经济方面的竞争越是激烈，竞争对手越多，软实力和形象对经济的制约作用就越发突出。在经济发展的平台期，致力于软实力的建设，可以增强城市的竞争力、扩大对外的影响力、提高城市发展速度和水平，使城市走向可持续发展的和谐境界。

（八）塑造城市形象也需要理论指导

中、西部地区一些城市甚至包括东部一些城市在这方面的差距是明显的。这些城市，尤其是一些中小城市由于缺乏有关理论的指导，在实际发展中或多或少地忽略了软实力方面的问题，把发展理解为单纯的经济发展，把城市化理解为单纯的经济化，片面的追求经济速度的提高，忽视了城市其他功能的进步，即使一些城市在进行软实力建设，也缺乏理性的分析和实际的借鉴，往往一哄而上，缺乏科学的论证，缺少地域特色和文化内涵，拆掉了古老的街巷，扒掉了古老的民居，盖起了那些没有任何地域特征和个性的“国际式”高楼，城市形象变得千篇一律，城市建筑变成千孔一面，城市街道变得毫无特色，看了一个城市，往往等于看了许多城市，因此其城市的知名度一直不高，影响力不大，在竞争中一直处于较弱的态势，城市发展一直在浅表层次上徘徊。这些城市要想迅速发展经济，提高城市的竞争力，扩大城市的优势和影响力，吸引更多的外资，那就要设法扭转人们对城市现有形象的看法，设法提高城市的知名度和美誉度，这是在中西部开发建设中各级政府要着力注意的。因此，总结城市发展建设方面的一些经验，找出软实力在城市发展中的重要作用，对提高中西部城市的竞争力，将有较重要的启迪和实际指导作用。

城市形象的好坏，不只是城市名声的好坏，而且是直接和城市经济的发展联系着的。正如名牌本身的名称一样，良好的城市形象，本身就是城市的无形资产，本身就代表了城市的发展水平。良好的城市形象能带来大量的经济效益和社会效益,是城市经济持续发展的后劲。短见的政府往往只注意发展经济,轻视城市形象的塑造,轻视人们生存环境的改善,不注意社会的全面发展和进步,没有把城市形象看成是城市经济发展的后劲,发展经济往往是“竭泽而渔”,搞一锤子买卖,缺乏长远意识,追求急功近利,这样做也许会使当代人很快富起来,形成短暂的泡沫经济,但造成了本城市的生态环境的破坏,资源的枯竭,社会环境的恶劣,使经济的发展缺乏持久性,给子孙后代留下难以割去的后遗症,甚至会断了子孙后代的生路。在我国,这种单纯的“突进式发展”的典型例子已经不少。缺少无形资本中的城市形象部分的投资,忽视城市形象的塑造,忽略城市环境的软工程建设,只一味发展经济,尽管可能会出现短期的经济繁荣,但这样发展的经济没有后劲,也不会长久。因此,塑造城市形象,营造城市经济良好的形象和发展环境,在可持续发展的战略中有着重要的作用。

二、城市形象的评价要素

一般说来,个人对城市的评价是不会按照城市形象评价作业图的方式来进行的,他们往往是根据城市的某一方面或某几个方面的大概印象,根据自己感受强烈的某一点,就对城市进行了“定位”,因此,个人的这种评价不免带有些主观的成份。但这种评价方法确实很具有普遍性和群众性,许许多多的人就是从这种评价中得出了对城市的认识和判断。如果把存在于群众口头上的这种评价方法和系统的评价作业图进行比较就会发现,实际上两者在很大程度上是一致的。不同的是,个人对城市的评价多是直观的、无目的的、浅显的,而评价体系更为科学罢了。

个人对良好的城市形象最直观、最明显的感受主要是以下几方面的内容:(一)廉洁高效的政府形象;(二)作风良好、讲究信誉的本城市的企业群体形象;(三)文化素质较好、精神文明程度较高的公众群体;(四)良好优美的城市环境;(五)较高的物质文明程度。个人对城市形象的坏印象的评价当然也多从这五个方面谈起。

(一) 廉洁高效的地方政府形象

1. 良好的政府外部形象是为民服务

政府形象是城市形象的首要因素。政府形象,是整个城市的门面,政府形象如何,将直接影响到整个城市的形象,影响到城市内经济的发展,也经常是外商投资时着重要考察的因素。政府形象可分为政府内部形象和外部形象。内部形象就是当地老百姓和政府自己的工作人员对政府的评价。根据我国的实际,良好的政府外部形象应是小政府、大服务。小政府、大服务就是政府最大限度地为人民群众办事,而不过多地利用行政手段去干涉人们的正常生活。例如,在市场经济的环境下,企业正常的事务,企业生产什么、如何生产、如何经营应由企业自己做主。政府对企业的影响,重要的是通过制定法律、法规来进行,通过对企业的宏观指导来进行。政府过多地插手企业事务,等于政府直接参与了企业的生产和经营,此时的政府本身既是运动员,又是裁判员,就不可能公平地处理与企业有关的业务。

较差的政府内部形象就是政府过多地插手地方企业的事务。企业干任何事情往往先要上报政府有关部门。本来是政府职能部门正常的工作,但个别工作人员却把它当成谋取私利的手段。这样做的结果,伤害了企业的感情,加重了企业的负担,使企业失去了对政府的信任,致使政府形象在当地越来越坏,其威信也越来越低。大量的事实已经证明,政府对企业的干涉越多,其负面影响就越大。

2. 良好的政府外部形象主要表现是廉洁和高效

政府的外部形象就是外城市的人对当地政府的评价。良好的政府外部形象主要表现是廉洁和高效。廉洁就是政府有强有力的手段促使自己的工作人员不利用手中的权力为自己谋私利,高效就是政府能最大限度地为人民服务。廉洁和高效是紧密关联的。不廉洁往往导致低效。当前较差的政府外部形象最主要的表现是官僚主义、地方保护主义和政府腐败。官僚主义主要表现为办事效率低、文牍主义、对老百姓的事漠不关心、行政集中度高、滥用权力、过多干涉等。官僚主义不但影响政府形象,也影响城市的改革开放。

3. 政府工作人员是地方政府的代理人

政府的形象往往是通过自己的职能部门和工作人员来体现的。工作人员是政府的代理人,政府的许多行为是通过其工作人员来实现的。因此,工作人员素质的高低直接影响着政府的形象。形象良好的政府往往有一批素质过硬的工作人员,而形象较差的政府也肯定有少数“蛀虫”在滥竽充数。因此,当政府在塑造城市形象时,教育工作人员,尤其是高级工作人员,提高工作人员的整体素质是十分必要的。

(二) 作风良好、讲究信誉的本城市企业群体形象

1. 企业形象和城市形象是有联系的

企业的群体形象是指在一个城市内若干个企业的共同形象。形象良好的城市多有一批运作良好、讲究信誉的企业,它们共同组成城市的产业和城市支柱。一个城市的形象如何,它的知名度如何,它在社会上地位的高低,都和这些企业有着密切的联系,可说企业名称本身就是地方形象的代名词。宁波的服装、温州的小商品、四川绵阳的长虹彩电、青岛的海尔冰箱,都是凭着著名的品牌而闻名于世的,在产品叫响全国的同时,其产品的所在地也响遍了全国。

2. 良好的企业形象可以带动城市形象的提高

形象良好的城市多有一个乃至有数个知名的企业或企业集团,这些企业有着一个或几个知名品牌做龙头,有一个或数个支柱产业为支撑,有数个高素质的著名的企业家作领导。内部有严格的财务

管理，有赏罚分明的人事制度，有充满活力的企业文化氛围。对外有良好的企业信誉和企业形象，有运作正常的企业经营机制。这就是我们常说的“品牌”效应。青岛形象在全国叫得很响，这在很大程度上与“海尔”“海信”“青岛啤酒”“双星”“奥柯玛”等品牌效应有关。良好的城市环境能产生良好的企业，良好的企业能产生著名的品牌，而著名的品牌又反过来促进城市形象的提高，形成良性循环。

3. 较差的企业形象可能拖累城市形象

形象较差的企业也往往会给企业群体形象和城市形象带来巨大的损害，它主要表现在：企业信誉度差，有意拖欠债务；产品质量低劣、以次充好；制造假货，坑骗消费者；其产品打一枪换一个地方。这种“饮鸩止渴”的企业虽然是个别，但其结果是必然给整个城市带来恶劣影响，降低了整体的城市形象，致使整个城市的经济短期内急剧滑坡，萎靡不振。这种由于企业群体形象欠佳而影响城市经济和城市形象的例子在一些地区是屡见不鲜的。这样的企业群体形象不说是创名牌，就是凭空给一个名牌，恐怕也保不住。

（三）文化素质较好、精神文明程度较高的公众群体

1. 社会控制实现的两种形式

一个城市内文化、教育、娱乐水平以及公众整体素质的高低，既是城市经济发展的基础，也是城市经济发展的结果，这些精神文明的“软件”建设，都和一个城市的形象有着直接关系。从社会学的角度分析，社会控制的实现应有两种形式，一种是正式控制，即以法律、警察、监狱等为主要手段，这主要是一种威慑的力量，是一种强硬的执行，不到万不得已不会应用；一种是非正式控制，即以舆论、道德、风俗、习惯等为手段，这是一种自我行为的软约束，是社会成员每天每时都要遵守的。社会控制是统一性与强制性的结合，一个城市社会中，正式控制的手段使用得越少，其社会控制的非正式手段所起的作

用就越大，这也表明这个城市社会的人群素质越高。反之，一个城市社会正式控制的手段使用得越频繁，其公众群体的素质就越低。在素质较高的人群中，社会的稳定主要就是靠这些非正式控制的手段来维持的。

2. *公众群体素质是城市精神文明的决定因素*

一个城市的精神文明建设搞得如何，主要是看其公众群体素质的高低。公众的群体素质主要包括城市内人民群众的文化、教育及娱乐欣赏水平，群众的思想水平，关心社会及公共事业的程度，人际关系的和谐情况，人群中高学历的比例，高等院校、科研院所的多寡以及道德、风俗、习惯、舆论的约束程度等等。人们都有这样的体会，我们在赞赏某一地区时，往往赞赏某某地区科研院所、高等学校多(即高学历的人才多)。城市形象较好的地方，高层次的文化演出就多，高水平的人才活动也多，影响较大的会议和活动也多。奥委会在挑选申办奥运会的城市时，就把公众的群体素质作为其中一个衡量标准。同样，国家也会把较多的机会给予城市形象较好的地区。珠海市以其良好的城市形象成功地举办了国际航空博览会，就是一个很好的例子。

形象较差的城市主要表现为群众文化素质较低、卫生状况差等等，也就是说，其精神文明建设抓得较差。公众群体形象与城市表现机会成正比，公众群体形象越好，其表现的机会就越多，其形象也越好；群体形象越差，其表现的机会越少，其形象也越难以改变。

(四) 良好优美的城市环境

城市环境包括城市内的社会环境和自然环境，这里的社会环境是狭义的社会环境，指的是社会发展水平及其现状的全部表现，主要包括城市社会治安的状况、卫生状况、文化娱乐设施的多寡、服务保障的完善程度、社区文明风尚程度等等。自然环境指的是人们生存和发展所依赖的各种自然条件的总和，主要是指大气质量、城镇绿化面积、资源状况、城市建设外貌、生态平衡情况等等。

一个城市的形象如何，和城市内的环境有很大关系。环境污染，资源缺乏有计划的开掘，有限的资源浪费严重，城镇建设无序，绿化面积不足，卫生状况较差，社会治安混乱，文化设施贫乏等等都会影响到城市的整体形象。城市的社会环境是往往反映着一个城市精神风貌的好坏和群众素质的高低。城市社会环境较好的地区，公众的群体素质也往往较高，社区服务较为完善，卫生状况良好。城市环境和公众群体共同组成城市形象中的社会因素。

自然环境是一个城市的外貌，是城市内的人们赖以生存的基础，标志着城市群众居住环境的质量，也是一个城市社会环境的外在表现。形象较好的城市自然环境大体相似，居住环境优美，幽静干净，城市建设具有特色，社会治安良好，环境污染较少等。形象较差的城市在环境方面的表现往往又是最充分的：社会治安混乱，黑社会横行，恶性案件层出不穷，卫生状况较差，城市建设无序，环境污染严重、生态平衡遭到严重破坏等都是城市环境的外在表现。

（五）较高的物质文明程度

物质文明亦即富裕程度。一个地区的物质发展状况，标志着该地区经济、社会，乃至文化精神方面的发展水平。一般说来，物质文明较好的地区由于其辐射面较广，交流城市较广，影响面较大，名声也较大，因此其城市形象一般会好些。物质文明是塑造城市形象的物质基础。从我国现实的实际情况看，由于历史、政策及其他方面的原因，东部及沿海地区就富裕些，而中西部地区就贫困些，因此，东部沿海地区的城市形象也好一些，中西部地区的城市形象也较差一些。正是由于这种物质方面的差别，我国东部及沿海地区的城市形象近年来一直较好，而中西部地区的一些城市形象一直较低。人们往往把中西部同贫穷落后联系在一起。

参考文献：

1. 马志强著.城市形象——城市发展的品牌和魅力[M].哈尔滨：黑龙江人民出版社，2002.

9. 公共关系在世界名城建设中的战略功能探析

中国计量大学　虞华君

摘要：世界名城建设成为中国经济实力不断提升，对外沟通交流不断增强的自信表现，但对于世界名城的认知与剖析还有待深入。文章解读了世界名城的内涵、属性，并基于公共关系视角，分析其在世界名城建设中的战略功能，提出了相应的应用策略。

关键词：世界名城　公共关系　战略功能

一、世界名城概述

（一）世界名城的内涵

世界名城，顾名思义是指世界上著名的城市。当然，对著名的解读不一定体现在其特殊的政治经济地位或国际旅游方面，而是体现在其较高的国际知名度和美誉度，并充满特有的城市个性特质，正是由于这些城市特质，才让人们对其耳熟能详，诸如谈及音乐人们会想到维也纳，谈及时尚浪漫人们会想到巴黎，谈及电影人们会想到好莱坞等等。当代中国提出的世界名城之说，则是着眼于不同的维度，强调城市的气质和特性，研究世界城市之林中具有品牌特色和地位的城市，举凡城市的自然环境、经济实力、人文景观、建筑特色和历史风貌特色上升到名牌城市的高度,就可能成为名城。(陆伟芳、余志乔 2014)在中国的制造业领域,实现了从产品的单一制造,到产品的品牌建设,再到中国智造、中国创造战略的深入实施,极大地提升了我国制造业领域的国际竞争力。在城市建设方面,中国的城市建设也同样需要不断升级,从简单建设扩张到品牌城市的打造都需要持续深化。中国的国家竞争力也体现在国家城市间的竞争,大力打造世界名城,提升中国城市品牌影响力,形成巨大的无形资产,发挥其重要的社会效益和经济效应,更将是我国的城市发展战略。

(二) 世界名城与世界城市

与世界名城相对应还有一个重要的概念是世界城市,世界城市在学术界也是更早开展研究的。英国生物家家和社会学家、现代城市研究先驱吉德斯于 1915 年出版了《进化中的城市》,书中最先提出世界城市的表述(Patrick Geddes 1915)。之后,约翰·弗里德曼提出著名的"世界城市假说"(John Friedmann 1986),他基于国际劳动分工的视角对世界城市体系进行了剖析,把世界城市分为以下类型:金融中心、跨国公司总部、国际化组织总部、商业服务高速增长的城市、重要的制造中心、主要交通枢纽和人口规模等不同类型,并根据这些标准识别出 30 个世界城市,形成四个等级层次,纽约、芝加哥、洛杉矶、巴黎、伦敦和东京等被列入一等城市。1998 年,彼得·泰勒(Peter Yaylor)和乔恩·皮夫斯托克(Jon Beaverstock)创建"全球化和世界城市"研究小组,通过世界 100 强企业的数据分析,提出了这些企业在世界经济全球化中的作用,并联结了世界各地的城市(Peter J. Taylor 2004)。该研究小组把世界城市分成了五个级别,处于第一级的有纽约、伦敦、东京、巴黎、芝加哥、法兰克福、香港、洛杉矶、新加坡等城市。在研究世界城市的过程中,沙森又提出了全球城市的概念,并对其内涵和功能进行了分析,并基于城市的生产性服务业视角，将全球城市定义为发达的金融和商业服务中心，并强调全球城市的四个特征：世界经济组织高度集中的控制中心、金融机构和专业服务公司的主要集聚地、高新技术产业的生产和研发基地、产品和创新的市场。就全球城市和世界城市的功能地位而言，都是指代在全球政治、经济、文化等方面有重大影响力和各类全球性重要活动集聚的核心城市，而且，当前世界公认的全球城市和世界城市的指向也基本趋同，故笔者认为全球城市与世界城市没有本质上的差异性。

通过对世界城市的解读，笔者认为世界名城与世界城市之间既有相同点，也存在着较大的差异性。从相同点而言，世界名城和世界城市在全球范围内均具有极高的知名度，往往为各国人们所熟知。而在差异性方面，世界城市在政治、经济上具有强大的全球影响力，在城市规模、城市人口上也具有很高的量级，但其在美誉度方面，可能出现不高的情形，同时，在城市特质方面也不一定鲜明，即使其在很多城市的建设、管理都很不错，但较难给人留下一个相对比较一致或趋同的印象。世界名城则相反，它可能不具有强大的政治、经济影响力，城市规模也可能不大，人口也可能不多，但它具有非常鲜明的城市特质，让人对它印象深刻，记忆犹新，同时也具备很高的美誉度，是一个特色鲜明的世界品牌城市。详见表1：

表1 世界名城与世界城市（全球城市）的比较

比较项目	世界名城	世界城市/全球城市
1. 政治影响力	政治影响力不一定大	政治影响力一定大
2. 经济影响力	经济影响力不一定大	经济影响力一定大
3. 城市规模	城市规模不一定大	城市规模较大
4. 城市人口	城市人口不一定多	城市人口数量庞大
5. 知名度	知名度很高	知名度很高
6. 美誉度	美誉度很高	美誉度不一定高
7. 城市特质	城市特质鲜明	城市特质不一定鲜明

（三）世界名城的属性

1. 知名度

世界名城作为著名的城市必须具有很高的国际知名度，这项知名度可能来自它的产业特质，也可能来自其文化特质，还可能来自其自然特质，无论是来自哪个方面，世界名城至少总有一项特殊的地方，能够吸引到世界足够的注意力，让世界人民对其熟悉至致，印象深刻。知名度也是衡量世界名城是否名副其实的重要标准，知名度的提升既是世界名城城市特质的持续显现，也是其对外信息传播、重视公共关系工作的外在表现。

2. 美誉度

世界名城还应具有另一项重要属性，即高美誉度。世界名城必须具有非常好的城市形象，公众对其持有正面和肯定的评价。美誉度是世界名城在展示其个性特质，服务公众的过程中通过其持续友好的互动沟通或信息交流方式，逐渐累积并形成的综合性评价。美誉度是在知名度的基础上形成的，高于认知层次的，带有个人感情偏好的理性认识与评价。世界名城美誉度的形成不是一朝一夕所能实现，而是需要长期、点滴的累积，并持续在公众中保持良好的形象与口碑。

3. 城市特质

有城市特质不一定能成为世界名城，但是如果是世界名城，必定具有城市特质。城市特质是世界名城的灵魂，是其散发独特气质的源泉，也是这座城市充满活力，张扬个性的重要表征。被誉为“花都”的法国巴黎，以花为载体，彰显浪漫之都的个性特质，从各形其异的建筑风格，到五彩缤纷的公园景致处处显现巴黎的美、巴黎的浪漫，同时，巴黎人都爱养花，房前屋后都会养起各种各样美丽的鲜花，更凸显流淌在巴黎人内心深处的爱美、爱浪漫的城市风尚。而“水城”威尼斯不需要庞大的城市规模和人口数量，一样成为人们心中向往的世界名城，威尼斯的名城特质是基于自然禀赋条件下形成的个性特质，以水为媒，全城拥有2 300多条水巷，小船成为城内重要的交通工具，威尼斯的居民享受的是一片水的世界、水的生活。同样，维也纳被誉为“音乐之都”，它不能算是一个世界城市，但不能阻挡其成为世界名城，维也纳最鲜明的特质就是音乐，维也纳是一座用音乐包裹起来的城市，它是欧洲古典音乐的发源地，到处可见歌剧院、音乐厅，尤其“世界歌剧中心”和“金色大厅”享誉全球。这些城市特质是其成为世界名城的核心竞争力，也是其城市发展生生不息的动力源泉，更是其张扬城市个性的真实写照。

4. 文化与素养

城市文化是现代城市的灵魂，一座城市国际化的最高境界，在于文化的国际化，包括这个城市的历史人物、历史记忆、文化支点、城市伦理、城市信仰等因素。同样在建设世界名城的过程中城市文化的作用也极其重要，没有丰富的城市文化底蕴，也将难以形成光辉的城市形象。另一方面城市中市民的素养也非常重要，城市民众是由一个个市民个体所组成的，市民个体的人文素养、待人接物、沟通交流都会影响到人们对这座城市的综合印象。作为世界名城的市民，必然要求具有较高的人文素养，对他人充满包容与友爱，注重礼仪和良好的行为规范，处处彰显名城市民的优秀品质。

二、公共关系在世界名城建设中的战略功能分析

公共关系的战略功能是一个组织为了实现其长远发展的目标，以对象为主体，以受众为导向，通过整合各种资源，与各方利益相关公众进行双向对称沟通，以达到组织无形价值的积累，是面向未来的、具备高度战略策划性的一项管理职能。一般不是为了实现短期目标，而是着眼于组织的长远发展目标或计划，同时，公共关系的战略要求对各类资源的整合能力，能够参与组织的战略定位与决策，并

需要借助管理学的方式加强对实施过程的管理与控制。

笔者通过对邓正红教授的企业"软实力"五层次模型以及余朝晖、史学嘉等学者构建的企业"软实力"的四力结构模型——形象影响力、资源整合力、文化制导力以及环境应变力的基础上,结合世界名城建设的战略需要,在四大力量的引领下,构筑形象管理、策略管理、绩效管理和机制管理四个维度下,引入了公共关系实施罗盘,将各维度进行了战略改造,形成符合世界名城建设需要的指南图。

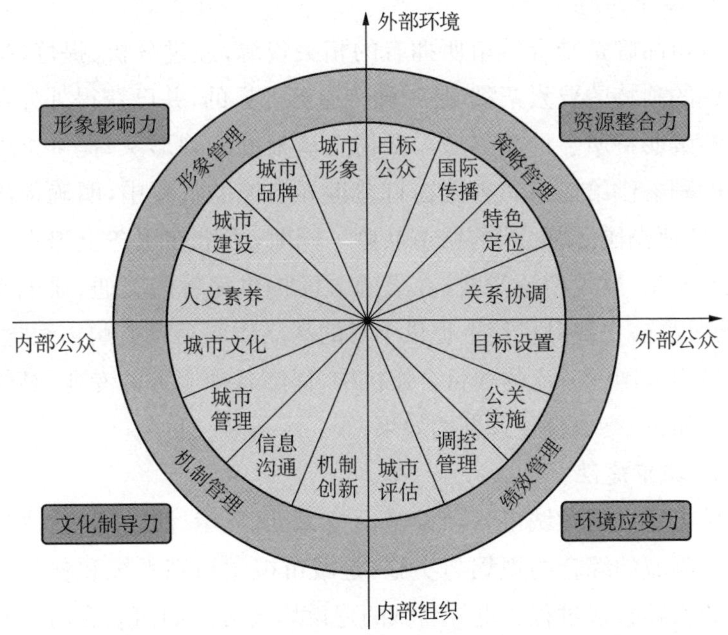

图 1 基于公共关系的世界名城战略实施罗盘

(一) 形象管理

1. 城市形象

城市形象系统可以从城市的理念系统、行为系统和视觉识别系统得到全面的展现,相对其他几个系统,视觉识别系统是比较外显的。在世界名城建设中需要考虑城市形象问题，世界名城的形象识别系统需要进行全面设计，一方面要考虑世界名城的标志标识、建筑风格、标志性建筑，以及标志性雕塑等城市形象元素，通过这些形象元素的直观展示，让外界能对城市有一个生动的认识。另一方面，世界名城要关注自己的城市声誉，及时了解外界对自己城市的评价与“口碑”，及时有效地处理各类不利事件，积极传播正面形象与正能量。

2. 城市品牌

城市品牌是结合城市所拥有的相关资源，经过分析、提炼、整合所形成的独特的要素禀赋，是一种传递给外界的，并已获得外界普遍认同的鲜明特质。世界名城需要树立清晰的品牌形象，提供给外界明确的利益供给信息。香港在打造世界名城的过程中，明确提出了要打造“亚洲国际都会”的城市品牌。同时，香港在服务上追求上乘的服务质量，赢得广泛赞誉；在设施方面提供完善的交通、通讯及旅游配套设施；在商品供给上提供丰富的高品质商品打造购物天堂，同时积极引入国际一流的项目合作机构，保障各项服务的专业、高效和优良品质，最终取得了预期的效果。

3. 城市建设

城市建设是对城市各项设施设备、人居环境、活动场所、建筑道路等各领域的综合的规划与实施，是城市视觉识别系统和各类软性服务的实际打造过程。世界名城的建设均会考虑如何结合城市的主题特征，在实现其基本建设需求的条件下，从多个角度融入城市主题元素，彰显城市个性和外界的认同感。在城市规划中考虑周全，搞清楚为什么建，要建什么，怎么建？在实施中注重细节，如城市元素如何在城市建设中充分体现出来。

4. 人文素养

人文素养是公共关系在世界名城战略元素中的重要内容，人是城市的主体，是城市的灵魂。人的素养体现在为人处世的基本德行、价值观念和人生哲学等方面。世界名城所体现的人文素养往往会从不同角度体现出追求人生和社会的美好境界，体现人的感性和情感，看重对生活的美好想象和对未来的憧憬向往，以及相应的责任义务。所以打造世界名城的过程也是所在城市人文素养提升的过程，只有人们的素养和文化得到升华与凝固定型，才能形成这座城市的精神支柱，才具备成名的基本条件与要求。

（二）策略管理

1. 目标公众

目标公众从经济学上解释是确定商品的目标市场与目标顾客，从世界名城的角度，则是在一定程度上明确和选择接受哪一部分公众，并吸引他们来到本座城市。目标公众从城市经营的角度来讲是影响城市走向辉煌和坠入衰亡的重要战略元素。世界名城拉斯维加斯曾经是一座以赌博产业为核心的城市，但受到经济危机的冲击，以赌为生的模式难以为继，城市日趋衰落。危机之下，重新定位了目标公众，将过去为赌徒提供享乐的成人目标公众调整为提供游乐场所，适宜度假休闲的亲子家庭目标公众，调整后获得极大成功，让这座城市再续辉煌。

2. 国际传播

国际传播是通过大众传播媒介进行跨越民族国界的国际信息传播及过程。世界名城的国际传播也是重要的战略元素，是与世界民众进行信息沟通，及时了解外部世界的变化，也及时让外部世界了解世界名城的最新情况。因此，世界名城要构建相对完善的国际传播体系，也要建立相对明确的国际传播渠道，注重及时传播重要信息。在传播信息方面，注重形式和内容的细分，确保形式的多样化，可以采用新闻报道的形式，也可以采用纪录片的方式，还可以采用影视剧的形式，让公众在不知不觉中感受到世界名城的魅力与个性。

3. 特色定位

世界名城的特色定位是重要的战略元素，需要充分挖掘城市的各种资源，并基于唯一性、排他性和权威性的标准，明确这座城市的个性、观念和灵魂。城市的特色定位的打造要在充分调研的基础上明确将来这座城市预期在目标公众中的形象。预期形象的确立需要充分考虑城市掌握的各项资源，并分析这些资源和其他相似的城市进行比较，优势在哪里，特色在哪里？同时考虑预期的形象是否能得到自我和外界公众的认同与支持，再进而调动各类社会力量、政府力量来积极开展软硬环境的建设，进一步凸显和张扬城市的特色与个性。

4. 关系协调

关系协调是公共关系的一项基本职能，也是世界名城战略的保障性元素。公共关系将公众分为内部公众和外部公众，对内部公众而言，要处理和解决市民的各类问题，凝聚人心，形成和谐的生活家园；对外部公众而言，要处理协调与外部公众之间的各项问题。在关系协调的过程中，尤其要注重危机的应对和处理，要学会危机预警与识别，掌握危机公关的必要措施和处理思路，确保世界名城在对内对外的各种关系中应对得当和处置合理，实现有利的内外部关系。

（三）绩效管理

1. 目标设置

世界名城的管理也需要考虑效率和效果等问题，有必要引入管理学的相关理念和处理手段。首当其冲是要提出合理的公关目标，并通过策划和实施公关传播活动，实现世界名城所期待达成的目的，通过目标设置可以明确世界名城公共关系工作的核心和努力方向，世界名城的整个公关过程从某种程度上而言，也可以理解为设置公关目标和实现公关目标的努力过程。目标设置的过程中也要注意目标的合理性,并设计相对全面与合理的策划方案,确保目标实现的可能性。

2. 公关实施

世界名城公共关系的目标设定后,有了相对完善的策划实施方案,需要进一步将计划付诸实践,通过积极调动各项资源,组织人力、物力和财力,明确责任部门或机构,逐步推进各项活动或工作的顺利实现,确保各项任务都落到实处。在实施过程中,要注重各项资源的保障,明确各项资源及时足额到位,确保公关实施的有效推进。

3. 调控管理

在世界名城的公关实施过程中,随着各项公关活动或工作的实施推进,可能会出现与预期目标不一致的现象,因此,如出现预期目标的偏差,需要及时进行干预和调控,确保既定目标的顺利实现。调控过程要注重对目标实现路径的监控,善于发现和监测公关目标实现的方向和效果,一旦发现有偏离,也要能够及时地调整各项资源,协调各方关系,保障实施过程的执行力。

4. 城市评估

城市评估是对城市建设各项成果和效果的评价,是对各项预期目标实现度的衡量。在世界名城各项公共关系预期目标的实现方面,可以采用过程评价和结果评价等方式来进行分析,在公关实施过程中,可以从传播的频次、传播覆盖率、传播到达率等方面进行衡量;在公关结果方面,则可以通过公众的认知率、满意率、美誉度评分等进行测量。通过城市评估可以让世界名城了解当前存在的一些问题,有助于后期进一步调整策略,改进不足之处,保证世界名城的实至名归。

(四) 机制管理

1. 城市文化

城市文化是人们在城市的生产生活过程中创造的物质方面和精

神方面财富的汇总，也是城市人们生存状况、行为方式、精神特征以及城市风貌上的总体形态。世界名城必定有其特定的城市文化，也正是城市文化的深入人心，引导着人们遵循各项行为规范和价值导向，彰显名城的文化元素。世界名城在城市文化的打造上应注重文化的先进性和公众的认同度，同时要形成具体明确的可操作及可实施的建设方案和具体载体，实现城市文化元素的凸显和引领。

2. 城市管理

对于城市管理而言，一般意义上的城市管理主要是指市政管理，而更为全面的城市管理主要是指以城市这个开放复杂的系统为管理对象，通过基本信息流，运用规划、计划、决策、组织、实施、调控指挥等手段，借助法律、经济、行政、技术等主要措施，通过政府、市场和社会以及市民等参与，针对城市的规划、运行、协调等方式促进城市有序运转的活动。世界名城需要建设完善可靠的城市管理信息系统、组织协调系统和运行保障系统，确保城市日常有序运转和面临特殊危机状况下的有效应对。

3. 信息沟通

信息沟通强调各关系主体间对相关信息的互通与共享，也是保障城市有序运行的机制措施。世界名城打造需要形成多元、多渠道的信息沟通与交流机制，在日常管理中发挥常态化的信息沟通交流作用，在面临特殊危机情况下，形成危机应对的信息沟通临时机制，最终确保信息畅通，沟通有效。

4. 机制创新

机制创新是城市管理机制发展的尝试，也是各城市管理职能部门对各项城市资源要素的重新组合，进一步提升城市运行效率，增强整个城市的管理水平和服务能力，是各种管理运营模式与方法的创新。世界名城需要进一步提升城市的运行效率和服务水平，机制创新是一个重要的手段，也是凸显世界名城日益进取的外在形象。

三、公共关系在实施世界名城战略中的应用

实施世界名城战略需要进一步融合公共关系的战略元素，凸显在城市建设中把握战略目标而设置的一系列宏观层面上的活动，包括愿景、使命、价值观、决策等基本要素，保障组织的战略目标的顺利实现。

（一）深化城市特色建设

一座没有特色的城市即使再大、人口再多也成不了世界名城，城市的特色一直是世界名城的核心灵魂，因此必须打造自己的特色，同时要持之以恒不断强化、深化城市的特色建设。并且，城市的特色也可以从多个维度去发掘，如城市文化维度、自然资源维度、城市管理维度、设施设备维度、经济产业维度、商业服务维度等等。在选定特色维度后，要清晰明确地表达特色定位，并配合各类保障措施，构造特色元素体系，多方位、多渠道、多手段地展现特色元素，最终保障城市特色定位深入人心，逐步实现名城特色并让公众铭记于心。

（二）加强国际化建设

世界名城的建设需要不断加大城市的国际化建设，加强国际宣传力度，不断提升城市的国际知名度。在国际化建设方面，首先，可以强化城市自身的国际化水平。提升国际化服务的软硬件水平，包括提升服务人员的国际化、市民素养的国际化、服务设施的国际化、标志标识的国际化、信息服务的国际化等。其次，加强国际宣传渠道体系建设。构建有一定影响力的国际宣传渠道，选择一批在当前国际上有较高知名度和影响力的媒体，或者在自己城市特色领域有影响力的宣传渠道，建立联系，加强沟通，并分批、分类、分时地开展针对性信息传播与推广。再次，加强国际沟通交流与合作。积极参加

国际上有影响力的合作与交流活动，既可以主动出击，也可以乘势引入，不错过展示自我的机会与平台。

（三）与世界名城缔结姊妹城市

与世界名城结为姊妹城市也是快速成长为世界名城的重要方式，一方面，可以通过结为姊妹城市的名义，学习打造世界名城的先进经验和措施，通过这些经验可以让自己少走弯路，少犯错误，较快地成为一座新兴的世界名城。另一方面，可以通过与姊妹城市间的各种类型的活动、合作项目、交流项目等凸显自己城市的特色与魅力，形成较为有效的国际形象展示与宣传，也有助于外界更为全面细致地了解自己城市的信息，提升知名度和美誉度。同时，在搜寻意向姊妹城市的过程中，需要把握意向名城的特色问题，是否与自己城市有很大的趋同性，如果趋同性较大，势必会产生同性相斥的情形，并且对方城市已具备先发优势，如想超越难度也会很大，更易引起对方城市的戒备，甚至打压的不利局面。因此，在选取姊妹城市时要体现出差异互补性，增加两个城市间的黏性，互相促进与提升。

（四）举办国际性大型活动或会议

举办国际性大型活动或会议也是十分重要的发展契机，尤其可以积极争取具有全球影响力的国际性活动，如奥运会、亚运会、世界杯、G20 会议、APEC 会议、各类联合国会议等，这些活动或会议主办权的获取需要提前长期筹划与准备，因此，需要结合自己城市的实力与资源禀赋，早筹划、早准备、多争取，借助这些活动或会议的影响力，乘势提升城市知名度和影响力。

参考文献：

1. 陆伟芳、余志乔.从世界城市、全球城市到世界名城——一种理论的视角[J].

城市观察 2014(01)：146—152.
2. P. Geddes. *Cities in Evolution：An Introduction to the Town Planning Movement and the Study of Civics* [M]，London：Benn，1915.
3. John Friedmann. The World City Hypothesis [J]. *Development and Change* 17，1986：69－83.
4. Peter J. Taylor，*World City Network：A Global Urban Analysis* [M]，New York：Routledge，2004.
5. S. Sassen，*The Global City：New York，London，and Tokyo，Princeton* [M]，NJ：Princeton University Press，2001.
6. 陈磊.从伦敦、纽约和东京看世界城市形成的阶段、特征与规律.城市观察，2011,4：86.
7. 张祝平.世界名城应具有高度的文化自信[J].杭州.2016(07)：17—19.
8. 于朝晖、史学嘉.提升企业"软实力"——战略公关模型构建与解析[J].上海管理科学.2008(06)：92—96.
9. 袁王迁.浅论公共关系战略的概念及运用[J].东方企业文化.2013(04)：9—11.

10. 城市违建对广州建设世界名城之城市形象的影响

汕头大学　萨支辉

摘要：近年来，随着城市扩张和发展的加速，一些城市特别是老城区、城中村、城乡接合部等区域违法建设现象日趋严重。违法建设的具体类型主要包括：违法加盖和重建、抢种抢建、项目违建等几类，其原因也分为出租谋利、获取拆迁补偿等。不少大型建设规划刚刚出台，就有游资注入相关领域，快速“种”出大量房屋等待拆迁。这些楼房多数是单砖薄板建成，成本每平方米一般只有三四百元，而一旦套取补偿成功，每平方米补偿款可达数千元。利益驱动这一主因之外，城市疯狂“种”房的重要原因还来自查处周期长、违法成本低而政府拆违成本高、政府拆迁补偿政策不合理等原因。如果不能采取强力措施根本改变这一局面，政府的执政能力将受到质疑，对广州建设世界名城的城市形象的影响巨大。本文的重点将分别放在政府拆迁补偿政策的完善、公民道德素质的提升、制度公正与公民品德的关系几个部分，期待对公民社会视野中围绕城市违建反映出的相关问题及其解决之道寻找到某种答案，也为广州城市形象的进一步提升有所贡献。

关键词：城市违建　广州　世界名城　城市形象

一、"种"房子农民和政府之间的博弈

中国农民一直是善良、纯朴的象征，农民身上体现着中华民族的传统性格。然而今天，农民的这种传统形象正在被颠覆："种"房子已经成为很多城市尤其是一线城市边缘地带农民的致富之道，大量违法建筑应运而生。违法建筑的具体类型主要包括：违法加盖和重建、抢种抢建、项目违建等几类，其原因也分为出租谋利、获取拆迁补偿等。疯狂"种房"的背后除了巨大利益的驱动因素，政府查处周期长、某些官员包庇违建收受贿赂的权力寻租、农民违法成本低是重要原因。根据相关规定，对违法建设者罚款只能是其违法成本的5%—10%，而拆违费用却要政府承担，使得政府拆违成本过高。另外，一些地方政府为最大限度地减少征收矛盾和冲突，使最大多数被拆迁人自愿配合拆迁而采取"怀柔"政策：或对于那种为拆迁而建的非法建筑不仅不处罚，还予以承认并按比合法房屋价格低一些的有利价格进行补偿，或将"麻烦"留给继任者。于是，非法建筑物面积越大，所获补偿款越多的恶性循环得以形成。在广州白云区，随着广州城市化进程的不断加快，这里违法用地和违法建设成为摆在区政府面前亟需解决的城市管理难题。大量"种"出的房子与广州市既定走经济低碳、城市智慧、社会文明、生态优美、城乡一体、生活幸福的新型城市化发展道路的总目标严重相悖。据《中国青年报》2014 年 4 月 30 日秦珍子的文章：广西灵川县定江镇社塘村的一片农田，泥土之中除了庄稼，还盛开着上百朵"奇葩"——它们甚至谈不上是井，因为只有井口。没关系，因为没人指望它们流出水，它们的功能是流出钱。那片田野夹着一条死路，可离路不远，是即将建成的新火车站。村民相信，死路会被接通，而路边的地当然会被征用。此前村里征地，有人地里有井，于是得到每口 600 元的额外补偿。种水井还算不上稀罕，在哈尔滨王岗镇房身村，人们干脆种起了房子。动迁的传闻

像春风一样刮过，风到之处，楼房钻出地面，如同发芽。不过几年，它们爬满山坡，塞住街巷。村民说，若是着火，消防车都开不进来。没人怕，因为加盖者把算盘打得啪啪响：盖一平方米成本三四百元，拆一平方米，能得补贴 800 元。新的产业也兴起了，有人组建队伍，揽下源源不断的建房工程。还听说有的土地荒芜搁置了十年，一夕间就"种"起了大棚，也听说有的祖坟背山临水了百年，忽然就"种"到他处，因为矿来了、企业来了、新城区来了、高速公路来了……只要土地上能生长出利益，什么都能种，哪怕是谎言。无论是加盖、加建还是拖延耍滑，有人开了个头，尝到了甜，就有人跟上去，因为人们心里最基本的对公平的理解是，你有的，我也得有。

2011 年 6 月，广州市白云区组织国土、规划、城管和各街镇对 2001 年 12 月 1 日《广州市违法建设查处条例》实施以后发生的违法建设情况进行了全面摸查：2001 年 12 月 1 日至 2007 年 12 月 31 日期间，全区发生各类违法建设 1 147 宗，总建筑面积 175 万平方米。其中，村民住宅建房占总建筑面积的 15%、村社集体建设 58%、涉军建设 2%、居民小区 3%、企业违建 20%、其他违建 2%；2008 年 1 月 1 日至 2011 年 5 月 31 日期间，全区发生各类违法建设共 2 008 宗，总建筑面积 181 万平方米。其中，村民住宅建房占总建筑面积的 36%、村社集体建设 44%、涉军建设 6%、居民小区 1%、企业违建 11%、其他违建 2%。从统计数据来看，2001 年至 2011 年这十年间白云区的违法建设主要集中在村民住宅建房、村社集体建设和企业违建三个方面，2008 年 1 月至 2011 年 5 月这三年来发生的违法建设量已经超过之前六年的总和。虽然我们不能清晰分辨出其中为套取国家拆迁补偿款所建房子的数量，但控违形势十分严峻是不争的事实。白云区政府、职能部门和各街镇虽然一直坚持不懈地严控和查处违法建设，但违法建设仍然屡禁不止，究其原因主要有：运用法律手段打击违建当事人的力度不够。目前白云区还没有一宗"小产权房"违建当事人被追刑的案例，主要原因是国土和公、检、法部门态度不坚决、措施不得力，行政执法与刑事司法衔接不到位。只拆建筑物，不追究当事人的刑事责任，违法当事人有恃无恐，逍遥法外，反而政府为他们的违法行为承担了很大的责任和压力；控违、拆违执法环境恶劣。城管和各街镇在查处和清拆违法建设过程中，经常遭遇阻挠执法和暴力抗法。有的用车堵住街巷，有的以跳楼、点煤气瓶威胁，有的清拆对象抱团抗法，现场组织清拆的城管和街镇负责人被辱骂、围攻、恐吓的情况经常发生，城管分局的巡查督办人员也经常被跟踪、威胁。当均禾街执法队对一宗新发生的违法建设实施清拆、制止抢建时，一名执法队员被违法当事人拿石块击中胸部受伤。还有的违法建设当事人公开叫嚣，声称若违法建设被拆除将对执法队员进行报复，城管和街镇工作人员承受着巨大的精神压力。各街镇普遍反映，阻挠执法和暴力抗法严重影响了违法建设的查处和清拆。

2013 年，白云区按照“铁腕治标、制度治本”的总体思路，采取一系列有力措施，在全区持续组织开展了大规模集中清拆违法建设的专项行动，全年保持了拆违控违的高压态势。各控违责任单位积极协同配合，共同推进拆违控违工作落实。2013 年，全区共拆除违法建(构)筑物 1 702 宗，拆除面积1 010 919万平方米，拆除宗数较 2012 年上升了 481%，拆除面积较 2012 年增加了 401%，有效遏制了违法建设屡禁不止的势头，初步实现了“新的不增、旧的不长”的控违工作目标。特别是 5 月 30 日，在市委、市政府的统一部署下，白云区会同市城管执法局，首次采取爆破拆除方式对大源村 2 栋 9 层、2 栋 12 层，建筑面积 14 910 平方米的历史违法建设实施强拆，谢晓丹副市长率全市 12 个区、县(市)的分管领导和城管执法分局领导在拆违现场召开观摩会，有力打击了违法建设的嚣张气焰，震慑作用明显。

按照“制度治本”的工作思路，白云区积极研究控违工作中发现的新情况和新问题，不断探索拆违控违的新措施、新办法，进一步提高了控违成效：一是研究出台了《白云区关于查控违法建设工作机制的补充规则》，进一步明确了违法建设巡查发现、查处报告、判别标准、清拆主体、责任追究等工作环节，明晰责任边界，解决了分工不清、认定不明和拆违责任不落实的问题。二是积极推进开展查人查事工作。在2013年第四季度清拆专项行动中，由区监察局牵头，组织公、检、法等相关职能部门60多人成立专项调查组，采取异地调查方式，对28宗违法建设"一宗一案"进行查人查事，深挖彻查违法建设涉及的"五类人"，即土地权属人、土地使用人、违法建设投资人、违法建设实施人及所有受益单位或个人。三是研究制定了《广州市白云区查控新增违法建设举报奖励暂行办法》，通过电视、网络、报纸向社会公布政府和各街镇违法建设举报电话，鼓励群众和媒体积极举报投诉违法建设，对群众举报的新增违法建设予以现金奖励，拓宽了查违渠道，解决了发现查处不及时的问题。四是建立了区拆违指挥部联席会议、街镇主要领导每周巡查报告、每日零报告、信息通报等制度，及时利用短信平台通报新增违法建设的发现和查处情况、责任制落实情况，加强了各街镇和相关职能部门的联系沟通，增强了各控违责任单位的紧迫感，促进了拆违控违工作的落实。

可以肯定的是，白云区拆违工作建立起了一套完善的制度并取得了不俗的业绩，但显然，政府与违建者之间的博弈还会长期存在下去。

二、制度公正与公民品德的关系

在审视广州白云区这场政府与违建者之间的博弈之时我们必须指出，当下中国在加强对公民公共精神培育的同时，制度公正也成为一个与公民品德相关的绕不开的问题，如果社会公正得不到保证，公民道德便无从谈起。"如果诚实、守信、遵纪依法，就能站着、体面地把钱挣了，把公平实现了，相信不会有那么多人会愿意栽种谎言。那些奇葩的诞生之处，往往正是‘不合理’生存之处——集体土地征收制度存在缺陷：‘公共利益’概念被地方政府滥用，征收程序缺乏民主，补偿标准缺少依据，失去土地的劳动力无法安置……甚至，拆迁方案还没定论，推土机已经开到眼前。于是，人们种水井，种房子，种大棚，种墓碑，不惜撒谎、违法、在光天化日下不要脸面。”

社会的良性运转是以承认公民的公共权利、使社会共同体的公正得以保证、使社会成员能够和谐共同发展、个人利益得到实质性保障的基本伦理——“公共善”为基础的。如果脱离了公共善和社会生活共同体这一背景，公民和国家的关系往往沦为充满权衡和算计的交易。在城市违建这一问题上，政府的公正意识、责任意识与公民的守法意识、义务意识往往紧密相连。应当看到，多年来公民与政府间存在着过于倾斜的不对等关系，我们更多是强调公民在国家建设中所应承担的责任（履行的义务），甚至包括牺牲部分个人利益以维持社会共同体的良性运转。其实，这种牺牲不能是无止境的，更不能完全建立在公民的单向牺牲之上——既影响社会公平也违反人性。公民与国家的伦理关系所涉及的问题之一是公民是否服从国家权威。服从国家权威不是服从抽象权利，而是涉及每个公民基本利益的理性选择，国家权威和公民自觉选择的道德行为的结合是保证社会良性运转的根本。然而，同样是非法建筑，政府既然对宅基地上的进行补偿，就没理由不对庄稼地里的进行补偿，如果真不补偿，必然增加征收难度，甚至引起激烈冲突；一些地方政府明明是要征收土地，是为了获取土地而附带对土地上的附属物即房屋进行征收，但却不主要对农民的宅基地使用权进行补偿，而是只补偿房屋，不补偿宅基地；土地征收与出让价格悬殊，政府愿意花点小钱进行补偿，实际上鼓励了农民为拆而建的看似违背常理的行为，并使被征收人本能地以各种方式通过博弈和反抗寻求最大化的个人利益；土地管理法所规定的按照农作物价值进行补偿的做法之所以在实践中行不通，就是因为这种办法严重损害农民利益。要从根本上消除“种房子”现象，使农民不通过建造违法建筑的方式来维护自己的正当利益，要求政府应当按照宪法规定的公正补偿精神确定土地补偿标准，并使补偿标准能为农民所接受；同时，有必要在相关法律中增加相应条款，除了勒令拆除还要处以巨额罚款，并在个人征信中进行“黑名单”公告；另外，地方政府的行为应与法律规定相一致：对非法建筑坚决不予赔偿，否则就是变相鼓励“种”房获益的做法；而且，地方政府应当正本清源，让补偿款实事求是地主要通过土地价格表现出来。在进行土地补偿的基础上，不仅对土地上的非法建筑不再补偿，而且对合法建筑也只按成本进行补偿，以逐渐杜绝建房套现的现象。

完善而有效的法律机制是维护公民人格尊严和建立普遍契约责任以及与此相伴随的普遍的社会信任的基础。试想，长期生活在契约不完善社会中的人们，容易将契约行为简单理解为利益主体间的权益交换，如果契约双方“任何一方的许诺本身都没有能够对意志产生强制作用的道德权威，那么双方就不会取得共识”。道德权威的基础是整个社会成员所感受和认同的普遍契约责任，它对包括政府在内的全体社会成员具有约束意义。社会生活的复杂性决定了法律和伦理道德与时代往往脱节，许多有关公民权益的行为需要在法律和道德层面加以重新规范，否则很多人会借故做出“合法”但不道德的事情。当代美国公共行政学者库柏认为，公民品德的总则是“正确理解的自我利益”，广泛的公共精神和公民品德不可能仅仅是一种道德境界的倡导，也不是对自我利益的简单超越和否定，而是一种在恰当的机制之下达成的公共和个人的“双赢”。当社会的公共资源没有做到公平共享之时，社会成员充分发挥想象空间和冒险争取最大化的个人利益便成为必然。在一个不公平的社会环境中，真正意义上的公民道德无处安放。政府政策和行为对百姓活动有直接影响，老子在两千多年前就看到了这种影响：“其政闷闷，其民淳淳；其政察察，其民缺缺。”

在“自然状态”下，人的权利自由意味着本性上的自利、自私将引发利益冲突，最终导致人人相残。制度的价值就在于对人性中的“恶”加以约束，以实现更大意义的社会共治。亚里士多德认为：“大家听到现实的种种罪恶，比如违反契约而行使欺诈和伪证的财产诉讼，以及谄媚富豪等被指斥为导源于私产制度……实际上，所有这些罪恶都是导源于人的罪恶本性，即使实行公产制度也无法为之补救。”阿奎那认为：社会的目的是让人过上德行的生活，而“人在达到德行的完备时是一切动物中最出色的动物，但是如果他一意孤行，目无法律和正义，他就成为一切禽兽中最恶劣的禽兽”。什么样的制度决定什么样的人性：如果制度奖励遵守社会秩序者，那么绝大多数人都会从善如流；如果制度不规范，守德者受损，败德者受益，人们则不仅从恶入流，且会不择手段地攫取本不属于自己的东西而使人性恶的部分无限膨胀。当然，制度并不总是符合道德和人性的，例如制度本身设计得不合理（如对农民的补贴过低）。但可以肯定的是，社会应建立一套扬善抑恶的制度——树立正面典型固然可行，但制度比榜样更有普遍性和约束性。制度公正本身就是对我们所认同的人性的一种张扬，人性中的真、善、美只有在制度公正的环境中才能得以呈现。制度所具有的社会规范和引导作用在于，这种制度本身基本公正、能够给公民带来现实利益以使社会成员对其产生自觉遵从的内在冲动并转化为现实行动。如果制度不够公正或有严重缺陷，如出现制度性失范或制度性腐败，将对全社会成员具有极其恶劣的引导效应（趋于堕落和腐败），它给人的预期信息是，这是一个制造无赖和腐败政客的社会，人们会因此从恶如流不择手段地追求个人利益的获得。制度公正的基本职能就是抑恶扬善，从而有效调节人的善恶行为。中国正处于市场经济的转型期，政治体制本身的缺陷引起社会控制功能的弱化，道德生长的环境也差强人意。现在社会的所有问题归纳起来，一是制度问题，二是人性问题，制度的重要功能之一就是协调人性、发展人性和解放人性。将制度和人性的关系整合起来研究并找到有利于人性的发展这一结合点尤为紧要。现实生活中出现的包括“种房子”这样的道德失范现象，反映出的已不只是道德教育和道德示范的功能问题，而是社会控制功能弱化的问题——当一个社会不能为其个体提供有利于涵养他们道德养成的环境，仅靠教育根本无法达到目的。当许多应该由制度解决的问题却由道德去解决时，道德便变得无奈和苍白。以一种公正的制度和规则来约束人性、规范人性、完善人性，是人类社会永恒的话题。

现代人已日益摆脱私人领域而越来越多地生活在公共领域里，他的行为越来越具有公共性。公民社会打破了家族界限，是一个个人利益不仅和家族利益、更和所有人的利益息息相关的共同体。公民应具有权利意识、程序规则意识、法律意识和公德意识。然而反观当下社会现实，部分应由制度解决的问题却由道德来承担，而“上行下效”的结果是，道德无奈、无力，是非善恶美丑不清，见利忘义、私欲极度膨胀——人性中的恶被无限放大。当每个人都紧盯着自己的权利而无视自己对于社会和国家的义务之时，也是公民社会的瓦解之日；即便有相应制度，人们更着意于制度的变通性和法不责众的现实，挑战制度者比比皆是，这其中实际潜藏着的是信仰危机和价值观的失落。“我们所要建设的道德并不是可望而不可及的，不是要所有人都具备圣人的那种尽善尽美的道德，而优先的应该是公民的道德，即每个人作为一个合格的社会成员都应该履行的义务。因此，道德建设要从公民道德入手，从基本义务着手。”

值得我们警惕的一种观点是：制度恶，我亦恶，因为制度投之以不合理，我们便报之以不理性。其实，国家组织和公民社会处于两个不同的层面，国家土地补偿制度的不完善不合理不应该成为民风衰颓的借口。“在非洲，国家组织与公民社会极端分离，纳奥米·卡赞

(Naomi Chazan)在研究那里的情况时也认为'国家和公民社会的共生关系'是存在的。20 世纪 70 年代和 80 年代发生危机时,'国家机关和社会关系网都经历了崩溃'。反过来,在从危机中恢复的地区,'中间社会群体的复出''伴随着对国家能力的界定和肯定,并强调公民社会和国家之间的密切联系'。许慧文(Vivienne Shue)在研究一个极端不同的案例——中国——时,发现国家和社会之间存在与此类似的互相促进的关系。她指出,共产主义和后共产主义执政时期,国家——社会关系的变化表明,'公民组织生活的兴旺与相对强大与适应性强的国家机构里社会力量的巩固之间存在微妙的关系'。"

"公民社会的命运是与公共机构维持自身的能力联系在一起的,这种宏观的论证在微观上也得到有趣的体现。国家机关和地方社区协同合作,提供所需要的服务或集体商品,这种协同生产的可能性又与国家机构相关,后者拥有足够的团队精神和官僚经验,可以不仅仅是机械化地、简单地实施中央的规定。最能证明这一点的典型案例就是台湾灌溉组织,这一组织是政府的官僚决策与地方村民的实际介入巧妙结合的结果,社区对各地方水源分配的过程享有很大的控制权。官僚机构软弱的国家则无法维持这种地方性的官僚能力,协作生产也无从谈起。公民组织的效力与国家能力之间的关系,综合来看是积极的,关于这一点的证明不仅仅局限在第三世界。即使在倾向无国家性的美国,历史上也有有趣的例证证明了国家—社会的协同作用。美国儿童福利院是美国福利国家最早的、成功的一个项目,斯考切波(Skocpol)在对其进行研究时,证明了分散在全美各个地方的妇女的自发组织对这个'妇女和儿童的国家机构'的重要性。她还注意到美国农民的自发组织和美国农业部之间的关系,这种关系再次证明了国家—社会的协同作用可以带来广泛的社会和经济改观,她还把这种关系与"母性"付出做了比较,指出两者存在相似之处。"然而现在的问题是,这种地方社区和公民组织在中国乡村日渐式微，不能有效形成与国家权力之间的互动，公民社会的建设路途遥遥。

三、断裂的乡村道德共同体、乡村基层组织的失能与公民道德素质的现实困境

由于城市违建多发生于原属乡村的城乡接合部，所以有必要对于我国乡村的现实生态有所了解。

改革开放以来，中国乡村发生巨大改变，农民物质生活大多“翻了身”。在靠不成文的村规民约、乡邻道德约束的“熟人圈子”里，农村社会正静静地发生着另一场深刻变革：流动时代、经济大潮下的重利轻义、城镇化生活方式的冲击，使得原本无处不在的乡村道德约束逐渐松弛、异化，甚至有人感叹乡村“道德已死”。据 2014 年 4 月 8 日《半月谈》文，河南郑州市郊区某村庄正在发生巨变。随着村子周围环绕的槐树林被成片砍掉，沟壑被填为平地，一座座工厂、一片片人工湖、一栋栋公寓楼建得离村子越来越近——城镇化与“造城运动”，迅速让这个村子面临“农民上楼”的选择。在两三年间，村中家家户户都有了二三十万元的存款，有人忙着继续“种房”，有人还没学会开车就先买回小汽车，也有人为了钱款的使用分配、投资收益等与家人、朋友、乡邻们爆发着各种各样的矛盾。无疑，市场经济是把双刃剑，在激发人们竞争、效率等观念意识的同时，也携带着物化及功利意识向道德发起挑战，见利忘义、损人利己等道德问题由此产生。“改革开放生活越来越好，但是国家、集体的意识淡薄了”，不少农民这样直言，现在村里搞公益事业比较难，村民没有集体意识。老百姓以前做义务工，投工投劳，现在一盘散沙，都打自己的小算盘。他们更关注的是自家如何发家致富，而非乡村的公共利益。在浙江不少农村地区，随着城市近郊农村土地被开发，征迁补偿给农民带来巨大的财富积累，不少农民从“脸朝黄土背朝天”的耕作者变成有财产性

收入的房东、股东。很多农民一下子暴富,“食利者”现象滋生。在这里,传统的生活习惯和乡村邻里状态不再存在,很多人的精神生活十分空虚。无疑,随着城镇化的不断推进,传统的农村格局正在破裂、重构。与此同时,一些不道德行为往往具有示范效应,此时乡邻、家庭之间的“道德舆论”虽谴责他们,却已失去了实在的约束力。

有学者认为,当前农村出现的各种道德问题绝非简单的情感和道德问题,背后关乎社会民生,往往与乡村公共治理的缺失直接相关。随着农村人口外出和城镇化加速,农村道德的实践基础——农村公共生活日渐式微。由于既有的“农村马路舆论场”、乡村权威不再发挥作用,村里损害乡村道德的虐待老人、邻里纠纷等问题从村庄的公共事务转变为私家事,其结果便是乡村道德失范。在工业化、城市文明冲击下,传统农村社会出现了心理不适应、道德不适应、经济不适应等三个“不适应”症状。

贺雪峰在他的《乡村的去政治化及其后果——关于取消农业税后国家与农民关系的一个初步讨论》一文中直接指出:造成今天中国乡村去政治化的原因除了国家取消农业税这一主因之外,首先是权利话语的兴起和法制社会建设的进展。送法下乡几十年,法制社会建设的成果使国家法律的阳光普照中国乡村的各个角落,“村规民约”也必须在法律范围内才有效。与法制社会建设相伴随的是权利话语的兴起,以前以义务为本位的制度被以权利为本位的制度所取代,权利使得每个人都可以得到法律保护,而不受乡村政治的强制,个人主义兴起,集体主义退潮。其次是高度市场化的影响。高度发达的市场改变了过去非得依靠乡村社会内部互助合作才能完成的公共事务,市场还为农民提供了远较过去多得多的就业与收入机会和消费选择。再次是村庄边界的开放。传统时期和人民公社时期,乡村社会都是相对封闭的,但当前中国农村,农民流动极为频繁,村庄边界几乎完全开放,村民有了更多自由选择的空间,过去作为有力规范的舆论和地方习俗，现在已经不能有效约束农民了。第四是收入来源多样化。农民并非仍然主要从土地刨食，而是收入来源多样化，甚至多数家庭的务工经商收入超过务农收入，由此导致乡村社会本身重要性的降低。

上述因由使得乡村社会作为一个政治性实体的基础受到侵蚀。一是作为一个政治性实体的乡村社会已经变得不如过去重要了，二是作为维系乡村政治性实体运转的政治手段快速消散，传统社会中以义务为基础的制度被现代社会中以权利为本位的制度所取代，这就使得作为政治性实体的乡村社会整合的大多数手段都失去发挥作用的空间。而乡村去政治化的后果是，村庄不再是一个可以集结利益、意愿，不再可以表达诉求，不再可以进行利益协商、利益博弈的场所，村庄仅仅是一个居住空间，农村社会被城市社区化了，熟人社会变成了互不相干人们住在一起的陌生人社会。换句话说，乡村去政治化的后果就是，乡村社会不再是一个相对独立和自主的政治空间。国家对乡村社会的治理要直接面对每个农户和每个人，在国家与个人之间不再有一个可以进行利益再分配的中间结构了。所有的乡村组织，即使目前的乡政府和村委会或村社集体还存在，这些乡村组织也不过是国家行政力量的向下延伸，是国家的代理人，而不再有乡村社会的当家人、不再有乡村社会的内生利益的整合能力。乡村社会原本结构性存在但却十分边缘化的刁民群体正在变成主流，正在替代农民成为乡村社会秩序的主导人和决定者。乡村社会中相当部分的秩序变得由这一部分人来决定，这是一个相当严重的问题。他们已对农村社会的基本秩序构成破坏，已成为乡村治理中无法解决的难题，正成为影响和决定乡村秩序的主导力量。他们蔑视权威、蔑视秩序、蔑视政权、蔑视正义与道德，以至最终越过底线。而在实践中，大量越过底线的行为，地方政府也采取了息事宁人的做法。当乡村社会中的政治空间消失，乡村社会只有具体问题的摆平，而没有了原则，没有了正义，没有了正气，没有了因为道义与原则所激荡起来的政治的气场，没有群众在旁边支持的帮腔，这样的地方政府就会在维持秩序的过程中，在与“刁民”的斗智斗勇中，在摆平理顺中丧失自己的权威、颜面以至合法性。这样的基层治理，显然不只是成本很高，而且必不可持久。

如何解决当前利益密集型农村地区的治理？事实上，在征地拆迁的城郊农村，依据《土地管理法》和国家有关政策，村社集体作为集体土地的所有者，在土地被征收的时候应该依法获得征地补偿从而可以强化集体资源，以用于村集体公益事业。而依据《村委会组织法》，农村基层实行“自我管理、自我教育、自我服务”，且中央 2010 年一号文件专门就农民如何实行“三自”提出了具体的方法。唯有真正赋予村社集体实际的权力，让村社集体可以将集体利益与农民个人利益密切联系起来，既让村集体具有权利，又防止村干部滥用权力，才可能真正在村社内部找到对付完全不顾公益行为的钉子户的力量。也就是说，在利益密集型地区，离开强有力的基层组织，仅仅依靠地方政府“摆平术”，甚至依靠社会势力来压制钉子户从而维持秩序，显然不是最终解决问题的办法。

改革开放三十多年，国家从计划经济时期转入市场经济时期，人们的致富欲望也同时得到空前的激发和释放。改革开放以前多年对人的物质欲望的压抑，对理想和信念的过分强调，使人在压抑解除之后形成强烈反弹，从根本上怀疑理想和信念的价值。在广州白云区这场政府与村民的博弈时我们明确感到，当下中国社会公民的道德感受能力、道德践履能力还有很大的提升空间，对个人利益的过度关注导致公民道德权利与道德义务的实现多少沦为空洞的理想。

市场经济突出人的个体性和自主性，使人更加关注自我存在和自我价值，可与之同来的是全社会价值判断标准的巨变，社会的物质本位和个人的金钱本位是这种价值观的集中表现。有些人认为，“从不正义那里比从正义那里个人能得到更多的利益。”试想，一旦一个国家尊重了钱财，善德和善人将何处安身？其实，在处理义利关系上，中国传统伦理早有回答，中国古人明确把义作为治世之主导。

本来，适度的个人主义、关注自我实现和个人利益对于调动个体积极性、提高全社会的生产效率是有益的，但当人不能正确处理个人和社会的关系时，对人的个性的过度张扬就可能转化为极端个人主义：为谋求个人利益而不惜牺牲他人利益和国家利益。市场经济的竞争直接以物质实力说话，使人的评价标准异化。市场经济的基本原则是等价交换原则，今天被人们扭曲地理解后形成了斤斤计较、按酬付劳，只讲索取、不讲奉献，只讲权利、不讲义务的思维方式和行为方式。越来越多的学者和经济学家承认，经济活动的目的不单纯是财富和利润，它与人类的发展和责任不可分割。德国经济伦理学先驱马克斯·韦伯把道德视为经济发展的“支持性资源”，合理的道德规范能协调个人、集团和社会利益间的矛盾，降低总体社会成本，提高经济效益。“对于公民个人而言，个人利益和社会责任的冲突有两种情况：一种是个人利益的取得是以非法或违背基本道德的手段得到的，是以损害他人、社会或国家的利益为代价的。在这种情况下，公民不仅没有承担自己的社会责任，而且在根本上违反了责任，属于恶劣的不道德行为。另一种情况是，公民是否履行社会责任没有硬性规定，履行是应该的，不履行也不违法。这种情况虽然没有对国家、社会利益造成损害，但逃避了责任，是一种消极的道德不作为行为，也不能是道德的行为的。”在一个追求个体自由的社会里如何达致公义？当代西方关于自由主义与社群主义的论战即是围绕这一主题展开的。自由主义坚持个人“权利“的优先性或“自我”的至上性，由此带来人们逐渐丧失治理自己生活的能力，集体被放逐于道德荒原；社群主义主张“公义”“共善”的优先性和至上性，由此带来社会治理的空泛性，因为这与多数人的人性似乎相悖。于是，自觉、自律的私人生活领域与民主化、契约化的公共权利领域彼此生成、相互约束就成为必然。

当下中国社会，除了物质崇拜、金钱第一的肆虐之外，社会信任极其匮乏，这也直接导致“种”房子者“今天不赚，明天悔烂”心理的膨胀，钱是人们认为唯一真实的东西。许多学者的研究成果表明：国家、政府并不是社会信任的提供者，甚至可能成为社会信任的破坏力量，如城市改造计划就可能严重摧毁旧城区中居民原有的社会信任关系和行为模式。在公民与政府之间、公民之间的社会信任日益消解之际，在人们不信任彼此却唯独只相信和尊重钱财的年代，遵纪守法但可能家财贫瘠之人自然不受尊重，而如果德性的履行不能给行为者带来相应的外在利益，便会引起社会整体价值观的严重混乱。如果一个社会对于外在利益的追求变得压倒一切，“德性的概念起初可能是其本性被改变，然后可能几近被抹杀，虽然其影像可能还很丰饶”。社会的经济本位和个人的金钱本位之于美德完全是一种伤害，因为“美德不同于爱好钱权名利的地方在于，对钱权名利的追逐可以并且确实常常使得个人对其他社会成员造成损害，与此相反，没有任何事情能够像培养对美德的无私热爱那样，为其他社会成员带来如此大的福利了”。

市场经济的内在逻辑和我国道德教育的实际表明，在公民道德教育过程中要坚持价值取向多元化和价值导向一元化的统一。市场经济本身不具有对于不道德行为的绝对免疫力，在城市违建这一现象的背后，就充斥着道德失范、善恶不分、拜金享乐、见利忘义、损公肥私、敲诈国家的不良心态。西方以个体私利为基础的公共精神危机对当下中国培育公共精神具有警示意义。一批学者通过分析现代性展开过程中的传统公共精神和理想沦落的根源进而呼吁重建公共性。一百多年前，梁启超在探寻中国之所以“日即衰落”的原因时认为在于“公共观念之缺乏”。千百年来，中国人思维的重心多在道德本体,却忽略公共关怀,公共精神的缺乏在中国已积弊甚久,今天呼吁公民公共精神的培育正当其时。

公共精神与公民社会同源互构,相伴相生。公共精神本质上是一种秩序精神、一种社会整合精神。现代公共精神是指能够体现人的本性、有助于发展人的自由和自主能力、实现人类共同幸福生活的公共精神。然而在我们实现物的现代化的同时,却没有实现国民性的根本现代转型,这样的现代化很难避免畸形发展的结局。国民现代性与公民教育息息相关,公民教育所塑造的民众人格成为现代化进程的行动主体。

市场经济时代,利益被赋予了超乎以往任何时代的意义。在进行公民教育的制度安排时,应该把个人利益和社会利益相结合以体现对于人性的关照和对现实的尊重。托克维尔也曾指出:“个人利益即使不是人的行动的唯一动力,至少也是现有的主要动力。盲目的献身精神和本能的为善的时代已经成为遥远的过去,而自由、公共安宁和社会秩序本身通过启蒙和教育可以实现的时代即将来临。”必须向公民明确的是:公民个人的发展与社会公共生活的繁荣、与社会成员间的和谐相处、与国家对公共生活秩序的组织与管理相互依存,并行不悖。

四、结语

城市违建对广州建设世界名城之城市形象的影响不可低估。

制度规范对于社会规则具有硬性安排的意义,制度具有惩戒违规者和引导大众行为的作用。由于制度的这种特性,使得制度原则必须依靠权力强制执行并以规范的形式要求人们遵守。制度规范和道德教化的结合才能既培育品质又规范行为。必须指出,个人的德性的培养,道德人格的发展,没有一定的社会保障就会枯萎,更谈不上延伸和发展。道德问题的最终解决,必须以现实社会中制度对各种利益关系的合理解决为前提，只有通过制度层面上对有限的社会资源进行合理分配，违规行为受到法律制止，良好的市场秩序和社会生活秩序才会出现，社会的公平和正义才能有所保障。道德教化无法解决理想和现实的矛盾，理想的劝导不可能让每个人在现实的利益诱惑面前保持崇高的道德。如何解决城乡居民合理利益获得与制度正义、分配公平之间的关系，是一项综合性工程。相关问题不得到有效而彻底地解决，不仅城市的有序化、规范化建设得不到保障，对于广州世界名城建设而言也是一块难以直视的疮疤。

"种"房子这种中国社会转型期特有的景象可能还会存在相当长时间，但我相信，随着我国地方政府制度设计的完善和依法行政水平的提升，随着强化违建的问责制度，随着公民公共精神和道德素质的成长，这一景象终将成为历史，我们将迎来义利相生、德善相伴的公民社会时代。

参考文献：

1. 焦国成.公民道德论[M].北京：人民出版社，2004.
2. 刘鑫淼.当代中国公共精神的培育研究[M].北京：人民出版社，2010.
3. 宋增伟.制度公正与人性完善[M].北京：中国社会科学出版社，2010.
4. 李萍.公民日常行为的道德分析[M].北京：人民出版社，2004.
5. 张宜海.论公民德性[M].河南：郑州大学出版社，2011.

11. 国际活动宣传片中的城市形象塑造策略探析
——以杭州 G20 宣传片为例

浙江工业大学　任文杰　王　青

摘要：随着城市经济发展，城市化程度不断提高，城市之间的竞争也转移到城市形象的塑造上，而借助举办国际活动的契机来塑造和提升城市形象，已成为当今国际城市之间重要的竞争砝码。本文通过问卷设计分析杭州 G20 城市宣传片内容和对受众的影响，提出从宣传片内容、受众、渠道等几个层面进行城市形象的剖析和塑造策略。

关键词：大型国际活动　G20　宣传片　城市形象塑造

一、大型国际活动和城市形象等相关概念

（一）大型国际活动的概念

大型活动是指主办方花费大量的资源有目的地开展一项活动，对这件事要提前做出详细的计划安排；大型就意味着参与人数众多、社会的关注度高，所以这样的活动也存在一定的安全隐患，一定要确保活动在安全的前提下举办。

大型国际活动是指由若干个国家参与或者国际组织之间的参与

的活动,涉及的国家和组织范围广,准备时间长,举办的活动规模较大。

(二)城市形象概念

“一般而言,城市形象指的是城市给人的印象、感受和记忆的综合。从视觉上来说,优美的建筑、干净的道路、特色的商店、美丽的旅游景点、完善的生活设施等,都是构成良好城市形象的基本要素;在感观上,市民行为、公职作风、文化氛围、风土人情等,也是塑造城市形象的特色内容。”

城市形象的组成内容既包括有形的物质也包括无形的精神,有形的主要指城市建筑、城市地貌、城市环境、风景等眼睛能看到的,无形的有城市文明建设、价值观、开放度、包容度、安全感、幸福感这些需要体会的。

(三)城市形象宣传片的定义

城市形象宣传片是从品牌形象构建角度来说,需要高度凝练城市的人文历史、准确展现城市的独特定位、形成单一的城市理念诉求,最终通过影视呈现的方式来传播城市形象的一种方法,这是形象宣传片的基本要素。宣传片与影视的关系是密不可分的,我们通过影视展现的内容感受到这个城市独特的形象。

本文中,城市形象宣传片是基于大型国际活动的举办,比如 G20 峰会的召开、世博会举办、青奥会等的召开,特地为这样的大型国际活动更好地开展和宣传所拍摄的相关的宣传片,这样的宣传片跟活动的相关性更高,同时以举办活动为目的展现城市的历史文化、文明建设等,重点突出这个城市所特有的面貌和精神。

二、大型国际活动推动城市形象宣传片的重要性

大型国际活动对于一个城市甚至一个国家的发展都会带来影响。比如 2008 年奥运会，提升了北京在全世界的知名度和美誉度，也使中国在全球赢得更多的尊重和话语权；上海世博会推出了系列城市形象宣传片，借助世博会的力量极大地提高了上海的城市形象。

主办方借助大型国际活动可以给国内外受众塑造一个个性鲜明具有独特文化和精神内涵的城市形象，从而对这个城市留下深刻的印象。

（一）吸引更多注意力和收获口碑

大型国际活动具有延续性和一贯性，相应有既定的关注者和受众，这类关注者是宣传片受众的组成一部分；还有就是对活动本身感兴趣的人，同时也会成为宣传片的信息主动接受者，关注者是来自于全世界的人，借助这个时机推广城市形象宣传片会吸引更多的注意力，原本对城市有一定好感的受众在举办这样的大型国际活动的基础上对城市的口碑评价会有更多的提升。比如北京奥运会吸引更多的热衷体育竞技的人士。

（二）资源集中，提高城市宣传片的竞争力

大型国际活动由于规模巨大，会受到社会各界人士的关注，并且这样大型国际活动的主办方通常是官方性质，可以全方位地利用资源拍摄制作和推广宣传片，比如在举办南京青奥会时，就集合了多方的资源整合，包括城市建设、资金投资、城市交通、城市规划。大型国际活动的召开得到全省市、全国、全世界的关注，在这样的一个大背景前提下，所拍摄的宣传片的团队制作、取景、后期推广受到许多市民的关注和期待，这样会给相关制作单位一定的压力感，迫使他们不

断地追求更好更高的拍摄和制作。G20 峰会宣传片由央视制作团队、浙江省宣传办，还有专业的国外制作团队这样一个强大的阵容，有易于宣传片整体质量的提高；世博会的宣传片有请到张艺谋导演的新画面影业公司操刀。

（三）国际化聚媒体效应

大型国际活动由于规模大、参与国家和人数多，还有其本身的经济、政治、运动、环境、互联网、世界安全等各种各样的标签，会受到国内外媒体的关注和持续报道，相对来说这样产生的影响范围广、程度深，给一个城市及国家都会带来深刻的影响。比如 G20 峰会，由于全球正处在寻求经济发展与变革，会对此届峰会有更多的关注和参与，在历届的峰会中，中国的受关注程度仅次于美国，外国媒体报道相关的峰会信息占到报道总量的百分之三十左右。

三、杭州 G20 宣传片中关于城市形象的问卷调查分析

为了分析受众对宣传片的认知和评价，本文以杭州 G20 宣传片为例进行问卷调查分析，得出受众对于大型国际活动宣传片的内容以及传播渠道等的需求。此次的 G20 宣传片将城市的元素、文化、精神传达给全世界的人们，使受众从各个方面认知杭州的城市形象元素，从而对这个城市产生整体良好的印象。

本次调查问卷的目的是分析杭州 G20 城市形象宣传片传播内容、渠道和效果，采用网上问卷调查的方式，回收 120 份有效问卷。本次调查的人群中男生 56 人，女生 64 人，15 岁以内的占比 2.50%，16～25 年龄段的有 86 人，占 71.67%，26～35 年龄段的有 21 人次，占 17.50%。36—50 年龄段的有 9 人，占 7.550%，50 岁以上有 1 人次，占 0.8%。参与问卷调查的主要集中在 16～50 岁年龄层。

G20是一场大型的全球性的国际会议，宣传片需要面对更多的国外受众进行全球化传播，政府也是希望借此进行杭州城市形象的推广，让更多的中外友人了解杭州，塑造杭州国际化大都市和一线城市的形象。

表1 看过G20宣传片的比例

选项	小计	比例
《G20杭州再出发》	31	25.83%
《喜欢你，在一起》	50	41.6%
《最忆是杭州》	75	62.5%
《相约浙江》	45	37.5%
《韵味杭州》	19	15.83%
《杭州》系列专题片	37	30.83%
《欢迎来G20杭州》	31	25.83%
《杭州映像诗》	32	26.67%
以上宣传片都没有看过（与其他选项互斥）	23	20.0%

（一）接触渠道以视频、社交媒体为主

调查人群中接触杭州城市形象宣传片最主要的途径社交网络（微信微博）、视频网站，其次是传统的户外广告、电视传播，其中网络广告占比较小，一方面是网络广告的投放量少，还有人们对网络广告的自主性屏蔽，都会影响互联网广告的占比。还有一个需要注意的是，受众在移动网络接触宣传片的比例要远远高于电视机和户外广告。主要原因还是宣传片的主要投放渠道在电视上比较少，还有就是我们的调查对象以年轻群体为主，他们更多地是接触社交媒体网络和视频网站。

表2 观看形象宣传片的途径

选项	小计	比例
视频网站	63	52.5%
社交网络(微信微博)	76	63.33%
户外 LED 广告	44	36.67%
电视	19	15.83%
网络广告	13	10.83%
其他	32	26.67%
本题有效填写人次	120	

关于为什么不看 G20 宣传片,68.33%的人表示媒体播放平台太少看不到,这与前面有 23 个人没有看过宣传片有一定的关联,还有大多人表示政府拍摄,宣传性太强,内容不够创新,不能吸引人。

(二) 宣传片中的城市形象是富裕、开放的

在关于 G20 宣传片中"杭州的形象是什么?"调查中,主要是富裕、开放、井然有序,历史悠久,市民素质高、热情好客这些点的形象不够突出。这是需要在以后的宣传片中展现和提升的内容。

表3 调查者认为 G20 宣传片中杭州的形象是什么

题目\选项	1	2	3	4	5
富裕	57(47.5%)	44(36.67%)	13(10.83%)	6(5%)	0(0%)
开放	75(63.16%)	25(21.05%)	20(15.79%)	0(0%)	0(0%)
节奏快	38(31.58%)	38(31.58%)	25(21.05%)	13(10.53%)	6(5.26%)
秩序井然	26(21.05%)	50(42.11%)	44(36.84%)	0(0%)	0(0%)
历史悠久	38(31.58%)	31(26.32%)	32(26.32%)	19(15.79%)	0(0%)
西方文化浓厚	19(15.79%)	25(21.05%)	38(31.58%)	19(15.79%)	19(15.79%)
市民素质高	32(26.32%)	44(36.84%)	44(36.84%)	0(0%)	0(0%)
市民热情好客	38(31.58%)	44(36.84%)	38(31.58%)	0(0%)	0(0%)

（三）受众对宣传片最感兴趣的是景观建筑

杭州是一个旅游资源丰富和历史文化悠久的有着先天独特优势城市，在 G20 形象宣传片中，开发和展现了更多新的杭州元素，不仅展现西湖、西泠印社、茶叶、清河坊、灵隐寺、宋城等传统城市元素，也更多地展现与 G20 相关的钱江新城、奥体博览中心，钱塘江大桥。

通过问卷调查分析，得出大多数市民认为杭州是一个历史文化悠久、具有东西方风情的城市，认为一个城市吸引他们的主要有景观建筑、饮食特产、风俗文化、城市氛围，所在城市形象宣传片中我们可以更多的展示和挖掘最具杭州特色的城市景观建筑、独特的杭州文化建设和悠久的杭州历史文化。

表 4 感兴趣的城市形象宣传片的元素

选项	小计	比例
景观建筑	107	89.16%
饮食特产	95	79.16%
风俗文化	74	61.67%
人物特征	37	31.08%
城市氛围	70	58.33%
著名地标	38	31.67%
经济产业	32	26.67%
其他	0	0%
本题有效填写人次	120	

（四）对杭州城市形象有略微改变

总的来说，G20 宣传片在对城市形象塑造方面起到了许多积极有意义的作用，根据受调查者 68. 33%的人对城市的印象和认知有了略微的改变，认为杭州比之前的认知中更加的年轻有活力，城市环境好，绿化出众，但是在市民热情好客这方面需要进一步的改进，在宣传片中更多的展示杭州市民的热情好客，在实际的城市文明建设中也要注意这点，才能根本上地改变大家的印象，树立良好的城市形象。

表 5　看完形象宣传片后对杭州城市印象的改变

选项	小计	比例
有颠覆性改变	25	22.83%
有略微改变	82	68.33%
没有改变	13	10.83%
本题有效填写人次	120	

表 6　看完形象宣传片后对杭州城市印象的认知

选项	小计	比例
比印象中更加美丽	62	51.66%
更年轻，更有活力	72	60.00%
城市环境好，绿化更加出众	76	63.33%
城市元素多元化	76	63.33%
城市文明建设更加好	56	46.67%
市民更加的热情好客	25	20.83%
本题有效填写人次	120	

城市是一个区域的经济、政治和文化的汇集中心，借助大型国际会议召开的机会，在宣传片中更多的展现一个城市的魅力，受到的城市形象塑造的效果反馈会更好，G20 宣传片一方面是对峰会的宣传，更多的是向受众传达杭州的城市形象，问卷分析只是相关的数据参考，我们也需要辩证地从不同城市背景和现状来看待问题。

四、杭州 G20 八个城市宣传片内容分析

为了展现杭州的历史、人文、精神、风景等城市形象，央视、杭州市政府以及民间组织都有拍摄宣传片，本文选择了 8 部杭州 G20 宣传片，如表 6 所示。通过对宣传片的内容、时长、制作单位、渠道等多个元素的分析，分析 G20 期间宣传片展现的城市形象元素以及宣传语言的风格与创新。

表 6　G20 宣传片列表

影片名称	《相约浙江》	《韵味杭州》	《杭州》
制作单位	浙江省人民政府、新闻办公室	杭州市人民政府新闻办公室出品，杭州电视台制作	杭州市委宣传部、杭州文化广播电视集团出品，浙江俪蒂影视有限公司承制
时长	60 秒	30 秒	28 分　深度版 15 分　英文版 4 分 50 秒　诗意版
播放信息	CNBC 电视台美国频道和欧洲频道早晚间黄金时段播出 8 月 30 日推出	北美、欧洲和亚太同步播出 8 月 8 日—9 月 9 日	央视一套；高铁、商场等户外公共场所；网络、央视各外语频道 8 月 23 日左右推出
内容简介	浙江（尤其是杭州）的优美景色与经济发展	杭州景色宣传 G20	以“历史文化名城，生活品质之城，如诗如画之城，创新活力之城，充满爱的城市”展开杭州形象宣传
影片名称	《欢迎来 G20 杭州》	《杭州映像诗》	
制作单位	杭州市旅游委员会统筹，BBC World 创意团队 BBC Story Works 制作	程方、程晓（摄影师）	
时长	1 分 40 秒	8 分	

续表

播放信息	通过 BBC World 在英、德、法、意等等欧洲国家播出，8 月 8 日正式推出	互联网 2016 年 4 月发布	
内容简介	以动漫形式介绍杭州的风景与文化	杭州景色影片展	
影片名称	《G20 杭州再出发》	《喜欢你，在一起》	《最忆是杭州》
制作单位	央视	央视	央视
时长	1 分 40 秒	1 分 40 秒	58 分
播放信息	8 月 30 日左右推出	8 月 31 日推出	9 月 4 日 G20 晚会
内容简介	以动漫形式介绍 G20 由来，向世界表明杭州召开 G20 的决心与信心	以“喜欢你”为主旨表达杭州对世界的邀请与欢迎	杭州 G20 峰会大型文艺晚会

（一）杭州城市元素的体现

通过认真观看和分析这八部宣传片，将城市元素分为城市景观建筑、饮食特产、风俗习惯、城市代表人物、经济产业、视觉象征等这几个类别，以笔记的方式记录宣传片画面中所展现的元素。

如表 7 所示，根据表格可以发现宣传片的主要展现类别是景观建筑，然后依次是风俗文化、饮食特产、视觉象征，宣传片中提到特色经济产业和人物特征的内容相比较与其他的要少。

表 7 G20 宣传片元素展现

	城市元素	《G20 杭州再出发》	《喜欢你，在一起》	《最忆是杭州》	《相约浙江》	《韵味杭州》	《杭州》	《欢迎来 G20 杭州》	《杭州映像诗》
景观建筑	西湖	√	√	√	√	√	√	√	√
	三潭印月	√	√	√				√	√
	曲院荷风		√	√					

续表

	城市元素	《G20杭州再出发》	《喜欢你，在一起》	《最忆是杭州》	《相约浙江》	《韵味杭州》	《杭州》	《欢迎来G20杭州》	《杭州映像诗》
景观建筑	钱塘江		√	√			√		
	京杭大运河		√	√					√
	西溪湿地		√	√					√
	雷峰塔	√	√	√		√			√
	六和塔		√	√	√			√	
	吴山			√					
	白堤			√					
	苏堤			√					
	断桥	√	√	√		√		√	√
	西泠印社		√						√
	灵隐寺	√	√	√					√
	清河坊		√	√					√
	宋城			√					
	鼓楼		√						
	虎跑梦泉								√
	西湖文化广场		√	√			√		
	钱江新城	√	√		√	√		√	√
	奥体博览中心			√	√	√			
	钱塘江大桥	√	√				√		√
	钱江龙			√					
饮食特产	龙井虾仁				√	√	√		
	西湖醋鱼					√	√		
	片儿川						√		

续表

	城市元素	《G20 杭州再出发》	《喜欢你，在一起》	《最忆是杭州》	《相约浙江》	《韵味杭州》	《杭州》	《欢迎来G20 杭州》	《杭州映像诗》
	杭州小笼包			√			√		
	东坡肉						√		
	叫花鸡					√			
	龙井茶						√		
	绸扇(王星记)						√		
风俗文化	采茶(龙井茶)			√	√		√	√	
	吴越文化						√		
	良渚文化						√		
	越剧			√		√	√		
	梁祝					√	√		
	白蛇传						√		
	西湖音乐喷泉			√		√	√		
	西湖烟花大会						√		
	杭州公共自行车						√		
代表人物	马云								
	孙杨			√					
	华少			√					
	采茶女			√	√		√	√	
	最美普通人						√		

续表

	城市元素	《G20杭州再出发》	《喜欢你，在一起》	《最忆是杭州》	《相约浙江》	《韵味杭州》	《杭州》	《欢迎来G20杭州》	《杭州映像诗》
经济产业	阿里巴巴			√	√	√	√	√	
	网易					√			
	物联网						√		
视觉象征	G20	√	√	√	√	√	√	√	
	杭州	√	√	√	√	√	√	√	√

表8　G20宣传片元素统计

类别	《G20杭州再出发》	《喜欢你，在一起》	《最忆是杭州》	《相约浙江》	《韵味杭州》	《杭州》	《欢迎来G20杭州》	《杭州映像诗》
景观建筑	5（71%）	4（27%）	6（40%）	3（33.3%）	12（50%）	17（45%）	7（58%）	19（100%）
饮食特产	0	2（7%）	2（13%）	1（11%）	4（17%）	7（18%）	0	0
风俗文化	0	3（20%）	4（27%）	1（11%）	3（13%）	8（21%）	1（8%）	0
人物特征	0	4（27%）	1（7%）	1（11%）	0	2（5%）	1（8%）	0
经济产业	0	2（13%）	0	1（11%）	3（13%）	2（5%）	1（8%）	0
视觉象征	2（29%）	1（7%）	2（13%）	2（22%）	2（8%）	2（5%）	2（17%）	0
共计	9	15	15	9	24	38	12	19

杭州城市元素在G20峰会宣传片中展现了141个次（除开一些人为无法判断和不具有代表性的城市元素），得出：（1）六大类城市元素在宣传片中展现的占比为景观建筑73个（52.5%）、风俗文化20个（14.4%）、饮食特产15个（10.8%）、视觉象征14个（10.1%）、人

物特征 9 个(6.5%)、经济产业 8 个(5.8%);(2)根据数据得出这八部宣传片对城市元素的展现更多地倾向于城市景观建筑,在其他方面会根据相应的主题、拍摄方式有所侧重;(3)宣传片和时间长短不影响展现城市元素的多少。景观建筑(53%)、饮食特产(16%)、文化风俗(13%)、经济产业(10%)、人物及特征(8%)。

通过比较发现 G20 宣传片主要展现的建筑景观、风俗文化、饮食特产都是比较利于记忆的元素,能快速在人们的大脑中留下对这个城市的印象,有利于吸引受众来杭州旅游,但从 G20 峰会是一场全球经济发展探讨会议的角度出发,经济产业的展现不足,宣传片可以适当地侧重展现杭州的经济发展现状和对全球经济发展的突出贡献,这样才能达到借助 G20 峰会的开展为城市形象宣传片吸引更多的注意力。

(二)宣传片文案和形式的创新

表 9 宣传语内容

影片名称	宣传语内容	特点
《G20 杭州再出发》	以二次元方式讲述 G20 成长史诗,以 2008 年经济危机为背景,为了全球经济的共同发展,20 国集团共同合作,中国为全球经济做出巨大贡献。	通俗易懂,讲故事的形式,创新形式的宣传语言,大家喜闻乐见。
《喜欢你,在一起》	一起同唱"喜欢你,在一起"这首歌。	以歌词的形式唱出来,通俗易懂,引发共鸣。
《最忆是杭州》	以水上大型交响音乐会演出为呈现方式,有交响乐、越剧、钢琴独奏、舞蹈等。	展现了"创新、活力、联动、包容"的 G20 杭州峰会主题,同时展现了杭州城市特色,不仅仅是一个城市的宣传,更是一个大国形象展现。

续表

影片名称	宣传语内容	特点
《相约浙江》	语言和画面十分的切合，主要提到了西湖、创业、沿海、经济、互联网、繁荣等词语，相比较于展现传统的城市文化，更加偏向于展现一个全新的、不一样的、有吸引的、创新性、走在世界前沿的、面向世界的杭州，最后“欢迎全世界人们来到杭州，2016 年 G20 峰会的主办地”。	外国人制作与拍摄的宣传片，在语言方面更加的现代化，具有介绍性和展现性，主要以英文版为主要的宣传版本。
《韵味杭州》	整个画面的开头和中间没有宣传语的画外音和文字的出现，主要是画面的呈现，辅之以起伏变换的背景音乐为衬托。	在影视的最后是英文版 Hangzhou: Ancient Capital, Modern City，“杭州：古都、新都”，与画面内容十分的切合，让受众了解这个城市的历史、看到蓬勃发展的杭州，宣传片语十分的简洁明了，清晰易懂，利于大家的记忆，体现了杭州国际化、全球化的一面。
《杭州》	韵味杭州，城市印象系列片，讲述杭州人的故事。	微纪录片的形式，讲述在这个城市的人和事，更加的深入人心，用情怀去打动人，对于杭州本地的受众来讲，增加市民的凝聚力、自豪感和荣誉感，一种对内宣传。
《欢迎来G20 杭州》	《欢迎来 G20 杭州》的中文歌词内容中文意思是：到杭州来吧，到杭州来吧，杭州已经做好准备，这是一个迷人的城市。	语言简单易懂、清晰明了、节奏欢快，广告语以唱歌的形式，传唱度高，便于记忆。
《杭州映像诗》	整个片子没有情节与旁白，主要借助音乐来传达情感。	音乐辅助画面与画面衬托音乐，让受众更多的发觉自己的内心所感所想。

五、借助城市形象宣传片塑造城市形象的策略

根据简单的调查问卷分析以及对 G20 杭州城市宣传片的内容分

析，本文从以下几个方面提出如何借助城市形象宣传片进行城市形象的塑造。

（一）针对国内外受众进行差异化传播

任何形象的认知和评价都来自于受众，一个城市形象的优良与否来自于国内外受众对其整体形象要素的认知和评价，这些评价的指标包括城市的知名度、印象度、美誉度。

1. 展现城市居民行为与情感，增强城市凝聚力

对于城市的组成部分来说，城市形象宣传片对市民的情感意义更大于外部受众，市民作为生活在这个城市的人，对这个城市的了解、关注度更多，他们有一种对这个城市的归属感和认同感，是城市形象宣传片的接受者之一，同时城市是由人和物构成的有机整体，城市中市民的文化素质、精神风貌、行为举止、服务水平、职业道德、敬业精神、生活水平等等都会反映这个城市的现状和品质，一个开放的城市会吸引更多的游客。

所以针对内部受众的传播，不仅仅是城市元素与符号的展现，更应该提高城市居民的参与度、凝聚力、归属感。当看到自己所生活、参与的城市形象得到良好宣传，同时也是个人形象的正面宣传，城市的形象关乎个人的形象，内部受众本身的情感归宿比外部受众要强，他们凭借自己的城市生活经历对城市形象进行深度的、自我的解读。

在《欢迎来 G20》杭州的宣传片中，以动漫的形式一方面展现热情好客的杭州市民，更多的是宣传杭州的特色景点、产品、经济等，对文明精神和城市开放度的强调不足；《喜欢你，在一起》展现亲朋好友、陌生的人，跨越国界一起同唱一首“喜欢”的歌曲！不同的人却都展现了他们的乐观、积极、热情的生活态度，总的展现众人的开放、乐观、包容的精神特质，增强了人们之间的凝聚力。而在世博会的宣传片中重点表现能代表中国形象的人物，表现出中国各族人民热情好

客、吸引世博会的开放情怀。

2. 借助国际活动提高外部受众对城市的认同度

“外部受众”指的是生活在举办城市之外的受众群体，G20会议中外部受众有除杭州市民以外的峰会的参与者与关注者，包括游客及各政府和民间团体机构。如果要提高城市的知名度，就应该让受众知晓这个城市的存在，如果要提高城市的美誉度，就需要更高程度的展现城市的精神文明建设，增强对该城市的好感度，最后是达到于对这个城市的高度认同感，对城市的看法和认知符合城市品牌形象，那么对这个城市形象的塑造基本上可以说是成功的了。

这次G20对外的城市形象宣传片主要是《相约浙江》《韵味杭州》《欢迎来G20杭州》，针对外部受众采取英文版，通过BBC、CNBC等传播渠道，让宣传片能够到达目标受众，相对于对内宣传片的更深文化精神的展现。对外传播更多是具体景象和环境的展示，对于对杭州城市不够了解的外部受众来讲，更加地凸显城市个性和便于记忆，一个形象可以从不同的方面去挖掘，有多重的表达方式，针对不同的受众采用不同的传播表达方式。

（二）城市形象宣传片的内容提升

城市形象宣传片的内容是宣传片的重要组成部分，要符合实际的城市发展现状，又要对今后城市发展前景有所展望。《G20杭州再出发》，是央视制作的G20宣传片，采用动漫的形式创新，这在央视出品城市宣传片的史上还是头一次，这样的创新既能够吸引大家的注意力，重点展现的“互联网+”城市品牌形象，重点展现杭州作为新兴互联网创业发展的摇篮，为中国乃至世界的互联网经济带来的巨大影响，杭州城市形象内涵不断地丰富和创新，原本的品牌形象特点也得以强化和广泛传播。

1. 突出城市建筑标志性景观在宣传片中的展现

通过问卷调查分析，得出大多数市民认为杭州是一个历史文化悠久、具有东西方风情的城市，认为一个城市吸引他们的主要有景观建筑、饮食特产、风俗文化、城市氛围，这提醒我们在拍城市形象宣传片时需要看重发掘和表达杭城具有特色的景观建筑、城市气氛和历史文化。

因为对于不了解城市的受众来说，先让他们知道这个城市，对受众最容易接受、理解、记忆的是一些实际存在的景观建筑等，先要在受众的头脑中占有城市印象的一席之地，留下对被宣传城市的最初印象，这个印象是人们对城市更深入了解的基础。杭州原本的城市形象元素主要以杭州、三潭印月、雷峰塔、龙井茶、丝绸等代表，在G20期间不仅展现了原有的城市特色，还新增了钱江新城、杭州奥体博览城、西湖文化广场等新的城市品牌元素，为城市形象注入新的活力。

2. 构建城市的文化精神内涵，讲城市精彩故事

城市元素不仅仅是指城市风光和建筑元素等物质层面，还包括文化精神内涵，构建独特的城市精神及价值观，打造不同的城市形象品牌价值，使城市具有独特的个性，让受众能将该城市与其他城市区分开来，这样才能成功塑造良好的城市形象，通过故事的形式将城市的景观与人文气息紧密结合，呈现出一个感动受众的城市形象。

《韵味杭州　城市印象》就是一部展现杭州的历史文化和创新精神、文明建设的宣传片，更多的是从有形物质出发到无形的精神文化展现，及时捕捉感动瞬间。相比较与传统的城市符号的展现，更多的是深入挖掘一个城市的文化内涵和精神，切切实实做到了“以人为本”。

（三）利用微博、微信公众号等自媒体加强与受众的互动传播

在这个人人自媒体的时代，要充分利用时下最流行的微博和微

信的宣传，微信与微博在传播属性上还是有很大区别的，微信在传播时是精准一对一推送，闭环对等交流，传播的对象主要是亲朋好友，可信度高。微博是面向广大受众广泛传播，具有开放性向外公开，非对等，是一对多的。所以针对其不同的熟悉度，采取不同诉求表达方式。

针对微博的开放性传播属性，可以开设专门的大型国际活动微博账号，一方面用于活动信息的传播、宣传片的展示等，同时可以塑造个性化的微博官方代言形象，比如卡通人物，动漫机器人造型；微博上传官方发言人视频，进行及时沟通，比如征询受众最喜欢的宣传片是哪部，给宣传片提建议，与用户进行交流沟通，这样在微博上投放的城市形象宣传片就不再是一个简单的广告片，而是受众可以参与讨论并且多次观看的视频。

对于微信公众号的城市宣传片的传播，应该提高与受众的互动深度，多发掘这个城市和宣传片背后的故事，与大型国际活动相关的受众进行一对一的对接，关注他们想知道或者感兴趣的内容，可以更多以情感诉求为主，引发受众的情感共鸣，尤其是发动生活在这个城市的市民，他们对城市有更多的了解和感情，会更多地在朋友圈进行转发，他们的亲朋好友大多也是生活在这个城市的居民，这样会形成一个良性的闭环的循环，利于提高本市居民对城市形象的好感和整体的荣誉感与凝聚力。

本文以调查问卷和城市形象宣传片内容的简单分析作为依据，对于城市形象如何借助城市形象宣传片进行塑造提出了一些建议，希望各个城市能抓住举办大型国际活动的契机制作感动人心又体现城市精神和魅力的形象宣传片。

参考文献：

1. 洪长晖.城市形象塑造与对外传播——以杭州 G20 宣传片为例[J].对外传

播,2016(10):31—33.
2. 陈奕、周园芳.论城市形象宣传片的品牌传播策略[J].新闻知识,2012(05):70—71.

12. 国内城市形象研究的解构初探

中国计量大学　吴永生

摘要：城市形象的建设与研究是当前城市发展的一个热点，与我国城市化进程加速高度相关，也与形象生产普遍化有关。对城市形象的研究，不同学科、国别、目的其研究的角度、进度、侧重点等均存有差异。本文以城市形象塑造的思想性、方法性以及本底性的三个角度初步探讨城市形象的理论内涵，并从中思考如何实现资本空间重构、结构重构以及本底的文化重构。

关键词：城市形象　资本性　结构性　文化性

一、引言

城市的形成是人类文明史上的一个飞跃，现代化的发展使世界上城市数量以及城市人口剧增(周一星，1999)。中国受1980年的改革开放，特别是上世纪90年代日盛的全球化带动，促使中国城市发展的内外资源重组，并最终根本改变了城市发展的环境和动力基础，推动当代中国进入到一个城市社会的时期。按国家统计局公布的2016年数据，城镇常住人口79 298万人，城镇人口占总人口比重(城镇化率)已达57.35%。中国城市的发展是在多种因素复杂的作用下走出的一条“实用主义和渐进主义”的道路(Ma，2001；Wu，2002)，甚至认为可能代表了一种非常典型和理想的转型范式(吴缚龙、马润潮、张京详,2007)。

但城市是包含高度复杂的空间和社会现象的综合体,勾画未来的中国城市,不可避免地受到内容选择的限制,并受到主观思维模式的影响(吴缚龙、马润潮、张京祥,2007)。我们至今依然可见,在城市美化的运动中存有毫无特色的"景观大道"、华而不实的大广场、粗糙而不协调的街头雕塑、泛滥成灾的"假古董"、仓促建造的"标志性"建筑、铺天盖地的玻璃幕墙、马赛克和户外广告(仇保兴,2007)。论文正是试图追寻前人的思索与实践,反思城市形象研究中存有的问题,然后根据理论分析和具体的实践结果,解构现阶段城市形象建设、研究的三个基本方向:范式、结构、地方性的历史累积性。

二、城市形象:一个持续升温的主题与研究的尴尬

(一) 城市形象的实践与理论

在中外城市发展史上,关于城市形象一般先有实践的探索,然后才有理论。早在1960年,凯文·林奇在其专著《城市形态》中,首先便提出一个天真的问题:什么能造就一个好的城市?然后,依据城市历史上的形态价值标准,较为系统地梳理出城市形象建设的历史长河中,总是以人的企图和价值取向作为结果,并提出在我们今后的物质世界创造中会不断出现(凯文·林奇,2001)。事实上,为追寻这一问题的答案,人类的城市设计可追溯到远古时期的王权逻辑、中世纪时期的人性与等级秩序冲突、文艺复兴与巴洛克时期刻板表达的人文主义,直到近现代后逐步的人本表达(钱智、曹利群、焦华富,2002),逻辑上完全符合凯文·林奇的思路,造就了不同的理论思想流派(尼格尔·泰勒,2006),并最终形成了一系列伟大的城市:伯里克利的雅典以辉煌的卫城建筑、民主的公众生活、完美的悲剧艺术以及伟大的苏格拉底构筑起了这个城市彪炳千古的形象;奥古斯都的

罗马则是以宏大的竞技场和水道、高贵而残忍的罗马公民、所向无敌的帝国军人构成了不可一世的罗马形象；维多利亚的伦敦形象是雾气沉沉的天空、泥泞的街道、一本正经的商人和衣冠楚楚的绅士；“云里帝城双凤阙，雨中春树万人家”是盛唐时代的长安形象；“有三秋桂子，十里荷花”的是北宋盛期的杭州；而“江南佳丽地，金陵帝王州”的则是十朝古都的南京……（高小康，2003）。

国内学者因学科背景、论述时代以及论述的方法等差异，对城市形象的界定一直存有差异（表 1）：首先，我国的城市形象研究可以追溯到 1920 年陈植在《东方杂志》上的《南京都市美增进之必要》一文，与国外城市形象研究相似，也是以城市美化思想为开端。改革后的 80 年代，伴随国内城市建设过快存有的问题，吴良镛、李雄飞等一批专家学者对城市建设提出建议，并进一步从环境美学或纯美学的意义上推动城市形象研究。1990 年以后，在实施城市现代化的更新与改造中城市形象意识逐步增强，很多城市开始在创造有特色的城市面貌方面做出探索与努力，并最终明确提出城市形象的理念，出现了一批较有影响的理论。21 世纪以来，城市形象研究的数量迅速扩张（图 1），研究主题涉及有传统的美学、建筑学直到时下的政府管理、公关传播等不同学科偏向，呈多元化、碎片化的发展态势。

（二）研究的总结

国内城市形象研究经过前期的探索，从 1990 年中期后，进入到一个逐步丰富的阶段，研究的领域、方法和视角愈益多样：从建筑美学层面上是开始的，也是最基本的视角——属于城市形象的外在物质形象，这一研究成为持久的一个主题；而传播视角下对城市形象的探讨，开始往往借鉴企业的 CIS 而进行嫁接、导入，随后随着传播学学科体系和内容的扩展，从公关、广告以及品牌营销等角度迅速发

表1　国内部分代表性的研究者关于城市形象的观点

作者	年份	标题	代表性观点	研究方向	出处
陈植	1928：25(13)	南京都市美增进之必要	美为都市之生命，其为首都者，尤须努力改进，以便追踪世界各国名城，若巴黎、伦敦、华盛顿者，幸勿故步自封，以示弱与人也。	美学	东方杂志①
吴良镛	1987：(1)	城市美的创造	城市美的创造是人类最伟大最高级的创造，它将各种艺术创造融为一体。城市美，概言之就是社会美、自然美和艺术美的综合构成。	建筑学、美学	建筑师②
李雄飞	1989：(9)	建筑与城市形象塑造中的浪漫主义、幽默感与文化趣味	城市只能与人类文化的发展同步，只有当建筑的物质功能与文化功能同等重要，我们的建筑创作和城市设计才获得了自由。	建筑学、城市文化	建筑学报
张锦秋 林汉廷	1993：(1)	塑造新的城市形象——浅析深圳建筑风貌	集中分析深圳特区规划建设方面取得的成果，并展望福田新区的未来。	建筑学	建筑学报
张鸿雁	1995：16(4)	论当代中国城市的整体“CI方略”导入	在当代中国特定的城市高速发展时期，为了避免出现千秋遗憾，应该适时进行城市整体“CI方略”导入，像设计企业形象那样设计城市形象。	社会学、CIS理论	科学学与科学技术管理
徐根兴	1995：23(2)	论城市公关与城市形象	现代城市形象应具备三个基本层次：城市形象(物质和精神形象)；政府形象以及市民形象。	公共关系	兰州大学学报

续表

作者	年份	标题	代表性观点	研究方向	出处
何春晖	1997：(6)	公益广告与城市形象	城市形象是由众多城市形象要素构成的和合体，即城市人的素质、城市环境的形象、城市文化的形象、城市服务的形象等一些基本内涵	广告	广告研究
叶南客	2000：(12).	城市形象塑造战略新论	凝结在人心目中的城市形象，的确是城市外观和内在气质的结合，是城市物质文明和精神文明水准的有机统一体。城市形象塑造要借用整合传播理念，要将政府公关、宣传活动、教育引导等多种方式的综合。	哲学、社会学	学术研究
李迪华、俞孔坚等	2000：(2)	城市形象与城市特色的灵魂——一份来自三峡移民新城规划建设调查的启示	能够使居民安居乐业、创造浓厚的生活气息的宜人的城市生活环境是城市形象和城市特色的灵魂，通过反映地方历史、文化和自然山水特色来表现。	园艺学、景观规划	中国园林
彭洁	2006	城市形象管理中政府行为的比较研究	良好的城市形象是城市发展的活力和动力，城市政府行为能引导城市形象定位，保障城市形象优化的科学性和提高城市形象传播的有效性。	行政管理	上海师范大学毕业论文

续表

作者	年份	标题	作者观点	研究方向	出处
詹兆雄	2009：27(2)	城市形象与神韵——有关城市文化的若干思考	用眼去看只能看到城市的建筑，用心去看能够看到建筑背后各个历史时代风云变幻和城市主人的理念及城市生活习俗。城市是一种情感的城市，和谐的社会城市才会有情，城市形象要整合利用好各方面的资源。	城市文化	科学经济社会
聂艳梅	2016：(1)	欧美城市形象传播领域的研究进展及观点综述	欧美国家对城市形象的研究视角丰富，方向细化；重视实证研究方法的运用，研究方法涉及问卷调查等定量法以及文献和个案分析法；研究覆盖领域广泛。	传播学	都市文化研究
洪长晖	2016：(10)	城市形象塑造与对外传播——以杭州G20宣传片为例	城市形象宣传片是试图复活城市演变的脉络和历史积淀的努力，其文化内涵与呈现的质量直接影响受众对城市的理解和想象。城市形象是塑造而非发现，城市想象片是修辞而非宣传。	传播学	对外传播
何春晖	2016：(6)	城市品牌时尚传播解构——以杭州十大趋势、十大现象发布为例	城市品牌是城市特色的集中体现，是城市形象的精彩缩影。城市品牌传播总是立足于城市形象诸多有形和无形的元素进行创意性的策划传播，城市品牌的核心是塑造独特的城市异质性。	公共关系、品牌传播	品牌研究

续表

作者	年份	标题	代表性观点	研究方向	出处
刘丹 李杰	2016：(6)	文化符号与空间价值：互联网思维下的城市形象传播与塑造	大众传媒对城市形象最好的传播方式是提取其文化符号、构筑其空间价值，并将资源转化为文化资本，依靠互联网手段进行传播，最终增进媒介与人、环境之间和谐共处。	符号传播	西南民族大学学报(人文社科版)
陈楠	2017：8(12)	多模态视角下的城市形象宣传片——以G20《韵味杭州》为例	G20《韵味杭州》城市形象宣传片的成功在于再现意义上，动态叙述过程，静态以概念性话语居多；互动意义上，倾向介绍性而非强制；图文意义上各模态关系一一对应并呈互补性。	传播学	新闻研究导刊

注：① 资料来源 http：//blog.sina.com.cn/s/blog_5937ad6e01000av4.html。2007－10－11

② 该文系吴良镛教授在全国第三届市长研究班上的讲稿。曾在1987年1月和1987年10月出版的《建筑师》杂志总第27、28期连载过。1987年6月，在天津举行的“城市环境美的创造”学术研讨会的会议成果——《城市环境美的创造》一书(中国社会科学出版社1989年7月版)也收到这一讲稿，只是个别文字上略有删节。该书为李泽厚主编的《美学丛书》之一。

展起来，成为城市形象研究的一个主力军，而且研究逐步细化。比如有从整合营销视角（何春晖，2005）、有从电视影像角度（陈相霞，2012）、有从会展以及政务微博等传播方法与方式下具体论述城市形象传播；此外，新时代的各种背景事件往往成为新的研究领域，如一带一路的建设（陈旭钦，2017）、大型会议和赛事、大数据时代（黄叔界、许珍、梁芷铭，2016）等等。

在其他研究视角，包括城市文化、城市行政管理等视角在内的研究，也各有特色。如行政管理学下，侧重对城市的管理主体和管理策略分析，强调城市形象的管理绩效。

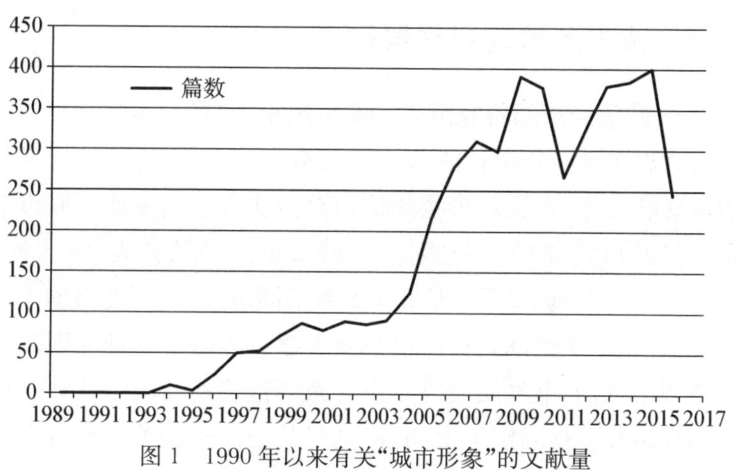

图 1　1990 年以来有关“城市形象”的文献量

注：检索方法为“标题”；检索时间为 2017－9－5

但是在这种热闹之中，笔者注意到的却是：无论理论界自身，还是来自实践的反馈，都对既有理论研究存有一定的不满意，学者们对中国城市形象研究的批评包括：基本概念与数据不准确、不统一或说不清；过于偏重描述性，缺乏理论建构，更别说原创理论；过于注重现象，缺乏足够深入的机制研究；定量不足、科学性不足；多学科、跨学科综合研究不足，不能反映中国城市形象建设的全貌；对城市形象的时代背景问题、资源效应、社会问题等研究不够深入，最终，不能令人信服地概括、构建出真正属于中国的城市形象特征与过程，等等。这些批评很多从中国城市形象研究的早期就出现了，但是这么多年过去了，同样的批评还在继续。其实，不断升温的热情、不断累积的成果恰恰可能从实践的角度说明了研究存在问题。因为这意味着城市形象面临的挑战、面临的问题没有解决，而老问题没有解决的同时，新问题还在不断加进来，所以人们越来越关注。加上理论视角的丰富，研究队伍的扩展，“成果”自然便增长了。

这里不禁奇怪地发出疑问：为什么理论总是跟不上实践？

三、城市形象的当代解构

（一）政治经济的研究范式：城市空间塑造的资本性

马克思主义唯物辩证法和认识论指出，一切事物都是现象与本质的辩证统一体，人类对事物的认识总是从现象到本质。城市形象正是人对城市整体的一种感知，是城市本质的某种表现（张鸿雁，2002），而城市本质上“不但是成千上万不同阶层、不同性格的人们在共同感知（或是享受）的事物，也是众多建造者由于各种原因不断建设改造的产物，城市发展始终是由一系列连续的片段组成。我们对城市的理解并不是固定不变的，而是与其他一些相关事物混合在一起形成的，部分的、片断的印象。”（凯文・林奇，2001），这就是说，城市形象研究存有的多元、不统一等问题是源于人的差异。Feagin，J. and Parker，R. 在《塑造美国城市——城市的房地产游戏》中直接指出：“城市是人类创造的产物，反映了人类的选择和决定”（王伟强，2005）。

问题是到底何人“选择和决定”了大众的城市形象？Feagin，J. and Parker，R. 采用新马克思主义的分析思维，认为是由城市中的强势团体，即开发商、银行家以及投资者起到了关键作用，他们是美国城市的真正塑造着(王伟强,2005)。新马克思主义代表性人物大卫·哈维直接指出:城市这个建成环境的生产和创建过程是在资本控制和作用下的结果,是资本本身发展需要创建一种适应其生产目的的人文物质景观的后果。城市这个特殊的空间就是与剩余价值有着不可分割的联系,城市是资本积累最为重要的空间和领域。从中世纪城市中以政治上高度中央集权为特征的巴洛克规划向资本主义生产方式的城市过渡过程中,经济力量逐步转移到了重心位置,重商主义也逐渐成为国家政策的主导和重心。城市扩张的动力主要来自商人、金融家、地主和房地产开发商。有能力控制资本的集团才是正在决定资本流向的主体,他们在社会中的价值取向直接地影响资本在城市空间上的运动,从而塑造了城市的空间形式(王伟强,2005;唐旭昌,2014)。对于中国的故事,戴维·哈维也指出:中国的住宅和房地产繁荣以及巨大的举债基础设施投资浪潮一直发挥着主导作用,把土地出售给开发商一直是地方政府财政收入的一棵摇钱树,而正是这些投资公司以无与伦比的速度,建设新的基础设施和让中国城市显得无比壮观的标志性建筑(戴维·哈维,2014)。国内学者也从哈维的思想中受到启发,指出中国城市建设中政府(中央到地方)、企业(代表性的跨国公司、房地产企业)、个人(规划师、社区居民等)各自扮演了特定的角色,共同塑造了当下城市的空间及其形象(宁越敏,1998;王伟强,2005)。

在认同了国内城市形象塑造的"人选"后,接着回答的关键问题便是:毕竟东西方体制的差异,这些角色如何勾画独特的中国城市呢?哈维代表的思想虽未免偏激,但便于挖掘我国城市形塑的重要动力。吴缚龙等(2007)指出其中最强的形塑者为国家和地方政府,其在经济生产、资本积累和城市发展中一定程度存在模糊公私界限,在具体任期内往往采用"决策跟随资本"的企业家思维方式(王伟强,2005),并最终带来大量高档生产空间和商业点来提升城市形象,其中一个普遍的策略便是标志性建筑的建设，如高层建筑、城市广场、人工湖泊等增强城市视觉效果的实体要素。

总结这些观点都很有道理，但问题的关键是到底如何规范和建构呢？是不是说中国城市形象研究，是不可能给自己的主题找到真正的解决办法，而只能做一些乌托邦式的臆想呢？

（二）问题规范性的方法：城市形象建构结构的整体论

简·雅各布斯（2005）在1960年初就指出有关城市的一个最重要也是最简单的事实：城市是由无数个不同的部分组成的，各个部分也表现出无穷的多样化。大城市的多样化是自然天成的。同时她进一步指出，要想在城市的街道和地区发生丰富的多样性，四个条件不可缺少：主要用途之混合、小街段之必要、老建筑之必要以及一定的人口密度之需要。而凯文·林奇（2001）则在阐述完城市形象的五种元素（道路、边界、区域、节点和标志物）后，指出大多数观察者似乎都把他们意象中的元素归类组成一种称为复合体的中间组织，观察者将这种各部分相互依存、相互约束的复合体作为一个整体来感知。在调查的最初阶段，我们有必要专注于局部而非整体，经过各部分进行成功的区分和理解之后，我们才能进而转向对整个系统的思考，在一个大而复杂的环境中，这种分层的方法十分必要。概括两位学者的论述，都指出了复杂系统性问题的每一个部分都受着另一部分的制约，没有哪一个部分能够单独解决问题。事实上，任何系统性问题的解决总要从局部开始，即如果每一个局部解决方案都相对合理，整体就会有满意的结果。

回到国内现有的众多城市形象研究，至少从表象上看与国外研究逐步接轨、趋同，包括前文提到的整合营销视角、电视影像文本符号视角、会展微博移动数据端等新的传播方式视角、背景事件（一带一路、大数据、大型会议、赛事等）视角，等等。他们指出了城市形象问题的复杂性、系统性，他们要求城市形象研究要注意到更多的要素；要注意到有些要素可能是动态的、过程的、不确定的；要不仅注意到现象，还要注意到本质；要注意到在不同地方，要素和关系也会有差异；要注意到可能需要不同的方法来理解等等。于是，城市形象研究的范畴越来越广泛、研究的主题越来越丰富、研究的方法越来越多样；于是，研究总也没有穷尽，答案总也没有出来或出来了也不理想。其实，批评家、学术界只顾着意识到问题复杂的系统性、分解这种复杂性的系统，却没有更加重视如何去综合这种复杂性的系统。事实上，解剖复杂的问题本身其实是过程、是手段，最终找到或创造出系统性的解决方案才是目的，也就是说，有些问题事实上会在"建设"的过程中被释义——即使不是全部、或者并不完美。所以闵学勤直接指出(2007)："从整体论的视角探讨城市意象，最先获益的气势是城市形象，因为无论从何种角度理解和研究城市形象，它都是整体论的直接产物。"

闵学勤(2007)同时也指出："整体论下建构好的城市首要需解决的问题就是'统一'，个体与整体的统一、人与物的统一、设计师与城市风格的统一等。"张鸿雁(2002)引用结构主义的观点："在任何既定的情境里，一种因素的本质就其本身而言是没有意义的，它的意义事实上由它和既定的情境中的其他因素之间的关系所决定。总之，任何实体或经验的完整意义除非它被结合到结构中去，否则便不能被人们感觉到"。他指出："城市形象在人的主观与客观的结构中，对城市的总的形象必然由'它和既定情境中的其他因素之间的关系所决定。'"因此，城市形象研究一方面需要整体论，另一方面需要把具体问题规范性的方法——结构论，所谓城市形象的结构论指的就是城市形象形成的关键要素及其相互关系，即凯文・林奇(2001)所说的"各部分布局、联系的方式"。其中，建构城市形象关键在于建构关键的要素，即如同简・雅各布斯(2005)指出的四个条件、凯文・林奇

(2001)阐述的五种元素、张鸿雁(2002)构建的MI、BI、VI三大系统等等,按照凯文·林奇(2001)阐述,这些意象要素的组织精度是一个四阶段的"增长的连续统一体":无现状结构或有待建立新的结构(各元素独立自由存在,各部分间没有组织联系)——结构有一定地位(各部分之间存在大致方向,总体仍然缺乏联系)——结构灵活(各部分间松散关联,联系松散而有弹性)——结构刚性(各部分都有紧密联系)。如此定位意象地图的要素,具有极其重要的认识论和方法论意义:一是再复杂的对象一般都可以基于结构而被合理地简化从而能够被认知,被操作。如对杭州的意象,下沙部分的大学生只是一个西湖,一条天目山路。二是借助结构,复杂对象、行为通过分层次的链接关系而得到组织,从而不会失去对整体性的把握和呼应。

(三) 地方性文化的累积:城市形象塑造的本质性

城市形象是由各种文化符号串起的整体意象(闵学勤,2007),本质上城市形象是一种文化认知,是人对城市一种可以总结的感受和感觉,即是可以通过概括性语言进行描绘的一种解释(张鸿雁,2002),所以说,城市文化构成了城市形象的主要内涵(王伟年、刘志勇,2006),学者的观点基本一致(见表1)。

但这里关键的问题便是:城市形象塑造的到底是什么样的文化以及到底怎么去塑造城市文化?

第一问涉及的便是城市形象的文化本体。因为文化本身是任何实体都具有的特质,所以文化很难有固定论述的文本,但学者常规的认识是把文化分解为物质层、行为层和精神层三种类别,把这种一般的文化认识投射到城市这个客体上,去探讨城市的三类文化时,则自然的推理到城市的地方性文化上,即城市的地方性文化构成了城市形象的突出内涵,决定了城市形象的选择和走向。

至于地方性文化(亦称为本土文化)的含义,张鸿雁指出就是创造民族性城市的世界性，就是吸取世界城市形态与城市文化的丰富营养，形成现代中国风格、现代新中式主义的城市形态。提倡本土化城市，既不是复古，也不是排斥吸纳世界城市优秀的建设理念与文化，是主张民族传统与"历史记忆"开发相融合，核心使本土化的城市重新回归自然（张京祥等，2007）。卡尔维诺也认为，城市的生命在于这些过往事件的累积而形成的记忆，这些附着在质感丰盈的城市背景上的故事成为与城市的实质性联结，城市正是依靠这些故事的具有质感的细节来维持自己生命的征候（蒋涤非，2007）。城市是集体记忆的场所，城市形象的建构不能中断人类延绵数千年的集体记忆，对于城市而言，也就是要形成"有故事"的城市，让城市的过去与现在对话，形成海德格尔所说的："当诗意出现时，人将人性地居于大地之上。"

第二问涉及的便是地方性城市文化建构的方法。对此，一方面是要尽可能多样、尽可能高水平地去创设，这涉及高难度的综合和创造性的思维；另一方面在多数情况下需要依托高水平的知识积累。这种积累，是一种聚焦于同一方向、具有某种连续性研究的积累。重述现有的国内城市形象研究，许多恰恰在连续性、同一方向性上不够，这就决定了只有数量的堆积而没有质量的提高。

参考文献：

1. 周一星. 城市地理学[M]，北京：商务印书馆，1999：75—81.
2. Ma L.C. Urban transformation in China, 1949 - 2000: a review and research agenda [J]. *Environment and Planning A*, 2001. 34(9): 1545 - 1569.
3. Wu F. China's changing urban governance in the transition towards a more marker-oriented economy [J]. *Urban Studies*, 2002. 39(7): 1071 - 1093.
4. 吴缚龙、马润潮、张京详. 转型与重构——中国城市发展多维透视[M]，南京：东南大学出版社，2007：前言，11.
5. 仇保兴. 追求繁荣与舒适——中国典型城市规划、建设与管理的策略[M]，北京：中国建筑工业出版社，2007：221—262.

6. 凯文·林奇著.方益萍、何晓军译.城市形态[M],北京：华夏出版社,2001：序言,1—25,35—69.
7. 尼格尔·泰勒著．李白玉、陈贞译.1945年后西方城市规划理论的流变[M],北京：中国建筑工业出版社,2006.
8. 高小康.时尚与形象文化[M].北京：百花文艺出版社,2003：171.
9. 张鸿雁.城市形象与城市文化资本论——中外城市形象比较的社会学研究[M].南京：东南大学出版社,2002：46,48,65.
10. 纪晓岚.论城市本质[M].北京：中国社会科学出版社,2002：43.
11. 王伟强.和谐城市的塑造——关于城市空间形态演变的政治经济学实证分析[M],北京：中国建筑工业出版社,2005：46—56.
12. 唐旭昌.大卫·哈维城市空间思想研究[M],北京：人民出版社,2014：95—110.
13. (美)戴维·哈维.叶齐茂、倪晓晖译.叛逆的城市：从城市权利到城市革命[M],北京：商务印书馆,2014：59—67.
14. (加)简·雅各布斯(2005).金衡山译.美国大城市的死与生[M],北京：译林出版社,2005：155—243.
15. 闵学勤.感知与意象;城市理念与形象研究[M].南京：东南大学出版社,2007：102—108.
16. 王伟年、刘志勇.文化产业对城市形象构建的影响探析[J].江西社会科学,(7)：187—190.
17. 张京祥、罗震东、何建颐.体制转型与中国城市空间重构[M].南京：东南大学出版社,2007：总序.
18. 蒋涤非.城市形态活力论[M].南京：东南大学出版社,2007：138—142.

13. 国际会议对城市品牌塑造的影响
——以杭州 G20 峰会为例

中国计量大学　王小华

摘要：中国城市化进程不断加速，如何避免城市形象同质化现象，是摆在城市管理者面前极为迫切的问题。搭乘国际会议的品牌快车，城市管理者可以利用高规格的国际会议资源的稀缺性、影响的广泛性、价值的多元性、广泛的国际社会的关注性，快速提升城市品牌的知名度、美誉度、忠诚度和传播度，达到城市品牌塑造的目的。

关键词：城市品牌　G20 峰会　杭州

中国的城市化进程不断加速，城市的品牌建设越来越凸显为政府工作的重要内容。成功的城市品牌塑造往往会给这座城市带来名牌效应，城市的名牌效应又会进一步延伸出聚合效应、光环效应、磁场效应、宣传效应、稳定效应等等，具有名牌效应的城市不仅在获得国家政策倾斜、社会资源整合方面具有优势，而且在吸引人才、招商引资以及吸引游客等方面将产生重要的作用。因此，近些年来，中国的城市在规模日益扩大、布局规划日益科学合理化、硬件设施得以快速提升的同时，政府部门也倾力于城市品牌建设。加强城市品牌建设成为时下城市管理者们的共识。城市品牌建设是一个复杂的系统工程，一些城市往往是照样画葫芦，并未塑造出自己独特的城市形象,尤其是一些地方城市往往定位不清晰,搞“形象工程”,出现很多城市同质化的形象。如何成功地塑造独特的城市品牌成为摆在城市管理者面前的一个迫切问题。

美国西北大学著名营销学教授科特勒在地区营销中指出,在剧烈变动和严峻的全球经济条件下,每个地区都需要将自身的形象通过营销手段来整合资源,使得地区形成独特的风格或理念,以满足众多投资者、新企业和游客等城市外部顾客的要求与期望。节事营销是一个时下流行的做法,如通过举办大型国际赛事来推进城市发展,借助大型赛事推动城市品牌建设,优化城市品牌体系,成功的案列有北京奥运会、广州亚运会、南京青奥会等等,使得中国城市品牌营销全面升级,进入到“更高、更快、更强”的“奥林匹克竞技场”。

近几年,随着中国国力的增强,中国在国际上的地位日益提高,中国声音不时地出现在国际舞台上,大型国际会议落户中国,这给城市营销带来新的契机。本文将以 2016 杭州 G20 峰会为例,探索国际会议对举办地城市的品牌建设所产生的重要影响力,国际会议的举办将直接促进公众对城市品牌的认知,提升城市品牌的知名度,积累和强化城市品牌拉力,提高城市美誉度,提升城市品牌的忠诚度和追随度等,进而达到城市品牌塑造的目的。

一、G20 峰会概述

G20 峰会起源于 1975 年美、英、德、意、法、日等六国召开第一次政府首脑会议,后渐渐发展成为二十国集团会议,旨在研究政治与经济热点,为应对金融危机的负面影响和维护世界经济的稳定。G20 峰会是世界上主要的经济论坛,因为参与国家为主要的发达国家和新兴市场国家,与会者是国家首脑,其规格是世界顶级的,G20 峰会的国际舆论关注度始终保持高位。如果能成为 G20 的举办城市,无疑对城市来说,是一次塑造城市品牌形象的绝佳机会。2016 年 G20

峰会落户杭州，对塑造杭州城市品牌来说就是一次难得的机遇。

历史上 G20 峰会选择承办城市大概有两个主要的因素，一是城市的气质个性与峰会主题相符，二是举办地城市多数是旅游城市，有较好的自然资源。杭州兼具这两个特点，外交部前礼宾司司长鲁培新曾说："此次 G20 峰会选在杭州召开，我认为也考虑到会议主题与城市风格的契合。"2016 杭州峰会的主题确定为："构建创新、活力、联动、包容的世界经济。"位于杭州的众多互联网企业正是中国经济增长新动力的代表。杭州是中国最具经济活力的城市之一，并连续多年被世界银行评为"中国城市总体投资环境最佳城市"，而《福布斯》杂志则将杭州评为"中国大陆最佳商业城市排行榜"第一名。所以这是一座创新、极具活力的城市，除了经济基础之外，杭州作为历史文化名城，拥有得天独厚的自然资源——名扬天下的西湖，具有丰富的旅游资源。

二、国际会议对城市品牌塑造的影响力分析

城市管理者可以利用高规格的国际会议资源的稀缺性、影响的广泛性、价值的多元性、广泛的国际社会的关注性，抓住会议召开前的筹备阶段、召开阶段和后会议阶段，从提升城市品牌的知名度、美誉度、追随度、忠诚度和传播度等方面，全方位促进城市品牌的塑造。

（一）国际会议提升城市品牌知名度

城市品牌知名度是指城市外部顾客认识到或记起某一城市属于某国或某区域的能力。杭州 G20 峰会对中国来说，不仅仅是一次普通的世界经济论坛，它还是一场中国重要的外交平台。为了办好这次峰会，习近平总书记自 2014 年 11 月 16 日在澳大利亚布里斯班，峰会宣布中国主办 2016 年二十国集团领导人峰会起，到 2016 年 9 月杭州峰会举办之前，在十二个重要会议和场合推介杭州 G20 峰会，

介绍 G20 峰会为什么对中国人那么重要。杭州在全世界范围内得到持续性得曝光，传播的广泛性和传播的高频率极大地提升了杭州的知名度。杭州市旅游委员会副主任赵宏中对北京晨报记者说，成功举办 G20 杭州峰会之后，杭州的知名度大大提升，这一次的国际会议远远超过了过去二十年的积累。

（二）国际会提升城市品牌美誉度

城市品牌美誉度是人们对某一城市在功能及文化等方面亲身体验后，对城市品牌的好感和信任。重大的国际会议的承办，势必对这座城市的基础设施、自然环境和社会环境提出很高的要求。这就需要城市从公共服务、基础设施、自然生态、安全保卫等方面为会议的举办提供便利，需要城市为其提供资金、信息、人力、物力等全方位的服务。

杭州借 G20 峰会的东风，在筹备阶段，大力着手城市基础设施建设，打造“四横五纵”交通网，启动杭州“美容”工程。针对标准国际礼仪，杭州开展文明城市常态化建设，致力于全民文明素质再提升。杭州通过四万人毅行大会，发出当好“文明东道主”的总动员。与此同时，各城区的街容、阳台整治，公共交通的文明出行劝导、行业窗口单位挑刺、出租车司机的基础礼仪培训等各类文明素质提升行动密集展开。经过筹备阶段的综合治理，城市的自然景观、人文环境、交通、精神文明等各方面发生翻天覆地的变化。

慕名而来的游客在杭州亲身体验过之后，对杭州赞不绝口，为各地游客留下了深刻而又美好的印象。对居住在杭州的民众来说，也实实在在享受到了城市综合提升之后的各种好处，从而增强了对杭州这座城市的认可度。因此举办 G20 这样高规格的国际会议，极大幅度提升了杭州城市的美誉度。

（三）国际会议提升城市品牌忠诚度和追随度

城市品牌忠诚度是指城市外部顾客重返城市的意愿及行为。它包括态度忠诚和行为忠诚。城市品牌忠诚度高意味着每一个旅游者都可以成为一个活的广告，会吸引新客户来观光和投资。据调查显示，杭州 G20 峰会结束之后，蜂拥而至的游客是以往同期的好几倍，以杭州为目的的杭州周边游也增长了一倍。

G20 峰会结束之后，峰会的主场馆杭州国际博览中心向游客开放，由张艺谋导演的文艺演出“最忆是杭州”的精华部分继续呈现给中外游客，钱江新城两岸的智能动漫全景灯光秀、武林广场 3D 裸眼灯光秀、西湖运河的夜景灯都继续开放。除此之外，杭州市旅游委员会推荐不同主题的杭州旅游攻略，反复吸引曾经来过杭州旅游的人，对杭州有着美好印象的人，从而建立起杭州城市品牌的忠诚度和追随度。

（四）国际会议提升城市品牌的传播度

大型国际会议的举办为城市在世界范围内崭露头角赢得重大机会，G20 峰会是世界上最高级别的经济论坛，凝聚全世界的目光，这样的机会对杭州来说极其难得的。就国外媒体来说，在 G20 峰会举办期间，全球媒体聚焦杭州峰会，各国媒体盛赞杭州峰会以及其取得的各项成果，俄罗斯媒体、印度媒体等一些国家媒体还对 G20 峰会进行直播报道。国内媒体，大到中央电视台等国家媒体，小到地方媒体无不聚焦 G20 峰会，实时传播，各种杭州 G20 峰会的推介片、宣传片适时在各大媒体传播。杭州城市品牌搭借 G20 峰会的东风，靓丽地展现在世人面前，杭州城市品牌的传播不管是深度还是广度都达到了前所未有的程度。

三、结语

杭州，作为有千年人文历史的文化名城，曾被意大利旅行家马可波罗称为“世界上最美丽华贵的城市”，将历史的积淀、人文特色、自然山水不断升华，加上 G20 杭州峰会的助推，成功地被塑造成一座文明之城、品质之城，一座国际化的现代城市。

参考文献：

1. 张锐等. 城市品牌塑造的影响因素及互动关系研究[J]. 经济问题探索，2007(03).
2. 孙有智. 大型体育赛事对城市品牌提升的路径研究——基于城市空间理论视觉的探索[J]. 南京体育学院学报[J]. 2011(02).
3. 李宗诚. 节事活动与城市形象传播[J]. 新闻传播研究.
4. 刘曦等. 杭州国际形象的社交媒体传播效果研究[J]. 浙江理工大学学报，2015(04).
5. 何丰等.《杭州 G20 峰会与联动、包容的世界经济》，南京理工大学学报，2017 年第 2 期.

14. 智库服务属性的公关活动在世界名城建设中的应用维度

太原广播电视大学　黄东升

摘要：由于世界名城建设是一个十分复杂的系统工程，因此针对世界名城建设所开展的公共关系活动，应具有与世界名城建设相匹配的全局性、长远性和深刻性，亦即应具有应有的战略高度，充分体现高端智库服务属性。以具有智库服务属性的公关活动的基本职能为视角，世界名城的内涵可界定为特指形成了声誉管理的内生动力以及良性运行机制、具有知名度与美誉度可持续性提升机能的城市。公关行为主体在针对世界名城建设开展具有智库服务属性的公关活动时，应充分考虑时间、空间以及情感三个应用维度。

关键词：公关活动　智库　世界名城　应用维度

一、研究目的

任何类型的公共关系活动（以下简称为“公关活动”）都应具有智库服务属性。这是因为：第一，公关活动在具体展开之前的调研工作，事实上是一个基于舆情分析以及问题诊断基础上的活动决策建议过程；第二，公关活动的展开过程既是操作者与决策者的互动交流过程，又是决策者谋篇布局与操作者战略实施的一体化作业过程，正是这一过程的存在，才使公关活动具有可持续性；第三，每一个公关活动结束后，操作者向决策者的信息反馈过程，也是对决策的给予影响过程。这种影响，可以表现为正向态的增强，中间态的持续，负向态的减弱、调整、修正等。智库，其核心职能是决策咨询，而任何类型的公关活动，也都必须将决策咨询锁定在最关键的位置。

由于世界名城建设是一个十分复杂的系统工程，因此针对世界名城建设所开展的公关活动，应具有与世界名城建设相匹配的全局性、长远性和深刻性，亦即必须具有应有的战略高度和全球视野，充分体现高端智库服务属性。

随着新媒体时代的到来，人们对全球范围内各个世界名城的文化神秘感正逐渐被打破，传播媒体的公众化、公众认知的多元化，导致世界名城的被关注度未来会出现逐步被稀释化的倾向。如何使公关活动的行为主体通过梳理活动视角、调整应用维度，实现范式转换，在世界名城声誉管理领域释放公关活动应有的智库服务价值，就必然成为当下值得深入研究的课题。

本课题的研究目的是：通过智库与公关活动的属性比较，明晰公关活动应有的智库服务属性；通过厘清具有智库服务属性的公关活动的基本职能，找到公关管理范畴的声誉管理与世界名城建设范畴的声誉管理之间的互通关系，对世界名城的内涵给以界定；通过对世界名城声誉管理的制约要素的考量，归纳出公关活动的应用维度，积极探索世界名城声誉管理得以不断优化的路径。

二、研究方法

本课题的研究主要采用了文献研究、实证分析以及实地调研等方法。

在文献研究法的应用方面，一是重点对 2010 年以来国内外公关学术界对公关活动的定位研究进行梳理，重点筛选了 2010 年以来国际公关学术界在公关活动定位、应用维度、应用模型、应用策略等方面的研究论述；二是对目前国际上围绕城市自身发展问题形成的一系列理论和研究成果进行了文献收集和分析；三是重点对 2014 年以来近三年国际学术界在城市形象建设研究方面的文献资料进行梳理和分析；四是通过 CNKI 数据库系列——中国期刊全文数据库(1979. 1—1993. 12 和 1994. 1—2017. 8 年限区间内)，输入关键词“城市公关”，以精确查询方式查询，共获得相关论文文献 31 篇，并对这些论文文献进行了全面分析。

三、文献综述

(一) 公关活动的定位、模型、研究方法与应用维度。

目前公关学术界尚未明确提出“智库属性的公关活动”这一说法。但是，从 1970 年的研究到近年来大多数学者的研究都从不同层面揭示了公关活动的智库服务属性。1978 年，在墨西哥召开的第一届世界公共关系大会上，就强调“分析趋势并预测其结果，给组织管理者提供咨询”是公共关系实践的内涵定位(道·纽森，朱迪·范斯里克·杜克，迪恩·库克勃格，2011：005)；在公关活动定位上，F. E. Arong(2010)提出公关活动包括了建议和忠告；在媒体选择的制约因素上，Magnus Fredriksson(2013)对公共结构以及公关活动的公共机构的媒体条件进行了分析；Katie R. Place(2015)对公关活动行业的道德决策模型进行了探讨；基于社会认知理论，Sheau-Fen Yap(2016)的研究涉及了在线公共关系活动模型的探讨；在研究方法上，Margalit Toledano(2017)的公共关系活动研究运用了网络 + 人类志(netnography)研究法；在应用维度上，Su Lin Yeo(2016)采用 Gudykunst(1998)七个维度，研究多元文化在新加坡公共关系实务中的作用。总体上看，对公关活动的定位、模型、研究方法与应用维度等方面的研究成为聚焦点，同时呈现出多维度、战略化的研究特征。

（二）**多维管理与创新驱动下获得城市发展活力**。

世界名城建设，首先涉及的是一个城市自身的可持续性发展问题。近年来，国际学术界关注的核心问题就是一个城市如何保持其发展张力，焕发出城市创意、创新和创造的内在活力。塞吉·布林（Sergey Brin）提出“技术、人才和宽容”是城市成功的三个要素；《城市的胜利》一书作者爱德华·格莱泽（Edward Glaeser）则强调技能型城市的自我改造能力；里基·博德特（Ricky Burdett）认为都灵的涅槃重生，与采取主动“建立起高科技创新集群”等措施有关（冯叔君，2015：18）。总体上看，通过对城市发展方略上的多维度思考，形成了以创新驱动为核心、以多维管理为手段的策略应用共识。

（三）**多视角下的城市公关理论研究**。

世界名城公关属于城市公关的研究范畴。国内公关学术界最早对城市公关理论的研究始于上世纪80年代中后期，并形成了对政府公关职能的基本认知，即“了解民意、收集信息，反馈信息、提出建议，教育引导、求得理解，开展交往、扩大影响，预测评估、咨询决策”（徐斌，1988），在一定程度上阐释了城市公关活动所具有的智库服务属性。进入21世纪，国内学者开始了对新时期城市公关新特点的思考和研究。王华敏（2007）提出新时期的城市公关应“从消费者的感官、情感、思考、行动和联想五个角度重新定义、设计”。从个案分析来看，国内学者展开的相关研究最早从2008年开始，个案研究所涉及的城市主要包括：北京、上海、杭州、成都、宁波、青岛、桂林、义乌等地。近年来，国内学者开始结合大数据理论、应用互联网思维研究城市公关。刘晶（2015）提出应尝试将“用户”的文字、影像、方位、沟通等多个领域的复杂信息，按照特定的模型“量化成数据”，进行数据分析后再将结果转化为友好、拟人和可视化的公关表达。总体上看，目前国内学者对城市公关的研究正在经历侧重从“术”的层面的操作性城市公关活动模型研究，向“道”与“术”结合的智库服务型城市战略公关模型研究转化；从传统媒体下的城市公关活动模型研究，向移动互联网时代新媒体语境下的新型城市公关活动模型研究转化。

四、内涵界定

智库，作为“生产专业知识和思想”（唐磊，2015：3）的组织机构或团体，不仅以影响决策为目标，同时也以具有“公众影响力”（唐磊，2015：4）作为其社会资本。

公共关系是对组织声誉的管理（桑德拉·奥利弗，2004：6），而公众影响力则是衡量公共关系声誉管理质量的重要指标。综合目前国际、国内公关学术界围绕声誉管理所形成的一系列理论，可以得出的基本结论是：公关行为主体履行声誉管理职责的基本流程是通过一个闭环系统予以实现的，即从为公关服务主体进行舆情监测，到依据服务主体一定时期公众影响力（由知名度与美誉度构成）指数的变动情况制定声誉管理战略、提出声誉管理方案；从与声誉管理目标相对应的公共关系活动的展开，到最后的效果反馈以及下一步决策计划的出台，构成了一个闭环系统，正是这个系统的一次次运转，使公关服务的主体获得推动了其声誉管理的不断升级的机能。

以公共关系声誉管理为视角，结合具有智库服务属性的公关活动的声誉管理职能，本文对世界名城的内涵认知，概述如下：世界名城特指形成声誉管理的内生动力以及良性运行机制，具有知名度与美誉度可持续性提升机能的城市。

这一定义表明，世界名城不是一个永恒的概念。纵观世界城市发展历史，从公元1世纪的罗马到11世纪的巴格达，从19世纪的伦敦到20世纪的纽约(冯叔君,2015：17),承载的只是不同时期的辉煌,世界名城要保持其内在的文化活力、外在持续性的品牌形象吸附力,即保持永续的发展张力,必须找到维护和不断提升其声誉管理水平的内在动力,塑造充满向上活力的城市形象。

五、应用维度

(一) 时间维度

时间维度,指将时间要素作为设计和展开公关活动的依据。时间维度的应用,就是要充分考量时间要素,并从时间要素角度切入,开展与这一时间要素相匹配的具有智库服务属性的公关活动,形成与公众情感相融合的特定的公关时态。在这里,某一时间点或时间段在尚未被公关活动植入时,称为原始时间点或原始时间段;当公关活动植入到某一时间点或时间段后,其呈现公关活动形态的时间点或时间段指向的就是公关时态。

世界名城的声誉是岁月积淀的结晶,是历史长河中无数个"时间点"或"时间段"累计的产物,世界名城的品牌影响度与"时间"要素具有极高的关联度。

时间维度的应用价值可以从三个时态加以归纳：第一,当公关活动的设计和展开指向城市发展历史的每一个时间节点时,为"过去时态",时间维度的应用满足和传达着公众魂牵梦萦般的追忆情怀;第二,指向城市发展的当下,即为"现在时态",时间维度的应用满足和传达着公众圆梦今朝的铭记情怀;第三,指向城市发展的未来,即为"将来时态",时间维度的应用满足和传达着公众趋向明天的期待情怀。

根据上述三个时态,从类的规定性上看,时间资源的分布如下表所示：

表1　时间资源分布表

人	事	物
过去时态下与人物相关的时间点	过去时态下与事件相关的时间点	过去时态下与物化元素相关的时间点
现在时态下与人物相关的时间点	现在时态下事件相关的时间点	现在时态下与物化元素相关的时间点
将来时态下与人物相关的时间点	将来时态下事件相关的时间点	将来时态下与物化元素相关的时间点

对上述时间资源的有效挖掘和合理使用是应用好时间维度的关键。与世界名城建设相关联的时间资源的挖掘和梳理，在此基础上将时间战略贯穿于策划、设计以及实施公关活动的全过程之中，从时间维度的应用上看，既可以从“点”上引发适宜的公关活动，产生“焦点”效应，也可以从“线”上延伸相应的公关活动，产生“全过程”效应，为此应处理好时间聚合上的“焦点公关”与时间延伸上的“全过程公关”的辩证关系。

（二）空间维度

空间维度，是指将空间要素作为设计和展开公关活动的依据。空间维度的应用，就是将特定时间点或时间段展开的具有智库服务属性的公关活动设置于特定的空间环境中，进而形成空间环境与活动主题高度契合的公关意象。

意象，是人对客体的心理印象。公关意象指向的是公关行为主体将公关活动投放在城市内一定的空间环境后，所形成的目标公众对公关活动传达内容以及承载活动的空间环境的心理印象，它构成了公关活动的客观形象。

世界名城是在可意象的空间呈现出来的，空间维度的有效应用反过来又使其能够成为一个“高度可意象的城市”（*凯文·林奇，*

2001：7）。世界名城的可意象性表现为：全球语境下的可读性、图像生成性、无限遐想性。

空间维度的应用价值可以从一定空间所生成的城市可意象性中予以提炼：第一，使特定空间环境下设计和展开的公关活动连同空间环境本身都具有了高度的外显性，从而在公众脑海中生成城市外观认知；第二，空间环境外显和公关活动外显的叠加效应，强化着公众对城市的图像认知；第三，特定空间环境下展开的公关活动，在公众心目中植入了挥之不去的特定场景，公众通过对这一特定的场景引发无限遐想，深化着自身对场景的情感认知。

空间维度的应用，可以从"点"（例如以标志性建筑为空间环境）、"线"（例如以特色街巷为空间环境）、"面"（例如以城市中心广场为空间环境）三个视角的集合上予以考量，其中每一个视角的单独性应用，建构的是局域公关活动模型；点、线、面的集合，建构的是全域公关活动模型。

选择哪一种模型，取决于公关行为主体对城市声誉管理所做出的战略布局。近年来，随着全球城市理论、城市群理论、城市网络理论的提出以及相关研究的不断深化，基于各个城市间跨城域互动公关活动的开展势在必行。为此，在公关活动的战略布局中，一方面需要处理好"局域公关活动"与"全域公关活动"的辩证关系，另一方面还需要处理好单一城市下的"全域公关活动"与多城市相互合作下的"跨域公关活动"的辩证关系。

（三）情感维度

情感维度，是指将社会公众的情感认知为设计和开展公关活动的依据。情感，是人经过对客体的评价或检验后形成的内心体验。情感维度的应用，就是公关行为主体以公众的评价或检验尺度为衡量标志，通过对城市文化的挖掘、梳理，以及符号提取、场景设计、文本内容与非文本内容的创意性传达，使社会公众在内心体验上实现从符号认知、场景认知到情感认知的不断升华。

世界名城良好声誉的生成，就是这个城市通过自身文化的有效传达，带给社会公众极具吸附力的情景体验，最后形成全球语境下社会公众对该城市积极的情感认知。

情感维度的应用，取决于城市公关行为主体对该城市自身文化的挖掘以及情感化、创意化表达。以文化来源为视角，一个城市的文化资源与文化形态，主要包括原型文化、叠加文化和创新文化三个基本类型。其中，原型文化就是该城市的原生态文化。“原型”一词，肯特·沃泰姆(2004：79—81)将其定义为“人类心思意念的原始样式或样板”，他用“源代码”来指称原型，认为其最重要的特点就是“它们的普遍适应性”。叠加文化，反映了一个城市的文化演进历史。随着社会政治、经济、军事、文化的发展，促使城市上演一幕幕变迁“大剧”，城市在不同时期必然植入不同的文化因子，使城市文化凸显其多元性。城市是各种思想、理念的交汇地，不同思想的相互碰撞必然擦出创意、创新、创造的火花；凡是具有较高声誉的世界名城，总能走在时代的前列，站立于潮头，引领社会风尚，创新文化反映出的正是世界名城的文化引领状态。

以上述三种类型文化为设计视角，情感维度的应用价值在于：第一，通过开展有效挖掘原型文化资源的公关活动，有助于在社会公众心目中塑造全球语境下普遍认知的文化形象，实现世界名城文化传播效应的最大化；第二，好比在云计算理论里，“云”是“一套计算生产率增强器”(Charles Babcock，2011：4)，那么，世界名城就是各种文化因子不断叠加的文化云平台。公关行为主体通过长期跟踪其叠加文化资源的增量情况，适时开展不同场景的公关活动，有助于使世界名城这个庞大的文化服务器得到不断升级；第三，智库思维表现为一种战略思维，而战略思维“涉及预测或确立预期的未來目标状态”

(Scott M. Ctulip, Allen H. Center, Glen M. Broom, 2001: 300)。公关行为主体通过对创新文化资源的有效汲取,有针对性地实施代表"公共关系开放系统的方法"(Scott M. Ctulip, Allen H. Center, Glen M. Broom, 2001: 302)——战略管理法,前瞻性地开展趋向未来的情感公关活动,有助于造就全球视野下社会公众对世界名城未来发展的共同梦想,进而形成城市可持续发展的内在动力。

六、个案分析

2017 年 9 月 19 日,一年一度的平遥国际摄影大展(以下简称摄影大展)在被联合国教科文组织列入世界文化遗产名录的山西省晋中市平遥县的平遥古城举行。为期一周的摄影大展,吸引了国内外数百万观众(游客)。由中国平遥微电影节组委会、平遥县文化局、平遥礼物文化创意产业有限公司联合承办,以"回到南大街"为主题宣传口号的古城老街创意汇——2017 平遥创意文化市集(以下简称创意市集)活动选在了这个特定的时间段予以展开,并在时间序列安排上将创意市集设置在了摄影大展正式开展前的一个时间点。热点时间段的选择,一方面使两项活动的受众资源获得了共享,参观摄影大展的部分观众分流到创意市集,创意市集的人群也进入摄影大展,有效吸引了摄影大展和创意市集的受众人群;另一方面,参加摄影大展的摄影家们也将镜头对准了创意市集,在摄影家们获得了自己一手的拍摄素材的同时,创意市集也通过摄影家们获得了独特的活动宣传渠道。又由于选在了摄影大展正式开展前的时间点,使国内外记者能够将注意力先行前移在创意市集的采访和报道上,使创意市集很好地分享了摄影大展的宣传资源,进而活动在时间维度应用上获得了叠加效应。在空间维度的应用上,创意市集设置在了中国历史文化名街之一的——平遥南大街(又称明清街,历史上曾被称为中国的华尔街)的兴国寺遗址。借着遗址上昔日的墙基轮廓,形成了独特的参观路线，展位设置呈现错落有致的格局，提高了创意市集展区的魅力指数。主题口号“回到南大街”，点明了活动的空间环境，更洋溢着一种浓浓的故土情怀。活动期间举办了“我谈回到南大街”主题笔会，媒体记者和网红作者被邀请参加笔会。一位参加笔会的作者这样写道：每个人的心里都一条南大街，每个城镇都有一条南大街。回到南大街，回到记忆中最温暖的一角，回到血脉里最悸动的一刻，回到不思量自难忘、不触碰也刺痛的生命印记中来。以《回到南大街》为歌名的歌曲也被一位歌手自发地创作出来，通过自媒体传播开来。创意市集的启幕环节以吟诵“五谷颂”为背景，启幕嘉宾通过启盖、盛谷、上红三个步骤呈现了极具仪式感的场景。采用“五谷颂”的启幕形式，其设计理念是：创意，必须来源于生活，是创意人在思想的沃土上智慧耕耘的结晶，如五谷丰登，那是人们在生养自己的土地上辛勤耕耘的硕果。“五谷颂”折射出的是植根大地的情感意境，对活动主题“回到南大街”形成了一种情感传达上的高度契合。总之，古城老街创意汇——2017 平遥创意文化市集，在时间维度、空间维度和情感维度的结合性应用上做出了积极探索。

七、结论

1. 以世界名城声誉管理为作业面策划、设计的公关活动，具有站立于城市发展战略制高点上的智库服务属性。

2. 在以世界名城声誉管理为作业面所展开的公关活动中，公关行为主体需充分考虑时间维度、空间维度和情感维度的合理应用，并将三个应用维度有机结合在一起。其中，应处理好时间维度应用上的“焦点”公关与“全过程”公关、空间维度应用上的“局域”公关与“全域公关”以及“跨域”公关、情感维度应用上处于显性层面的“场景”公关以及处于隐性层面的“情感公关”之间的辩证关系。

3. 世界名城声誉管理的目标是：实现全球语境下社会公众对世

界名城从外观认知、图像认知、场景认知直至情感认知的认知飞跃，形成声誉管理的内生型推动力。

参考文献：

1. Public Relations and Administration in Nigeria：A Case Study of the Activities of Public Relations Officer in Isuikwuato Local Government Area，Abia State [J]. F. E. Arong. *Management Science and Engineering*. 2010(2) PAGES：99 - 107.
2. Much ado about media：Public relations in public agencies in the wake of managerialism[J]. *Magnus Fredriksson*. *Journal of Public Relations Research*. 2013(01).
3. More Than Just a Gut Check：Evaluating Ethical Decision Making in Public Relations [J]. Katie R. Place. *Journal of Media Ethics*. 2015(04).
4. Integrating functional，social，and psychological determinants to explain online social networking usage [J]. Sheau-Fen Yap. *Russian Journal of Communication*. 2016(03).
5. Emergent methods：Using netnography in public relations research [J]. Margalit Toledano. *Public Relations Review*. 2017(03).
6. Asian multiculturalism in communication：Impact of culture in the practice of public relations in Singapore [J]. Su Lin Yeo，Augustine Pang. *Public Relations Review*. (2016).
7. 道・纽森、朱迪・范斯里克・杜克、迪恩・库克勃格. 公共关系本质(第九版)[M]. 上海：复旦大学出版社，2011：005.
8. 冯叔君. 智库视野：智库在国际重大事件中的影响[M]. 上海：复旦大学出版社，2015：18—19.
9. 桑德拉・奥利弗. 战略公关[M]. 北京：科学普及出版社，2004：5—7.
10. 刘晶. 大数据视域下的上海城市公共关系新变量研究[J]. 国际公关，2015(02)：90.
11. 唐磊. 当代智库的知识生产[M]. 中国社会科学出版社，2015：3—4.
12. 徐斌. 浅谈城市公共关系管理[J]. 1988(02)：24—26.
13. 王华敏. 试论城市公关的新思路[J]. 商业文化(学术版)，2007(04)：213/193.
14. [美]凯文・林奇. 城市意象[M]. 北京：华夏出版社，2001.
15. 肯特・沃泰姆著. 刘舜尧译. 形象经济[M]. 北京：中国纺织出版社，2004：79—81.
16. [美]查尔斯・巴布科克. 云革命[M]. 北京：东方出版社，2011：4.

17. Scott M. Ctulip，Allen H. Center，Glen M. Broom. *Effective Public Relations* [M].北京：华夏出版社，2001：300—302.

注：本文为山西省软科学课题“山西科技智库的培育与发展研究”(2016041005—3)、国家开放大学“社区教育智库研究”(G14A040W)、山西电大“社区教育智库研究”(SXKT201606)阶段性研究成果。

15. 城市品牌与会展项目的联动提升效应

——以杭州文博会为例

浙江大学城市学院　顾杨丽　赛来西·阿不都拉

摘要：因 G20 国际峰会落地杭州，杭州的城市品牌显著提升，现已进入“后峰会、前亚运”的特殊时期。通过杭州文博会，研究城市社会环境与会展项目的相互影响，找出杭州与会展项目间的共赢方式。本文主要采用文献研究、案例分析和经验总结的方法，并和上海等地相同案例进行研究比较。通过细节分析，得出杭州城市软实力在提升过程也能推动会展业品质的提升，如吸引更多优质会展项目落户、提高会展项目内涵等；杭州文博会的国际化与扩大，也促使杭州及周边的配套设施逐步完善，两者相互支撑。对城市社会环境与会展项目总体统筹，才能更好地实现会展与城市的共赢。

关键词：城市品牌　会展项目　文博会　联动提升

说起杭州，很多人会想到风景秀丽的西湖；说到杭州的文化，除了西湖边的名人名胜，那就是品牌化的杭州西湖国际博览会。杭州的秀美风景为西博会吸引八方来客。会展是城市的面包，杭州西博会全面展示了杭州的资源优势、产业特色、文化魅力和创业环境，带动杭州城市各项经济发展，并扩大了杭州市的知名度和美誉度。城市社会环境与会展项目的相互影响，在杭州这座城市得到体现。

2016年杭州全市专业展馆内共举办展览204个，展览总面积197万平方米，其中国际展53个。杭州的会展业发展迅速，很大程度上得益于2016年G20峰会的召开，峰会之后，杭州城市品牌的知名度提升效果显著。未来，2022年亚运会也将在杭州举办，未来杭州一定会举办更多的展会。因此，如何通过会展项目，如杭州文博会，来促进城市社会环境的建设发展？如何通过城市社会环境建设，促进会展项目的扎根与扩大？有着非同寻常的意义，值得我们研究与探讨。

2017年9月25日，第十一届中国杭州文化创意产业博览会（以下简称“文博会”）在白马湖国际会展中心顺利闭幕。经过四天半的会展，本届文博会主会场展会及相关活动参与人数达25.9万人次，比2016年增加15.2%，签约项目168项，实际成交金额达38.6亿元，比2016年增加130%。展商整体满意度达92%以上，其中国际及港澳台地区展商满意度达96%以上，观众满意度达97%以上。城市与会展项目之间的影响非常微妙，本文通过对杭州文博会的研究来分析城市社会环境与会展项目的相互影响具有代表性。

一、杭州文博会现状分析

（一）杭州文博会的概况

西湖博览会是杭州会展业发展的龙头和平台，也是杭州最具影响力的会展品牌。杭州文化创意产业博览会（下文简称杭州文博会），是西湖博览会的重点项目。杭州文博会创办于2007年，已经举办11届，是全国四大文化创意产业综合会展活动之一。

表 2.1 杭州文博会十一届概况回顾

	2007 年	2008 年	2009 年	2010 年	2011 年	2012 年	2013 年	2014 年	2015 年	2016 年	2017 年
展会主会场	浙江世贸展览中心	浙江世贸展览中心	杭州和平国际会展中心	杭州和平国际会展中心	杭州和平国际会展中心	杭州和平国际会展中心、世贸展览中心、白马湖生态创意城国际会展中心	白马湖生态创意城国际会展中心	白马湖国际会展中心、网上文博会	白马湖国际会展中心、(一主四副)网上文博会	白马湖国际会展中心(一主五副)、网上文博会	白马湖国际会展中心(一主多分会场)、网上文博会
历时	3 天	4 天	4 天	4 天	4 天	4 天	4 天	5 天	5 天	5 天	4 天
展会规模	500 个展位	1.2 万平方米	2 万多平方米	15 万平方米	30 余万平方米	30 余万平方米	40 万平方米	6 万平方米	10 万平方米	6.5 万平方米	12 万平方米
参展观众	3 万人次	8.5 万人次	23 万人次	30 万人次	42 万人次	45 万人次	20 万人次	23.5 万人次	32.68 万人次	22.62 万人次	25.9 万人次
产业交易额			成交额 2.5 亿元，意向成交 3.5 亿元	项目意向成交及意向投资额达 32 亿元，实际成交额及项目落地资金达 13 亿元	项目意向成交及意向投资额达 35.6 亿元，实际成交额及项目落地资金达 19 亿元	项目实际成交签约及意向合作签约涉及金额达 45 亿元	项目实际及意向成交和落地资金达 15 亿元	完成实际及意向签约合作金额达 25.52 亿元	实际成交及意向成交(含项目融资)金额达 28.82 亿元	实际成交及意向成交(含项目融资)金额达 67.38 亿元	实际成交金额达 38.6 亿元

通过数据收集与制表分析，发现杭州文博会的发展速度趋缓，并且处于创新、转型期中。

（二）杭州文博会的亮点与特色

1. 多层次办展格局

杭州文博会从2015开始采用“一主四副联动、二馆六区主打、商务活动协同、线上线下呼应”办展格局，2016、2017均采用主副场馆联动的形态，以2017年为例，本届文博会以“融——创生活·联世界”为主题，除了白马湖主会场，还在杭州创意设计中心、杭州西溪天堂、杭州和平国际会展中心等多地设立分会场，总体展示面积超12万平方米，展区面积可谓历年之最。

2. 设置集约式互动展区

可以自动跟着人“行走”的行李箱、把“邓丽君”请到面前为你唱歌……文博会上，科技的元素随处可见。

在第十一届文博会B1“文创科技馆”的棱镜光娱展区，是前几天最受男女老少欢迎的地方之一。这就是杭州本土公司棱镜光娱与好莱坞特效公司数字王国共同打造的全息影像，能神奇地让敦煌壁画中的九天仙女，抑或是华人心目中永远的“女神”邓丽君，都一一“出现”在舞台中央，仿佛伸手就能触碰。

3. 行业的盛会百姓的盛会

杭州文博会主+副的场馆结构，很好地打破了场馆的面积界限和地域界限，使得城市中多处同时举办类似活动，更为文博会进行了造势。重要的是主办方不仅把它打造成行业的盛会，更是百姓的盛会，让杭州市民有机会了解文创产品，用上文创智能的产品。

4. 以文化展现城市与世界的融合

站在“后峰会，前亚运”的历史时期，杭州文博会也在前十届的基础上迎来了一个新的转折点。今年恰逢“第三届中国——中东欧国家文化合作部长论坛”在杭州举办，杭州文博会也以此为契机推出了“中东欧文化艺术交流展”。

展览以“回溯与当代”为策展主题，集中展示了16个中东欧国家的文化艺术作品。匈牙利的瓷器、波兰的剪纸、克罗地亚的蕾丝首饰……这些充满异域风情的展品吸引了不少中国观众的目光。

在第十一届文博上，中国和中东欧16国文化部部长及领导也特别前来观展，在开幕仪式上，他们将手中装有彩色细沙的玻璃瓶倒入“ART CEEC”立体字样的装置中，象征着“以艺术为介，融为中心，汇沙成塔”，中国与中东欧国家友好往来、相融相知。

三、杭州城市社会环境对文博会的影响分析

（一）政治环境因素分析

2007年杭州提出打造“全国文化创意产业中心”，杭州文化创意产业博览会应运而生。一直到现今，杭州文博会办了九届。政策的提出孕育了这一产业，政府的支持使杭州文博会得到各方面支持。在许多资源上，例如宣传方面，政府主导就一定会确保宣传力度；资金方面有保障，起步较快；并且有利于更多国外文创产业进行落地展示。政府对展会安全方面的要求，也会帮助展会安全有序地进行。但政府主导性也有弊端，如整个展会的创意延展性没有那么强，形式有所束缚；展会类目偶尔也会产生徒有其表的现象，文创产业的市场因素也显欠缺。根据材料收集与整理，发现近几年成交量较往年趋缓，因此在杭州文博会这个展会中，政府的职能转型关系巨大。

（二）经济环境因素分析

杭州文化创意产业的发展、市场规模的扩大，使得杭州文化创意产业博览会诞生并且越办越大。

根据马斯洛需求层次理论，人类只有在满足了生理需求、安全需

求等后才会有更高的需求层次。参观展会,进行自我提升,正是基于有经济上、安全上的满足,市民才会有观展、追求学习文化的需求。而杭州的住宿、餐饮、旅游、交通等配套设施的完备程度等,从侧面影响着企业参展和观众到会参观文博会的意愿。杭州是人间天堂,风景秀美,旅游业发达,而白马湖国际会展中心配备有白马湖建国饭店这一五星级住宿,这些都在一定程度上帮助杭州文博会招商及进一步发展。杭州进出口经济的对外开放程度,影响着国外商家企业到杭州参展的意愿。

但本身文化创意的外延不清晰,外延在我国与国外也有区别,文化创意产业发展轨迹不清晰,间接导致展会的影响力。

(三) 文化环境因素分析

社会文化环境分三大类,物质文化、关系文化和观念文化,分别代表着人们对物质生活、社会关系和意识形态等方面的要求、认识和看法,它们对企业参展和观众到会参观会产生较大影响。正是基于对文化创意产业的需求和兴趣,市民们赶到萧山参观杭州文博会。基于海峡两岸的关系越发密切,为台湾展商提供了一个到杭州参加文博会的机会。

大学生创业,在现今是一个热门话题,在2015年的文博会上,中国(杭州)大学生创意生活节第一次融入杭州文博会中去,位于主场馆B馆的地下一层,赛马会等吸睛的活动在此上演。但热点的融合并没有出现预想中的火花,看新鲜的普通观众心态很有可能是产生这一现象的原因。

(四) 信息因素分析

信息因素包括信息来源和传输情况,信息的真实公正程度、信息爆炸和污染状况等。

现在已经不是酒香不怕巷子深的年代,没有信息的通畅传播,也许一个好的展会就少有人去。如果关于杭州文博会的信息传播呈现出良好的适宜和稳定状态,那么就会对文博会的传播起着促进、推动的作用。当杭州文博会刚开展的时候,在展会开始前几个月就要开始制造话题预热铺垫,等到展会开始的时间段,在电台、电视、网络、移动电视、地铁、报纸等方面大幅宣传,必要时还要做一系列优惠活动吸引人气,在这个信息爆炸的年代,搏眼球才能吸引到人气。过几年当文博会的品牌做出来之后,传播不再需那样大幅度,相反可以开始卖门票。

不管如何,讯息的真实公正程度不能忽视,如果关于文博会的信息传播不真实,观众感觉失望,那下一届的文博会效果就会大打折扣。

四、杭州文博会发展对城市社会环境及品牌的影响分析

(一)会展项目带动相关产业发展

会展是城市的面包,会展业是拉动城市经济增长的生力军,是因为会展业本身可以带来直接经济效益,其发展可以带动大量相关产业的发展,并有利于解决就业难问题。

杭州文化创意产业博览会,顾名思义是文创产业的盛宴。最近一届的 2015 年杭州文博会有 20 个国家和国内台港澳地区及 20 余个省市的 2 000 余家文创企业和机构参展,共计 32.68 万人次观众参加各项活动,主会场 4 天半的时间,观众人数达 24.68 万,实际成交及意向成交金额 28.82 亿元。

观众有了文化创意的理念,自然就会支持购买文创系列的产品。所以杭州文博会为文化创意产业搭建了一个交流、交易的平台,同时也促进了国外文创产业落地杭州,以及杭州本土文创产业的扩大与

发展。

其他产业方面，也许杭州文博会带来的感受没有非常明显，也许举例 G20 峰会，就能体会到，一个大的展会活动对城市的规划建设以及周边经济是起到拉动作用的。

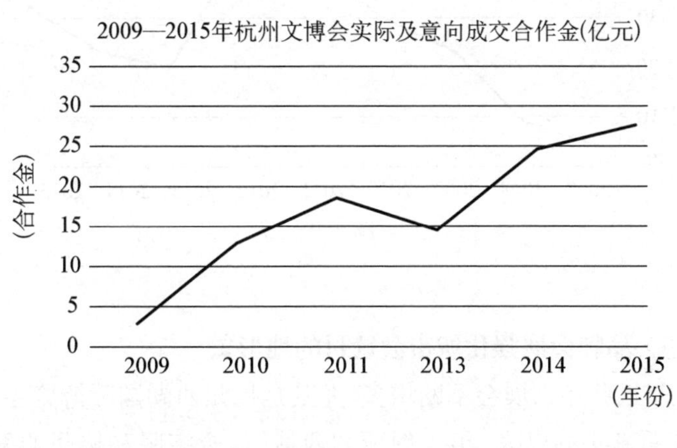

图 4. 1

（二）会展业的服务增加城市软实力

会展业被誉为城市的窗口，是推广城市知名度的有效载体，是向外推广城市形象的一个重要手段。现代会展业对城市软实力的提升，包括塑造城市品牌、提升城市形象、给城市带来文化效应等。发展会展业，有利于提高举办城市的知名度。

杭州文博会对于国内外嘉宾和观众的配套服务，在一定程度上也反映出杭州这个城市的形象。舒适的居住环境、便捷的交通服务，让嘉宾观众间接了解杭州这座城市，提升对杭州的好感度。

杭州文博会致力于打造市民百姓的文化盛宴，文博会有玩有乐有赏有购，让市民们了解并体验到文化创意的奥妙。一个城市的文化涵养并不是靠一次普及就能形成，长期举办杭州文博会，让市民观众耳濡目染，从根本上让杭州这个城市变得文艺、创意起来。

图 4.2

（三）品牌会展强化城市会议目的地形象

杭州近些年来展会不断增多，尤其是杭州西湖国际博览会，自从2000年重新举办以来，年年创新，“西博”这个字眼和杭州的发展密不可分。西湖博览会，已经成为展现杭州城市成就，营销城市品牌，凝聚杭州精神的舞台。说起杭州，很多人会想到风景秀丽的西湖；说到杭州的文化，除了西湖边的名人名胜，那就是品牌化的杭州西湖国际博览会。杭州文博会的延伸会议，通过各方面的城市环境与服务向整个中国，甚至世界展现了杭州这座城市的另一面，强化了杭州会议目的地的形象。

在2015年亚奥理事会第34届代表大会上，杭州获得了2022年亚运会举办权。未来，更多的国际会议与重大的国际体育赛事，无疑将有力地推动今后几年杭州的城市建设，这是身在杭州的我们都能感受得到的。而这些成果的取得，归根结底又来源于这些年杭州城市综合实力的提升以及会议目的地的形象强化。两者互依互托，需要利用好这一良性循环，为城市、展会添砖加瓦。

五、政府在促进城市品牌与会展共赢发展中的作用

城市品牌与展会的关系密不可分，并且在各方面相互影响着。抓住要点实现城市品牌与会展项目的共赢发展是关键。

根据城市的实际情况，选择适合的展会活动，提升城市的品牌；会展根据自身定位，选择与定位契合的城市，求得天时地利人和才可办好展会。两者之间的关系是相互的，影响也是相互的，只有通过循序渐进的过程，才可以实现城市与展会的共赢。

而这些很大程度上受到政府的影响，政府对推动城市会展业发展具有显著作用，能够规范会展市场，提高展会质量，在一定程度上体现着城市对展会的重视程度。政府在促进城市与会展的共赢发展中的作用对课题研究以及实际展会立项具有重要的意义。

（一）规范政府的角色与职能转型

由于政府主导型展会，会对展会后期发展产生相关影响，因此规范政府的角色与职能是首要任务，帮助展会完成市场化的转型。首先制定相关政策并进行监督，对相关行业进行规划与统计，做好项目评估，并且让行业协会充分发挥作用，从而推进政府主导型展会的市场化转型。

政府支持大型展会落地城市，通过相关政策支持，提高城市服务功能，完善服务，加入地方特色，从而加深会议会展目的地城市形象，提高国际知名度。

（二）引导会展业市场化规范运行

1. 规范公共服务

规范城市相关公共服务内容与收费标准的完善，做好迎接八方来客的准备，统一城市服务特色，打响城市知名度与美誉度。

2. 理顺市场关系

展会中，政府有所为有所不为，淘汰相关劣势展会，鼓励展会大胆创新，营造积极的业态。政府购买企业的相关服务，而不是政府亲力亲为或者什么都不管。

3. 提升企业会展服务质量

提升会展企业的服务质量，营造城市会展服务的良好口碑，扩大城市会展品牌影响力；根据会展特色、特点，契合城市社会环境及文化底蕴，相辅相成，达成“1+1＞2”的效果。

（三）做好城市品牌定位和会展业发展规划

会展业日益繁荣，城市应根据自身的产业优势、地理优势，打造城市的会展特色品牌并做好发展规划，而有品牌特色的展会也有利于提高城市知名度。地方规划与专项规划是影响会展发展的重要元素。

例如义乌利用小商品产业，以贸促展，崛起成为新兴的会展城市；博鳌利用自身的生态环境美，成了亚洲论坛的永久性会址；而杭州作为拥有绝美风景和文化的江南名城，在塑造自身品牌的同时做好规划，申请成为亚运会举办方，并为之后的大型展会赛事做好准备。

在做好城市品牌定位的同时注重会展业发展规划，有利于促进城市与会展的共赢发展。

（四）做好城市的会展基本配套规划与建设

G20在杭州落地，对这座城市造成最大的影响就是各处都在翻新、修建，这些就是必要的会展基本配套规划。峰会领导人来杭州，杭州整体的形象、服务无疑都是代表着城市乃至国家的形象。建造成网地铁、大型场馆，无一不是为之后的大型展会、赛事做好准备。

如果没有恰当的选址与场地，许多机会将溜走，城市也就失去了达成会展与城市共赢的机会。

（五）提升城市的服务软实力

软实力，是相对于国内生产总值、城市基础设施等硬实力而言的，是指一个城市的文化、价值观念、社会制度等影响自身发展潜力和感召力的因素。

政策帮助营造城市文化氛围以进一步推动会展产业建设。例如上海世博会期间，政策号召市民“全民学英语”迎接展会，提升了城市的服务软实力，优质的文化环境有利于各国友人的参展体验。例如世界互联网大会选址地乌镇，商家充分利用互联网进行交易买卖，将乌镇包装成时尚与传统的完美结合，提升了形象与软实力。

久而久之会有更多的展会落地，从而带动城市的会展业建设与发展。

六、结论

本文的研究目的是通过研究城市社会环境与会展项目的相互影响，探究杭州如何通过文博会等会展项目达到会展和城市社会环境发展的共赢。

之前参考的文献中，已有的结果是会展经济促进城市基础设施功能的进一步完善、提升城市品牌功能，并促进城市空间的整合。但大都以上海等一线城市为例，没有针对城市与会展项目相互影响的研究，并且没有得出如何运用结论到实践，即如何促使会展项目与城市实现共赢。

通过整个课题的研究，发现在很多方面城市和会展项目之间是相互影响的。城市软实力的提升过程也能推动城市会展业品质的提升，如吸引更多优质会展项目落户、提高会展项目内涵等，两者相撑相持。以杭州文博会为例，即杭州的城市社会环境为杭州文博会的招商、招展带来更多机会；杭州文博会的国际化与扩大，促使杭州及周边的配套设施逐步完善。

那如何促进杭州文博会与杭州城市社会环境发展共赢？大概可以分三方面。一、支持杭州文博会国际平台以促进杭州文化创意产业国际化。杭州文博会有世界及两岸展区，主要包含来自世界各国以及台湾地区的展商、文化创意及智能产品。通过这一个平台，有利于杭州本土文创产业与其他国家的文化创意进行交流、借鉴，推动产业国际化。二、重视杭州文博会与杭州城市形象相结合的宣传。杭州与杭州西湖国际博览会形象上是绑定的，但西博会只是一个统称，实质上包括了许多在杭举办的大小展会与节庆活动。除了杭州本地人，有些外来商家并不知道杭州文博会是西博会重要组成部分。将杭州文博会与杭州城市形象结合，任一一方的形象提升都有利于另一方，实现对外形象上的共赢。最后，通过营造杭州城市文化氛围进一步推动会展产业建设。逐步培养市民的阅读、观展等文化习惯，营造整个城市的文化氛围，让更多的展会落地杭州，带动杭州的会展业建设与发展。

参考文献：

1. 唐莉.城市文化特征对会展产业的影响[D].武汉：武汉理工大学，2010.
2. 刘民坤.会展活动对主办城市的社会影响研究[D].广州：暨南大学，2009.
3. 吕中芬.会展：城市经济增长的助推器——兼论以“酒博会”带动泸州会展经济发展问题[J].行政事业资产与财务，2013(11).
4. 程建林、艾春玲.会展经济发展、会展城市竞争力与城市功能提升[J].城市规划，2008(10).
5. 李思亮.后奥运环境下奥运举办城市对会展业发展的研究[J].理论界，2009(01).
6. 郑耀星、毛媛媛.海西经济区背景下福州会展业竞争力提升研究[J].福建师大福清分校学报，2014(06).

7. 严红枫、张玉玲.杭州:"四力合一"办文化会展[N].光明日报,2013-12-20(09).
8. 徐坡.城市会展产业综合效应分析及其评价研究[D].西安:西北大学,2012.
9. 王杏丹.浅谈会展经济对城市发展的带动作用[J].中国市场,2013(36).
10. 唐莉.浅谈会展与城市——世博会对城市的整合[J].科协论坛(下半月),2010(02).

16. 认同理论视野下的钱塘江文化和杭州城市品牌形象塑造

浙江传媒学院　艾小勇

摘要：本文基于认同理论视角，结合国外江河文化打造城市品牌形象的经典案例，在新时代发展背景下，围绕钱塘江文化，提出了杭州城市品牌形象内涵提升、城市视觉形象重构、行为形象再造等方面的策略性建议。

关键词：认同理论　钱塘江文化　杭州城市品牌

一、引言

有人说，江河是一座城市的命脉，里面流淌着文化。文化是一座城市的灵魂，展现了城市的真正魅力和竞争力，在城市品牌形象塑造中占据核心地位。杭州城市发展已经从“西湖时代”迈向了“钱塘江时代”，从“跨江发展”走向了“拥江发展”。作为杭州“市内江”和“城中江”的钱塘江，已成为杭州的发展主轴、城市之核，以钱江新城为代表的钱塘江流域已经成为“中国样板、浙江实践、杭州经验”的标志性地区。新时代背景下，提升钱塘江文化认同，增加市民文化凝聚力，把钱塘江的文化特质融入杭州城市的品牌个性中，对于杭州成功打造具有“独特韵味，别样精彩”的世界名城具有重要意义。

二、认同和文化认同

（一）认同理论

认同(identity)或社会认同(social identity)是现代社会学或社会心理学中最为流行的术语之一，它直接涉及我是谁或我们是谁、我在哪里或我们在哪里的反思性理解。认同，通常又被译成同一性、统一性或身份，它是对“某一事物与其他事物相区别的认可，其中包括其自身统一性中所具有的所有内部变化和多样性。这一事物被视为保持相同或具有同一性”(周晓虹，2008)。新修辞学的代表人物肯尼斯·伯克认为，现实是以符号为中介来传递的。由于人们在行动的过程中需要社会性的合作，所以说，语言塑造了行为。在伯克看来，语言承载着感情，人们的态度、判断和感觉都无一例外地通过其使用的语言表达出来。人与人之间存在着三种互相交叉的认同来源。物质性认同通常来源于商品、占有物和东西，例如拥有相同种类的汽车，对衣着有着相同的品位。理想化认同(idealistic identifications)来源于共享的主张、态度、感觉和价值观。形式上的认同(formal identification)来源于传播双方共同参与的事件的组织、安排和形式。伯克强调，处于社会较低层的人通常还是会认同处于上层的人。这是因为，人们在他们身上看到了自己为之奋斗的尽善尽美的状态。

（二）文化认同

文化认同(cultural identity)是一种群体文化认同的感觉，是一种个体被群体的文化影响的感觉。文化认同理论是美国著名的精神分析家埃里克森(Eriksson)的重要理论贡献，提出于1950年代初期，后被其本人及其他学者广泛运用于社会、历史、政治、文化等领域的研究，而且成果丰硕。它是指一个群体中的成员在民族共同体中长期共同生活所形成的对本民族最有意义的事物的肯定性体认。美国学者塞缪尔·亨廷顿(Samuel P. Huntington)认为“文化认同对于大多数人来说是最有意义的东西”。其核心是对社会基本价值的认同。这种价值认同是凝聚这个共同体的精神纽带,也是这个共同体文化生命延续的精神基础。

三、江河文化打造世界名城的国外范本

(一) 泰晤士河与“创意之都”伦敦

伦敦是世界上最受欢迎的城市之一,多次位列全球城市品牌形象排行榜首位。曾经狄更斯笔下的“雾都伦敦”早被泰晤士河滔滔流水冲刷进历史长河,过去人们印象中保守与傲慢的标签已被开放与活力取代,伦敦如今已成为世界瞩目的旅游目的地、商业人士心目中理想的投资胜地。响亮的“创意之都”城市品牌已经蜚声海外,饮誉全球。伦敦城市品牌提升之路,几乎全部围绕其母亲河——泰晤士河——而展开。

泰晤士河全长346公里,自西向东贯穿伦敦,穿越整个城市,几世纪来一直是伦敦不断发展的中心。英国的政治家约翰·伯恩斯曾说:泰晤士河是世界上最优美的河流,“因为它是一部流动的历史”。一百年前的泰晤士河几乎全被工业革命所破坏,大量的污染物充塞河道,各种水生生物濒临灭绝。二战后,伦敦当局实施泰晤士河大规模综合整治重建计划,经过三十多年不懈的努力,不仅泰晤士河水变清了,恢复了往昔的生机,而且随着南北两岸发展差距的缩小,沿岸文化景观得到有力的保护与开发,美丽的泰晤士河已成为驰名世界的旅游观光带。

与此同时,当局围绕泰晤士河,以节庆活动为依托,不断进行城市推广。河道两岸众多具有历史、文化、景观意义的建筑、公园、桥梁,被广泛用于各种体育、娱乐、政治活动。其中包括剑桥牛津划艇比赛,自1829年举办以来一直延续至今;泰晤士河文化节,创设于

1997 年，是世界最大的免费户外艺术节之一，每年吸引世界近百个国家和地区参与，以多种形式展现不同国家地区和民族的文化、形象与魅力；英国皇家的仪式活动，突出了当地特有的文化历史；旁听威斯敏斯特宫下议院辩论等。这些活动，凸显英国人对泰晤士河文化的珍视，提升了英国泰晤士河文化认同，泰晤士河文化则极大地丰富了伦敦城市品牌形象内涵。

（二）塞纳河与“浪漫之都”巴黎

世界名城巴黎，享有“浪漫之都”美誉。近年不景气的经济并未妨碍巴黎魅力的提升。在普华永道发布的一份报告显示，巴黎在 2016 年世界十大魅力城市中排名第四，比 2014 年上升了两个名次。巴黎的魅力在很大程度上，要归功于在城区缓缓流过的塞纳河。千百年来，塞纳河生生不息的孕育了巴黎的灵魂。巴黎城起源于塞纳河中的岛屿，塞纳河见证了巴黎城的诞生、发展和繁荣。可以说，巴黎的一切都围绕塞纳河展开。

如同泰晤士河发展历史一样，1920 年代的塞纳河也遭受过污染，从河道治理到航运功能实现再至今天的旅游功能转型，塞纳河品牌树立过程中政府角色举足轻重。政府主导制定实施了一系列政策法规。早在 1913 年就制定了《历史性纪念物保护法》，这个法规以历史建筑为主体，指定、登录了塞纳河沿岸约三万件纪念物。1964 年法国进行该国历史上最大规模的一次文化遗产“普查”。巴黎市内普查范围集中在塞纳河沿岸 500 多个历史街区中，当时的口号是“大到教堂、小到汤匙”，凡是历史遗存的有价值的文物都要登记造册。这次普查大大增强了国民对民族文化的自豪感，今天的法国从中受益无穷，塞纳河沿岸成为世界游人聚集的观光带即是证明。为了进一步确立对塞纳河的保护与利用，政府鼓励群众利用塞纳河沿岸的城市开放空间组织文化和商业活动，动员市民参与研讨濒水空间的开发与利用计划。

海明威曾说过:“假如你有幸年轻时在塞纳河畔生活过,此后一生都会记得那些美好而清贫的日子。”塞纳河处处散发出艺术气息和浪漫情韵,与巴黎城市品牌个性协调一致,两者品牌联想高度趋同,这样的契合使塞纳河成了巴黎浪漫形象的典型代表,令巴黎城市品牌获得了巨大增值效应。

“他山之石,可以攻玉。”伦敦和巴黎城市品牌的成功并不是偶然,各自江河文化在其城市品牌形成过程中的成功因素能为杭州在钱塘江时代城市品牌发展提供极好的借鉴范本。

四、钱塘江文化与杭州城市品牌提升

(一) 钱塘江文化的内在特质

与泰晤士河、塞纳河等众多河流一样,钱塘江也是一条历史之河、文化之河。作为浙江和杭州的母亲河,钱塘江和西湖一样,千百年来影响和塑造着这个城市的精神生活、文化历史和文明发展。杭州的城市发展先有“水居江海之会,陆介两浙之间”的萌芽,后有“东南形胜,三吴都会,钱塘自古繁华”的赞誉。

历史长河中,钱塘江畔出现了以伍子胥、文种为代表的江潮文化,以曹娥、丁兰为代表的孝道文化,以郑兴裔、胡雪岩为代表的义信文化,以大禹、范蠡、华信、马臻、钱镠、张夏为代表的海塘文化,以严光、林逋为代表的隐居文化,以项麒、胡世宁为代表的耕读文化,中草药始祖桐君为代表的中医文化,以及明清和近代以来兴盛的丝绸文化、商贸文化、围垦文化、航空文化等。先天秉承了吴越文化“海纳百川、兼容并蓄”特征的钱塘江,有着江南文化的共性。此外,钱塘江具有突出的互通关联特征,历来是上游物资输送至沿海和徽商往来的主要通道,商贸文化兴旺发达。可以说,杭州城市的起源和形成与钱塘江文化息息相关,杭州的繁荣富庶和人烟阜盛,围绕着钱塘江优美的江岸线而展开。

（二）杭州城市品牌内涵需要复归到钱塘江文化的发展新阶段

杭州都市文化的特点正如著名城市学家马裕祥所总结的那样："惊涛骇浪的钱塘江与鸟语花香的西子湖、潮起潮落的钱塘江与温柔秀丽的西子湖形成了明显对照而又共生的合成。"缠绵的西湖赋予了杭州女性化的城市个性，豪迈的钱塘江则增添了杭州阳刚气质。一直以来，杭州城市品牌以西湖文化为核心，秀美的湖光山色，温柔婉约的西湖造就杭州"人间天堂"的美名。

由"西湖时代"进入"钱塘江时代"，城市的性质、规模、功能发生了根本性变化，引领城市发展方向的城市文化同样需要与时俱进。钱塘江文化是西湖文化的继承与创新，在与西湖文化的共融中又有着自身的创新和发展，同时更具"大气、开放"的特质。钱塘江文化展示了杭州城市品牌新形象，彰显了杭州城市品牌特色，丰富了杭州城市品牌内涵，成为一张向世界传递的城市新名片，一种向世人展现的城市新品格。杭州城市品牌内涵需要复归到钱塘江文化的发展新阶段，尽可能提升杭州城市品牌与钱塘江文化气质的高度契合，实现城市品牌资产增值。

（三）杭州城市品牌视觉形象需要重构

城市品牌视觉形象是公众接触城市品牌的第一印象。研究表明，人作为一种视觉动物，获知外界信息，87%靠眼睛获得，并且75%—90%的人体活动靠眼睛主导。这就告诉我们，城市品牌的视觉形象对公众有巨大的影响作用。城市品牌视觉形象是城市品牌识别与价值输出系统，要充分表达城市品牌的精神内涵。

钱塘江时代，杭州已由"三面云山一面城"的城市旧格局，向"一江春水穿城过，江河湖山在城中"的城市新格局转化，杭州城市品牌视觉形象理应进行重新整合。钱塘江文化“与时俱进,勇立潮头、大气开放”的时代精神指引杭州城市品牌视觉形象重构,杭州城市品牌视觉形象景观要素将以三潭印月、雷峰塔、保俶塔、灵隐寺等代表杭州传统西湖文化的视觉元素和气势磅礴的钱塘江大潮、钱江新城外眺江面 75 米的城市阳台、取“日月同辉”之意的杭州大剧院和国际会议中心、天圆地方的市民中心以及钱江世纪城中 G20 杭州峰会主会场——杭州国际博览中心、未来 2022 年亚运会主会场——“莲花碗”、超高层双塔——“城市之门”以及飞跨钱塘江上的十座桥梁等钱塘江代表性景观共同构成,既体现传统杭州精致婉约的气质又展示“钱塘江时代”大气开放的气派。“日出江花红胜火,春来江水绿如蓝”的美好图景也再次成为繁华钱塘的生动写照。

(四) 增加城市体验,提升杭州城市品牌行为识别

城市品牌行为是城市为实现既定品牌形象,在城市品牌理念指引下所做的一切努力。城市品牌行为是塑造城市品牌中工作量最大的部分,也是城市品牌形象成败的关键一环。新品牌哲学认为,城市品牌为城市利益相关者所共有,培育城市品牌的本质做法应该是致力于建立城市与目标公众之间的关系。品牌形象是在与目标公众长期接触中产生,通过品牌联想得以强化。伦敦通过围绕泰晤士河开展丰富多彩的节庆活动强化了目标公众的接触体验,巴黎塞纳河沿岸空间规划和开发都遵循“以人为本”的原则,旨在“让市民和河水的关系更加密切”。

美国社会哲学家刘易斯·芒福德认为,“城市应当是一个爱的器官,城市最好的经济模式应是关怀人和陶冶人。”杭州钱塘江两岸的开发在践行以人民为中心的发展思想和新发展理念指引下,需要加大钱塘江周边城市公共产品供给,进一步提高钱塘江两岸的生态、文化和休闲功能。在以 G20 杭州峰会为引领的会议会展活动,以钱塘

江文化节为代表的节庆活动，以“三江两岸”为代表的黄金旅游线路，围绕钱塘江所做这些努力可以在更广的领域提升公众的城市体验，提高杭州城市品牌形象，向实现世界名城的目标更进一步。

五、结语

文化代表着城市的身份，凝聚着城市发展进化的动力，先进的文化内涵是城市的本质特征，决定着城市的未来。文化既塑造城市的形象，又体现城市的气质。“一种江河文化塑造一座城市品牌”。精致闲逸的泰晤士河造就了伦敦“创意之城”、浪漫时尚的塞纳河成就了巴黎浪漫之名。新时代背景下，不断增强钱塘江文化认同，大气开放的钱塘江将助推杭州实现城市品牌形象新的提升和世界名城的宏伟目标。

参考文献：

1. 刘易斯・芒福德. 城市发展史[M]. 北京：中国建筑工业出版社，2005.
2. 周晓虹. 认同理论：社会学与心理学的分析路径[J]. 社会科学，2008(04).
3. 单霁翔. 关于“城市”、“文化”与“城市文化”的思考[J]. 文艺研究，2007(05).
4. 郑伯红、汤建中. 伦敦巴黎河岸景观带建设的实践与经验[J]. 城市问题，2002(01).
5. 崔丽莎. 城市文化在城市品牌形象塑造中的价值探究[J]. 美与时代・城市，2017(04).

17. “一带一路”背景下杭州城市形象建设浅析

中国计量大学　吴　丽

摘要：本文以“一带一路”为背景，重点探讨当前杭州城市形象建设的现状，探讨如何基于“一带一路”更好地扩大杭州城市形象影响的相关对策建议，以期有效推广和塑造杭州的城市形象。

关键词：“一带一路”　城市形象　国际化　杭州

一、引言

“一带一路”战略不仅承接了西部大开发、中部崛起战略，而且将辐射范围从国内延伸至国外，给沿线国家和地区带来众多的发展机遇。“一带一路”战略通过借用古代“丝绸之路”的历史符号，共同打造政治互信、经济融合、文化包容的利益共同体、命运共同体和责任共同体，这样的历史背景同时也赋予了国家和城市形象推广的重要战略意义，充分展现国家和城市的软实力。杭州在此背景下，充分挖掘现有资源进行城市形象的推广和城市名片的塑造，力图借助“一带一路”的东风，将这座历史文化名城形象更生动地展现给世界。

所谓城市形象，其是城市内部和外部公众对城市客观实在的具体感知、总体印象和综合评价，在城市形象的塑造过程中，凝练出特有的城市文化则是城市形象塑造的立足点。因此，城市形象的建设过程也是对城市文化资源的挖掘、保护、开发和创新的过程。

二、“一带一路”背景下杭州市城市形象建设现状分析

“一带一路”战略以现代新思维进行国际合作，拓宽发展路径，杭州城市形象的建设和塑造在此背景下也应该具备新的内涵。基于此，笔者探讨了当前杭州市城市形象建设的现状内容，试图通过对相关内容的梳理和分析，提出杭州城市形象建设的意见和建议。

（一）杭州市城市形象建设整体水平高

自古以来，杭州就有着“人间天堂”的美誉，经过多年的改革创新、对外开放、全面发展与国际接轨，在城市形象建设方面已取得显著成效，整体水平高。2008 年，杭州市提出“城市国际化”战略，从提升城市综合竞争力、扩大国际知名度、推动可持续发展等角度进行实践，使得杭州的国际化城市形象跃然纸上。同时杭州将城市品牌形象定位在“东方休闲之都、生活品质之城”，也是具有丰富内涵、带有立体想象力的主题词。对于杭州来说，本地人认为它是一座生活品质之城，对于外地人来说，杭州是人间天堂，而对于国际友人来说，杭州又是一座国际化的大都市，特别是 G20 峰会成功举办后，杭州在世界的影响力和城市形象进一步得到了提升。在“一带一路”战略背景下，杭州更应该抓住机遇，深入宣传和推广城市形象。

（二）杭州市城市形象定位明确精准

城市形象建设首先需要有明确和精准的定位。对于杭州而言，城市形象的定位在“生活品质之城”是明确和精准的。一座城市的形象只有具备了准确的内涵，才能让外人认可，形象才能得到深化。生

活品质之城，反映出老百姓生活于杭州，幸福于杭州，外来人来杭州也能感受到这样的品质和幸福，这就是“杭州印象”，明确而精准：美丽的自然风景、温馨的人文关怀、高效的政府服务、开放的创业环境、文明的杭州市民……等等，这些都能让每一个在杭州的人感受到、体会到，这就是城市的内在品质，是城市形象最基本的体现。

（三）杭州城市形象建设有待进一步做实

城市形象建设是一个动态的建构过程，其既要体现出连续性，更要体现出时代性。杭州的城市形象建设不能一直依靠那些自然的、过去的内容，而是必须建设实实在在的，能留得住人、留得住心的东西。西湖、灵隐寺去过一次，何以能吸引再来杭州？杭州城市形象建设有待进一步做实，做真，让每一个来过杭州的人愿意再来。就目前而言，杭州的城市形象建设也存在一定的问题，如在市民中存在严重的本地化思想、自我中心的文化观念等等……这些都是在做实城市形象过程中不能无视的阻碍因素，有待重视。

（四）杭州的城市形象国际化水平有待提升

“一带一路”重在开放、包容，在此背景下，杭州的城市形象建设最突出的问题就是国际化水平有待提升。首先从最能展现城市形象的旅游休闲来说，整体上杭州在旅游客源市场、产品服务、语言环境和资源品级的“国际化”方面存在较大差距；其次，在城市的硬件和软件环境方面，杭州缺乏港口、矿产、腹地等重要资源，城市基础设施、综合实力，包括国际交通与集散能力等方面明显存在不足，而“国际化”的技术标准、技术刚性引发了传统的管理方式、思维方式以及生产与生活方式等方面的变革，相应的城市管理与规范却显得“国际化”力度不足，从而引发许多社会问题；最后，国际化的市场滞后、创新能力不强。虽然杭州的市场化程度领先于国内许多城市，但民营经济既有市场灵活适应优势，也存在综合竞争力弱、抗风险力差等劣势，在成熟的市场机制、创新和引领市场需求方面，促进国际、国内两个市场的统筹融合方面，杭州还有很大差距。这些都体现出当前杭州的城市形象国际化水平有待提升。

三、“一带一路”背景下杭州城市形象建设的对策

（一）进一步提升杭州国际化水平

杭州城市形象的建设需要进一步提升国际化水平，在“一带一路”背景下借助“国际化”塑造“城市国际形象”，用国际化的眼光、国际化的动力去建设和强化杭州的城市形象。这里包括在硬件设施方面，国际化的交通集散能力，国际化的行业发展氛围等。“一带一路”提供了非常好的机会和平台，在开放的大前提下，广泛加强国际合作交流，在信息建设、产业发展交流、行业环境建设等方面进一步凸显杭州的国际化形象。同时，扩大区域发展合作，以杭州湾“大湾区”建设发展为契机，联合长三角各大城市，共享国际化发展资源优势，充分借力弥补自身发展存在的缺陷。

（二）打破地域文化壁垒，创建开放包容的文化氛围

城市形象建设一方面需要让生活在杭州的本地人认同和感受，另一方面也需要得到外界的认同和体会。因此，建设杭州形象，要打破地域文化的壁垒，强化建设杭州开放包容的文化氛围。如果一个城市的居民永远是处于排外的、不包容的状态，那么这座城市将会错失很多发展的机会。杭州历届政府已经在城市形象建设方面花费了巨大的时间、精力、经费，从构建整个城市形象的品牌核心，到提升城市的软实力、提升市民素质等各个层次内容进行城市形象的塑造，旨在创建一种开放包容的文化氛围，让杭州的城市形象更包容，这种包容不仅是对本地人的包容，对国内其他区域群体的包容，还有对整个

世界的包容，这正是“一带一路”战略所强调和倚重的，在未来进一步扩展和深化杭州城市建设的过程中，要时刻以包容开放的思想为指导，体系建设和文化氛围塑造，都将会更有效率。

（三）弘扬人文精神，塑造现代市民形象

提升市民素质和文明行为，将城市形象做实，让每一个来杭州的人都能感受到杭州的品质。这就需要以人文精神为引导，建设和培养现代杭州的新市民形象，正视杭州城市形象建设中存在的问题，从居民日常的工作生活，到城市形象细节的点点滴滴，不断进行城市品质的修炼。在此过程中，树立诚实守信、宽容和谐、勤奋务实、开拓创新的杭州“市民形象”，同时借助新闻媒体广泛宣传“杭州市民形象”，营造在全社会树“杭州市民形象”、做“新杭州人”的氛围，媒体宣传的手段和平台可对接“一带一路”系统，注重扩大整个杭州城市的国际影响力，这样不仅可使其城市形象更加深入人心，更能落地，还能让其形象的建设具有了人的灵性，更加丰富而充实，也更利于整个形象的传播和推广。

四、结论

“一带一路”是一个巨大的发展机遇，对经济、社会、文化等各个领域而言都有着广泛而深远的影响，而在城市建设方面，“一带一路”战略也可成为城市形象推广和建设的重要平台。杭州城市形象在G20之后迅速提升，主要是在国际化形象推广上有了更新的内涵，在这一前提下，杭州城市形象建设也打开了新的思路。一座城市，有着独特的文化底蕴，可以是独立的、封闭的，但相对而言，开放包容、面向世界的城市将会有更多的机会，更好的发展。因此，在“一带一路”战略背景下，杭州城市建设将遵循开放包容的基本思路，将城市形象做强做实，让杭州人感受得到，让八方来宾体会得到这座独特的城

市，不断提升杭州城市形象的影响力。

参考文献：

1. 陈跃、聂江、许君波等.“生活品质”与杭州城市形象的研究[J].中共杭州市委党校学报，2017(02)：12—15.
2. 高静娟.“一带一路”战略下提升广州城市品牌的思考[J].经济研究，2017(02)：63—67.
3. 李华君、张婉宁.G20期间杭州城市品牌符号体系建构——基于杭州城市形象宣传片的内容分析[J].品牌研究，2016(05)：81—89.
4. 方秀云.杭州城市形象与国际化问题的思考[J].中共杭州市委党校学报，2011(06)：83—86.
5. 刘嘉龙.论杭州休闲发展与城市国际形象的提升[J].湖北理工学院学报(人文社会科学版)，2015(05)：24—30.
6. 宁海林.杭州城市品牌论——兼论城市品牌定位[J].城市学刊，2016(09)：80—84.

18. 论城市的色彩营销战略

浙江传媒学院　陈冰馨　朱丽峰

摘要："城市色彩营销"是受启发于"色彩营销"理论下的运用分支"政府的色彩营销"概念。本文主要从"市场营销学"和"公共关系学"的角度，将城市作为主体，融合"色彩"与"城市"，对城市色彩营销进行研究，其中主要分析了城市形象建构中的色彩因子，探索城市运用色彩营销的基本思路。

关键词：城市营销　色彩营销　城市品牌传播　政府公关

随着城市竞争力的加剧，各个城市都在努力塑造自身的城市品牌和城市形象，希望能够展示城市的独特个性，从而吸引世界的关注。而在城市品牌营销的竞争中，色彩营销成为第一步，开启整个城市品牌建构的起点，已经引起各大城市管理者的注意，也成为各个城市规划师运用的基本手段。

一、色彩营销基本理论的产生与应用

（一）色彩营销理论的产生

色彩营销，是要研究和了解消费者心理，给商品恰当定位，然后给商品、包装、人员的服饰、环境装饰一直到购物袋等配以恰当的色彩，使商品成为：人—心—色彩—物质的统一体，将商品的思想传达给消费者，使营销事业省力化和高效化。这是现代企业不可缺少的营销过程。

色彩营销理论，最早出现在1980年代，是由美国的卡洛尔·杰克逊女士创办的COLOR ME BEAUTIFUL（简称MB）公司在企业的营销实践中提炼和总结出来的。20世纪末，“色彩应用”及“色彩营销”理论已被欧美及世界其他许多国家的企业，广泛运用到企业营销活动当中，并在激烈的市场竞争中战胜对手。在营销学上，美国营销界总结出著名的“7秒定律”，即消费者会在7秒内决定是否有购买商品的意愿。而在这短短7秒内，色彩为产品的信息传递增加了40%的读者，改善人们理解力的幅度达75%，同时对学习能力的提升也高达75%，这也就是1980年代出现的“色彩营销理论”最著名定律。

此前，为色彩营销理论奠定了研究基础的有：瑞士色彩学家约翰内斯·伊顿(Johannes Itten 1888—1961)。他用毕生的精力完成了专著《色彩艺术》，对颜色理论进行了较为完整的总结。伊顿提出“补色平衡理论”，对色彩艺术实践具有十分重要的指导意义。“无论是舞台环境色彩对人物的烘托和气氛的渲染，还是商品广告及陈列等等，巧妙地运用互补色构成，是提高艺术感染力的重要手段”，也因此突出了色彩在商业领域的重要。

当今，随着色彩营销的成功案例越来越多，在学术界也有越来越多的人关注该理论研究，但是由于该理论形成时间较短，加上本身也属于应用型实践科学，短期内在学术中未有太多的理论甚至学派发展。

（二）色彩营销理论传入中国

1998年，CMB公司唯一的华人色彩顾问于西蔓女士将“色彩营销”引入中国。她自1998年5月首次来北京后已多次向中国传播

“色彩季节理论”和“西蔓色彩工作室”。近年来，西蔓和她的公司主要在个人色彩形象、城市色彩规划、商业色彩营销方面做了大量工作。许多跨国企业如资生堂、微软、宝洁、IBM、爱立信、思科、纪梵希、范思哲、佳能；国内企业如联想等都邀请她做过企业咨询。“在她的影响和传播下，色彩营销理论得以在国内的汽车、电脑、手机、家具、房地产、家电等行业的企业营销活动中开始探索性的运用。”

同国外传播一样，一开始色彩营销理论只是被广泛运用到企业产品包装，部分企业将色彩运用到产品身上，随着品牌意识的增强，有意识地运用在品牌设计，甚至店铺布局当中，逐步形成自家的品牌风格。现在色彩营销在范围上越来越广，它突破了最初的个人诊断，更广泛运用到商品橱窗设计、商品陈列设计、产品及包装设计、企业品牌形象、广告宣传等方面。著名的例子如：法国著名时尚女鞋品牌“璀贝珂”（TIRIPEAK）在 2005 年正式进入中国市场，该公司将色彩营销合理地运用到了璀贝珂的营业销售、店面装潢、店内布局当中，形成了自己独特的风格。

随着色彩营销理论的发展与传播，色彩策略在企业营销活动中的运用越来越频繁，并将逐渐成为企业在激烈的市场竞争中获得更多优势的一个重要手段。

（三）色彩营销在企业营销中的运用

1. 产品的设计

同样的产品，可以因为颜色的不同带来需求的急速增长。色彩营销在产品上的例子颇多，2013 年 9 月 20 日，苹果手机发布 iPhone 5s 系列，被调侃为“土豪金”的香槟金色受到热捧，市场价格一度被抬高，顾客出价上万元也是一机难求。再如 2015 年，苹果手机新推出的“玫瑰金”火爆全球，尤其受到女性消费者的青睐，并使得“玫瑰金”这一金色偏粉的颜色家喻户晓。在“土豪金”“玫瑰金”之前，苹果手机 iPhone 5c 系列就曾推出 5 种颜色：红、蓝、黄、绿、白，掀起一股收集整套手机的购物浪潮。然而这也不是苹果公司第一次使用“色彩营销”。更早些时候，1999 年苹果公司独具慧眼，推出了一款彩色外壳的电脑，配合独特色彩的鼠标，半透明的材质，使得该款电脑一经上市就大获成功。

产品本身是带有色彩的，但是如何在人们的固有产品印象中创新，使消费者拿到产品后有焕然一新的独特感受，并从而在消费者心里留下产品固有印象，是色彩营销需要思考的角度之一。

产品的色彩营销，更加注重的是产品所延伸的个性被色彩诠释出来。其色彩既要与产品本身相关联，符合产品本身的第一感觉，也要独特有个性能“说话”。就像目前任何产品被冠以“土豪金”“玫瑰金”的名称，其话题度和点击量都会比同款其他颜色的产品更高。但是过多使用也会导致适得其反的效果，非但没有博得消费者好感，还惹得部分消费者衍生厌恶。

2. 品牌的塑造与传播

色彩营销在品牌建构、品牌塑造、品牌传播上，成就了很多品牌的个性特征。现有很多品牌在发展的过程中，都非常重视色彩的运用，这主要体现在以下几个方面：

第一，显而易见的品牌标识识别。任何一个行业大牌，提及其名字，在消费者心中便有一个关于该品牌的色彩印象，尤其在服饰及化妆品相关行业。如香奈儿的经典黑白洛可可风格，高跟鞋品牌 Christian louboutin 经典红底，白色的兰蔻，蓝色的法国化妆品品牌碧欧泉，还有黄色的柯达和绿色的富士、蓝色的饮料类企业百事可乐、黄色麦当劳，红色肯德基……众多的品牌，在消费者最直观的感受过程中，颜色成为最容易辨别的第一印象。

第二，色彩变化的品牌产品识别，尤其在其各种颜色的搭配和设计上。2013 年，New Balance 推出了色彩绚丽而功能性强的复古慢跑系列跑鞋,这双型号为574的复古跑鞋市场价格600元左右,属于该品牌的中低端价位,但其每隔一段时间推出新的颜色组合,令消费者保持了较持久的新鲜感。色彩迸发出的强大吸引力让部分消费者狂热爱好它,甚至他们以收集全部喜爱的产品颜色为目标。从此,使得这个美国第二大鞋业公司成功在中国等周边国家、地区爆红。"New Balance"的鞋子,产品本身设计改观不大,但是由于色彩的重新设计,让该品牌在目标市场火爆起来。这个例子即将品牌成功营销,同时也是一个属于色彩在产品内容上的运用佳例。因此,色彩在产品上的使用也最大程度上反映着品牌的个性特征和发展变化。

3. 企业文化的彰显

在企业中,企业形象策划又称CI策划,是企业经营理念MI,行为活动规范BI和视觉传达设计VI三位一体的综合体,是企业整体经营战略。其中,视觉识别系统VI包括企业标志、标准色、专用字体等[iv]。VI设计,重要的是要结合企业自身的文化特征——兼顾长期的发展、企业与企业之间在产品性质、行业地位、公司目标、领导人风格以及企业管理体制等各方面的差异性。总之,需要做到:企业的VI系统和企业独特的文化相吻合。

色彩是企业文化中视觉识别系统(VI)中的重要元素之一,贯穿"产品、品牌、企业文化"这三个从低到高的概念的每一部分。企业文化既体现在各种产品与各个品牌之中,也高度概括和浓缩着产品及品牌的被赋予的内涵和价值。色彩丰富多彩,但是万变不离其宗,做色彩营销需要从企业文化的根本出发,挑选合适的色彩,运用到本身的品牌产品识别以及相关活动的宣传识别当中。

体验了从产品到品牌再到企业文化三方面的"色彩"运用,不难联想到由商业领域发家的"色彩营销"也同样可以运用到国内外政府营销领域,尤其近年来政府营销以及相关城市营销理论正处于"热浪期"。借用此理论,将它用于城市的发展规划当中,将会更加有利于体现一座城市的独特形象。

二、城市营销理论及其色彩因子

（一）城市营销的概念

“城市营销”是指：城市通过规划、建设、完善制度和服务，向目标市场提供适应其需求的软、硬环境，以提高城市竞争力的管理过程。“城市营销”概念最早来源于西方“国家营销”理念。菲利普·科特勒在《国家营销》一书中指出：一个国家，也可以像一个企业那样用心经营。在他看来，国家其实是由消费者、制造商、供应商和分销商的实际行为结合而成的一个整体，并由此从“国家营销”衍生出“政府营销”“城市营销”。但是由于理论发展需要一定周期，目前有关“城市营销”还未形成十分完善的理论体系。

城市营销的实质是将城市作为兼具经济性和社会性的特殊企业，运用相对成熟的市场营销和战略管理的相关理论和方法帮助城市找到应对竞争的有效途径。城市营销的方向是对外，吸引其他城市的投资、旅游等。其重点是在对外的形象建设和传播上。

（二）城市识别系统的建构因子

目前，北京、上海、广州、深圳已经成为中国大陆地区的超一线城市，并在国际上享有一定知名度和美誉度。而其他新兴一线城市如成都、杭州、南京、武汉、天津、西安、重庆、青岛、沈阳、长沙、大连、厦门、无锡、福州、济南，也在国际上有不同程度的知名度。城市间的竞争不断加剧，要在城市的竞争当中脱颖而出，需要城市对外留下良好形象和口碑。城市营销相关策略必然会成为今后的热点和政府重要工作议程之一。随着国际交流的加强，各国之间建立友好城市往来，城市形象的建构与传播的重要性不言而喻，而城市品牌的竞争力，不仅体现在城市的设施上，更多地是建立在城市文化和城市形象的软实力的基础上。而城市色彩营销在这其中起到了首当其冲的重要作用。如在2010年的上海世博会中,中国馆以中国传统的中国红为主调,借助色彩的张力在视觉上给人们留下了最直接深刻的印象。

那么,城市形象建构中的哪些地方可以运用到色彩呢?城市营销中最重要的内容是城市识别系统体系的建构。城市识别系统,是详细展现一个城市精神风貌的重要表现方式。它属于城市形象传播战略执行的重要方面。每个城市结合自身的发展历史、文化沉淀以及发展规划,可以推出独特的City Identity,即:城市CI。

有学者认为,“城市识别系统包含内容很广,在企业CI战略基础之上,涵括城市形式形象识别系统——MI(理念识别)、VI(视觉识别)、BI(行为识别)、AI(听觉识别系统,audio identity)、EI(环境识别系统Environment Identity)以及OI(嗅觉识别系统,Olfaction Identity)”,另外有学者认为,一座城市,其城市品牌识别包括以下四个方面:城市产品识别、城市文化识别、城市象征识别、城市空间识别[vii]。综合部分学者的理论,本文认为一个城市的识别系统至少包含以下内容:城市形象识别、城市产品识别、城市文化识别、城市空间识别、城市活动识别等,具体如下图:

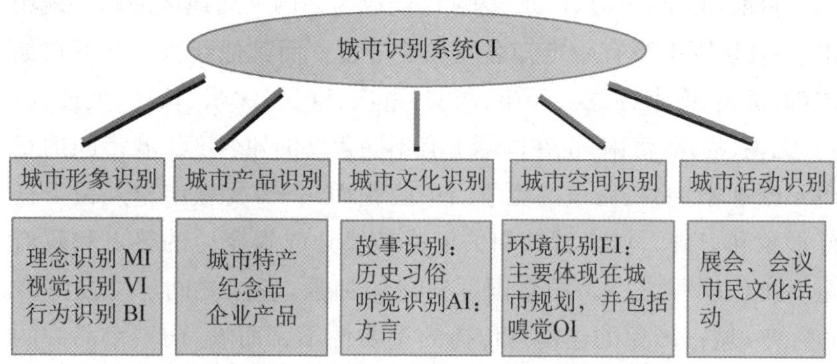

尽管城市识别系统将会是一个复杂庞大的系统，但是“色彩”始终是城市 VI 系统中的一个重要元素，可以体现在城市的市徽设计主色调、吉祥物、宣传画册、标志性建筑、街道指示物，甚至包括政府机关办公饰物、公务员的日常形象、城市道路上四季的花卉等方面。“视觉”的细节规划可以来统一“外化”城市的理念和精神[viii]。

（三）城市形象建构中的色彩运用

色彩是情感的表达，也是审美艺术的体现，不同的色彩拥有不一样的含义，通过色彩传递出的深刻含义更能在人们心中留下深刻印象。城市的色彩营销要做的就是将色彩如何最恰当地运用到城市识别系统当中去，或者如何在城市的色彩营销活动中将要传播的目标城市的识别系统更好地加以传播。

“城市营销”和“色彩营销”都是新鲜的名词，更不用说两者结合的“城市色彩营销”理论了。目前的国内外专家学者有一定的相关研究，但是都还未形成最完善的理论体系。不过，在全球范围内，也有一些国家的城市宣传上，有城市色彩营销的影子。

1. 城市形象识别

在中国南方城市当中，一想起苏州，它在我的脑海中便是一幅带有传统古韵的色彩“黑白灰”水墨画景色。苏州拥有深厚的文化底蕴，园林艺术、昆曲等等，目前又在打造现代工业园区，发展现代科技工业产业链。但是苏州“江南水乡”的传统城市形象不会随着其发展现代城市生活圈而有所改变。因为苏州政府，顺应本市“江南水乡”的形象特征，完整保留了老城区的建筑和街区。这也使得苏州的发展，既能迎合了本地居民的心愿，也能得到外地游客的青睐，更保留住了苏州独一无二的城市特点，区别于其他城市。

苏州城市外观一直保留着“黑白灰”古典水墨画的感觉。在城市的外墙和整体市容市貌的建设上面，也保留着南方城市原有的建筑特点，用色遵照“白墙黑瓦”标准。城市定位为“江南水乡代表城市，打造东方威尼斯”等。不过其市徽采用红蓝色主色调加白色。在市徽的设计上并未能十分体现江南水乡风韵。

2. 城市产品识别

城市产品识别包括城市文化与旅游产品、城市投资产品与城市生态类产品[ix]。每个城市有代表性企业及本土产品。要充分利用这些知名产品，联合进行城市色彩营销。城市产品识别可以从以下两个方面着手：第一，城市特色产品本身的宣传；第二，利用 VI 元素，将产品进行包装。

以成都来说，成都的区域文化产品有：“蜀绣”“川剧脸谱”“美食”“熊猫”等。每一个来成都旅游或者参加会议、出差的外地人，都会购买一些特产回家馈赠亲朋好友。最具代表的成都特色，当属全球独一无二的古蜀文化体现在物件上的，有三国名人诸葛亮的孔明扇子、刘备草鞋；三千年刺绣手艺——“蜀绣”；独特的“成都口味美食”以及“熊猫故乡与熊猫有关的周边产品”。馈赠，是全世界人民日常生活中习以为常的习惯。如果利用色彩给予美食一些特色，如红辣辣的成都火锅底料变成五彩的，黑白熊猫穿上彩色外衣，利用城市的这些特有产品开展活动，是否可以吸引更多的目光？

产品识别在企业上最常用的手段就是在产品的包装上刻上企业的品牌 logo。在城市产品上面，无论是区域特产（城市旅游文化产品）还是城市著名企业产品，城市生态产品，都代表着这个城市的形象，政府既要严格监管质量，又要与企业、市民携手合作，采用较为统一的视觉识别系统，还应该尽可能定期更新“不同色彩组合”的视觉设计元素。

3. 城市文化识别

城市文化识别包括城市历史价值、文化优势或特色。好的城市形象离不开一座城市本身的文化。重庆属于山城，当地人饮食习惯多辣，这也是一座长江沿岸的码头城市，在城市市民的骨子里带有山城和码头的文化烙印。重庆人勤劳、耿直、重情重义。在他们身上体现的色彩就是火辣辣的“红色”。如：重庆地标建筑之一的“千厮门大桥”其桥身本身也是红色；著名景点之一“洪崖洞”到了晚上挂满红色灯笼也是一番红火姿态；重庆的市徽设计也是红橙搭配。这些外在的视觉元素上，重庆市有意或者无意地使用了与本身气质相同的基础色彩。

在推广城市文化识别中，特别要提及的是重庆文化在影视作品当中的表现。近年来，在重庆取景或者将重庆作为影视剧背景城市的影片也大大增加了重庆的曝光度。有：《火锅英雄》《从你的全世界路过》《既然青春留不住》《失孤》《疯狂的石头》《日照重庆》《重庆森林》等。这些电影大多文艺气息浓厚，也因此重庆在对外形象上有着文艺山城的标签。然而这些文艺作品当中重庆的城市形象还不够立体，城市色彩元素在各影视作品当中亦没有统一的表达。

4. 城市空间识别

城市空间识别则表现在城市总体特征、地区或全球意义上的空间。巴黎是国际时尚都市，在全球享有盛誉，其城市标识以城市最著名的景点——埃菲尔铁塔作为主体，经色彩鲜艳的漆垢进行抽象处理，既强调了城市传统的一面，又充满着后现代主义的奇思妙想；将这种城市的传统与现代、时尚与浪漫展现得淋漓尽致。

巴黎的色彩：19 世纪六七十年代，法国色彩学家让·菲利普·朗克洛率先提出了色彩地理学的概念。巴黎城市规划部门首次对巴黎城市色彩进行了规划和调整，今天的巴黎的米黄色基调就是形成于那个时期。巴黎老城区主要是以有着上千年历史的各个时期的老建筑为主。在色彩规划与建设上，无论是历史古迹还是普通民宅，在城市色彩规划部门的统一指导下，除个别现代建筑物，如埃菲尔铁塔、蓬皮杜中心等外，建筑墙体基本是由亮丽而高雅的奶酪色系粉刷，而建筑物的屋顶以及埃菲尔铁塔等则主要是由深灰色涂饰。为此，奶酪色系与深灰色系就成了巴黎的标志色彩[x]。

5. 城市活动识别

城市活动属于城市行为，属于城市识别系统中的活动识别。城市活动在当今越来越受到市民的欢迎，以后的城市活动发展思路可以是借助“色彩营销”开展活动、突出创意性，从而吸引更多社会关注度。城市活动包括范围很广，可以是民间自主的集体活动，也可以是政府主导下的展会、论坛、竞赛等各行各业活动。

全球城市中，最具代表性的城市活动是巴西狂欢节活动；而最负盛名的当属里约热内卢的狂欢节。该市狂欢节以其参加桑巴舞大赛演员人数之多，服装之华丽，持续时间之长，场面之壮观堪称世界之最。该项城市活动也为当地经济带来巨大效益。里约热内卢市政府2017年1月发表公报，预计今年狂欢节将接待大约150万游客，参加狂欢节的本地居民和游客总数将达到500万人，总收入将达30亿雷亚尔[xi]。狂欢节具有浓厚当地特色，该市继承了当地文化的精髓，并有较强的组织举办能力，还能在每年的狂欢节“花车”游行环节展现新意。这种依托原有城市文化进行传承开发的优势，令该城市的活动既能长期发展下去，也能区别于其他城市的文化活动，有着明显的城市烙印。

三、城市运用色彩营销的思路探析

基于上文理论，本文认为城市色彩营销思路可以为：将城市“基础色彩”、城市基础色相关的某年某段时间选定的特殊色彩，运用到城市产品识别中的文化与旅游产品、城市投资产品、城市生态产品本身及其包装上，进行专属“色彩产品”的销售；并将同一套色彩元素在城市的规划与空间设计上使用，打造独特“色彩空间”，再结合城市文化识别中的城市独特文化，加工城市的视觉形象、象征性建筑或者景观，开展相应的城市“色彩活动”。

（一）准确定位城市“基础色彩”

中国城市众多，但是真正找到自己城市特色色彩的城市太少了。城市品牌营销中要准确定位基础色，给予整个城市准确的独特的识别色彩。如时装行业每年都会有年度标准色的发布，2017年为“草木绿”，通过色彩的定位，带给消费者新鲜感和时尚感。看起来时装行业的基本色彩每年都在变化，但是在“红橙黄绿青蓝紫”色谱上，各个新名词的颜色出现不过是对色谱当中的参数进行了增减。所以，色彩本身是万变不离其宗的。其传播的价值还在于融入一定的城市文化和意义。因此，定位基础色，不仅要选好颜色，还要给颜色一个价值诠释。现代社会，城市在宣传上一定是有色彩地传播，图像信息给人的印象是深刻的，也能被最广泛的人群接收。一座城市，尤其本身的文化内涵，是深入到城市居民的骨髓当中的，同时也反映在每一个个体身上。在色彩营销当中，用色彩来概括这种文化特点。简而言之，颜色不是颜色，或者不仅仅是颜色，而是一种文化的象征。如浙江卫视，以蓝色为基调，命名卫视为“中国蓝TV”，形成一种蓝色文化。“蓝”取自描写江南风光的诗句“春来江水绿如蓝”，是江南文化品质的本色；蓝色也代表着“蓝海”，象征着浙江卫视差异化的竞争策略；此外，地球上最大面积是蓝色的，象征着生生不息、波澜壮阔和放眼天下，也说明了“中国蓝”是一种具有包容性、开放性的充满活力的文化。

色彩既可以是简单的也能是复杂的，如：红色。在色彩传播上，我们对“红”进行具体而又特殊的颜色意义附加，则有：正红、粉红、牡丹红、桃红、珊瑚红、印度红、褐红等等，使得原本简单的颜色一下子有了更丰富的内涵。

如果能更清晰地在色彩盘中找到属于城市的独特红，那么它的传播价值一定是非凡的。如国外的：波尔多红（波尔多是法国西南的一个港口城市）、柏林蓝（柏林是德国——最大的城市）。“波尔多红”和“柏林蓝”进行传播的时候，其关联的城市就会被附带出去，从而达到一定的传播效果，可能一个人不知道波尔多这个城市在哪，但他知道有一种颜色是“波尔多红”；可能一个人没有去过柏林，但是他使用过“柏林蓝”的某种物品。中国本身有“中国红”的概念，“中国红”也越来越吸引着国外游客到中国旅游、学习、生活、投资等。同样道理，将这种色彩运用到中国城市上，那么不会使一些中国的城市得到更广泛的传播吗？目前中国大陆的很多城市都没有找准自己的基本色，就算找到了，也没能在城市建设上投入使用，在宣传设计上也只是有表面的做法，而未深入到细节，如城市外墙、道路景观等的运用上。

（二）生产城市专属的“色彩产品”

每座中国城市，在其源远的历史长河中，都积淀下大量的文化产品，只需要改变这些“城市产品”的包装色彩或者加进专属的设计色彩元素，可能达到更好的效果、取得更广泛的关注。色彩外观改变的方式很多，可以一直使用倾心于某一固定色彩，可以几种色彩组合使用，亦可以推出每年的城市色彩，在这一整年中都适用这种元素。

此外，一座城市的旅游及会展活动传播，往往会有大量的旅游产品及会展产品：将带有城市独特含义的色彩运用到旅游及会展纪念品周边产品上，既可以增加产品的独特属性赋予更独特的纪念意义，亦可以对城市进行传播，并且随着旅游行业甚至会展行业的发展，未来城市纪念品等周边产业链有着更巨大的市场空间。

政府亦可以在重要城市纪念日推出纪念品套装。采用最具色彩纪念意义的颜色，赋予其特定含义，在政府间的城市交往中馈赠给友好城市、来访国际客人等。

（三）打造城市特色的“色彩空间”

政府成立城市规划局，一方面需要在规划城市建设上便有色彩营销的理念，另一方面政府加强色彩宣传，大力提高人们对色彩的鉴赏力。城市色彩营销的成功还依靠于政府各个部门的大力协助，城市商业和人们的共同建设。

城市建筑设计师，把色彩运用在建筑上，从而在外在的形象上，使城市达到和谐美的享受，是打造“色彩空间”的第一步。第二步，合理规划城市布局，城市的形成一般呈同心圆状、网格状、放射状或者沿河岸分布的长条形城市等等，在城市的空间布局上既综合考虑大局，亦根据各区块的地理位置建造城市地标。城市地标的设计方案上尽可能使用丰富的色彩，绚丽多彩的颜色总能给人活泼的愉悦感，专属的色彩更能勾起民众心中具有“意义”的特殊情怀。

（四）开展城市“色彩活动”

提升城市品牌形象的关键在于公众能有较大的认同感，直接参与活动会更加真实地将个人与活动组织联系起来，增强了解。开展城市色彩活动，一方面可以引进外来的活动，如彩色跑；另一方面可以自发组织市民广泛参与城市活动，如西班牙瓦伦西亚地区的布尼奥尔小镇（也译为布诺尔镇），在每年 8 月的最后一个星期三举行“西红柿节”。红色西红柿大战中，恰巧因为红色醒目，也易于将视频及照片得到更好的关注及传播。这些活动是更易得到年轻人喜爱的，针对不对年龄群体，可以有区分地设计。如老年人，更适合开展踏青、赏花、听戏等活动。

此外，色彩传播并非强调完全创新，可以利用将要举办的大型活动以及每年的常规活动，利用色彩进行包装传播。城市本身有的体育节、休闲文化节等活动，增加部分环节及色彩视觉区的装饰，如：从场地布置、宣传物料设计、新闻图片推送、纪念品设计到工作人员的服饰等，只需利用色彩包装一番，往往能达到更好地传播。

城市色彩活动把内容做好、细节做到位之后，更需要的是通过借助直接或间接参与活动的大众、媒体、投资商传播出去，从而形成良好的城市口碑。整合营销传播的特点是强调从消费者（公众）沟通的本质意义上展开营销活动，主张将广告、公关、促销、直销等工具，甚至一切接触方式合成一体，发挥协同功能，传达清晰一致的声音，从而使传播效果最大化。城市的色彩营销不仅仅是一门市场营销学，也融合了传播学、公共关系学、公共管理学和心理学等多方面，需要融合各领域特色，进行整合营销传播。活动传播渠道整合如下——分为以下 11 个方向[xii]：

（1）城市文本：包括城市建筑、城市景观、城市街区；

（2）媒体：电视、电台、网络、杂志、户外媒体、电影电视剧等；

（3）公关：新闻发布会、软性宣传、危机公关；

（4）城市节庆事件：博览会、商贸活动、体育活动、展览等；

（5）城市外交：姊妹城市外交活动，城市领馆；

（6）旅游与商业：消费购物、旅游景点；

（7）市长：发言稿；

（8）组合代言：娱乐明星、消费者、动漫形象；

（9）行政系统：会议、宣传活动、管理行为；

（10）网站：微博、微信客户端等；

（11）广告：产品品牌、形象广告。

值得提醒的是，城市活动背后是安保措施等方面的全面策划，一场活动的举办需要大量人力、物力、财力，城市应该在确保安全可行的大前提下，考虑色彩营销，进行创新。

四、杭州城市色彩营销的思路探析

杭州是中国的七大古都之一，现为浙江省省会，全国 15 个副省级城市之一，被国家列为全国历史文化名城和重点风景旅游城市。杭州市地处东南沿海的长江三角洲南翼，杭州湾西端，钱塘江下游，京杭大运河南端，是长江三角洲重要中心城市和中国东南部交通枢纽。

G20 峰会之后，杭州市于 2017 年 2 月 24 日提出全新城市定位：加快建设“独特韵味别样精彩世界名城”。杭州向来有“人间天堂”的美誉，在城市的发展过程中也不断在更新自己的定位。此前，杭州曾提出的城市定位有：“天堂硅谷”“游在杭州，学在杭州，住在杭州，创业在杭州”“国际旅游城市”“东方休闲之都”。

1. 建立城市色彩元素库，完善城市 VI 系统

建立城市色彩元素库，完善城市 VI 系统，是城市色彩营销的基础。杭州市城市视觉识别系统中，市标基础色——绿色，其市标设计“杭”独具特色。在城市形象接触点的外观视觉管理上，可以看到城市道路栏杆、城市公交以及机场、火车站、动车站、汽车站、码头等多处随时可见城市市标，这是目前比较成功的地方。为了保持市民的新鲜感，杭州还可以在此基础之上，创建一个杭州色彩库，收集与杭州城市故事有关的色彩元素绘制成色卡，用于日后城市纪念品发行或者城市活动备用。

杭州市标

2. 打造城市色彩产品，建立城市色彩联想

（1）文化旅游活动及其产品：以旅游会展业产品为主

杭州市区有名的城市旅游景点有：西湖景区、西溪湿地、宋城、南宋御街、河坊街等，其中西湖最具盛名。西湖一年四季景色优美，不同季节又有不一样的风光。可以借助西湖场地开展城市活动。展开景点色彩营销、销售周边产品。

杭州代表性的大型城市活动有：民间民俗“花朝节”、西湖荷花节、西湖桂花节、杭州西湖国际博览会、杭州休闲博览会、动漫节等。举办过最具代表性的大型国际活动：2016 年 G20 峰会，接着 2022 年亚运会也将在杭州举行。G20 与亚运会属于国际重大活动，这两项活动的举办将为杭州带来更多的商业投资和旅游收入。2022 年亚运会召开之前及开展年可以充分利用亚运会吉祥物进行宣传，提升城市形象。

（2）休闲文化产品：宣传“西湖绿”城市休闲文化

杭州特产：“龙井茶”。利用杭州“龙井”联合场地“西湖”，打造城市品牌“绿”文化。主推“龙井绿”这一标志色彩，以茶为切入点，再将杭州休闲之都的城市品牌和定位深入推广。而在宣传上，要重视不同渠道的全方位覆盖。

（3）影视文化产品：进行文化软植入

一方面，重新拍摄城市宣传片，在影视色调方面，突出城市的主题色彩——绿色；在主题上，借鉴成都之前的想象宣传片《一座来了就不想走的城市》，独特而又有新意；另一方面主动为部分优秀影视作品选择合适场地，发掘城市文化与影视中的契合点，将杭州市的“绿色休闲”理念进行文化的软植入，如重庆火辣色彩及黑白色调近年在文艺电影行业的受宠。

（4）城市生态类产品：杭州西溪湿地品牌维护

西溪国家湿地公园是一个集城市湿地、农耕湿地、文化湿地于一

体的国家湿地公园。2009 年 11 月 03 日，被列入国际重要湿地名录。是杭州市又一具有生态绿色意义的生态基地。西溪“慢文化”及其生态农产品可以加大力度进行推广。

3. 建造城市“色彩空间”，强化城市色彩概念

城市“色彩空间”的建造，一方面可以体现在未来城市建筑上；另一方面，体现在城市的街头文化打造上(包括城市地铁通道)。色彩空间可大可小，既指室外空间也指室内空间，既要追求城市大空间的和谐美，也要保证城市小空间的精致独特。

在城市未来建筑建设方面，最需要做的是城市建筑设计师要有“色彩营销的理念”并将色彩应用在设计上。杭州目前的地标性建筑有：三潭印月、六和塔、雷峰塔、杭州东站、西湖文化广场、杭州环球中心、杭州市民中心、国际会展中心、黄龙体育中心、杭州大剧院等。这些建筑在国内外的知名度还不算高，也因为还有待加强其在设计上的创新性突破。大的建筑修建不是三五日能完成的事情，需要长期的策划和实施。所以，城市大建筑的改观是长远发展要注意的方面。

目前且在短期内能做的是，在小的街头文化(包括城市地铁通道)打造上下功夫。丰富街头文化的工程既可以较快完成，也能给市民最直观的视觉体验。如：在不影响行人的人行道路口，设计各种形状玩转色彩的小型雕塑；在国内越来越火热的地铁文化中打造缤纷地铁墙。

五、结束语

城市的色彩营销不仅依靠政府各个部门的大力协助、城市规划部门的技术提高，而且还依靠于城市商业和城市市民的共同建设。比如：城市建筑设计师们把色彩运用在建筑上，从而在外在的城建形象上，让人有和谐美的享受。政府通过公益性建筑配合城市建筑

师，让公益性建筑与商业楼房达到一种和谐的美感，从而在整体上、布局上，给人一种愉快温馨的美的感受。无论从道路规划、住房建筑、公益性设施、公益性建筑、城市附属设施上，如何构成一幅赏心悦目的美图，这还是有赖于城市设计师的职责履行。虽然城市营销、色彩营销、国家营销等这些概念还有待明确，理论体系也很不成熟。但我相信“城市色彩营销”将会随着“城市营销”的发展引起更多的注意，也会越来越被城市治理者所需要。

参考文献：

1. 陈章旺．百货业实施色彩营销策略研究[J]．福州大学学报(哲学社会科学版)，2008(03)：22—27.
2. 曹雨．浅谈色彩营销[J]．中国商界(下半月)，2008(06)：235.
3. 李莎莎．重庆城市形象营销[D]．重庆大学，2009.
4. 吕尚彬、兰霞、钱广贵、谢湖伟等．《中国城市形象定位与传播策略实战解析》．北京：红旗出版社，2012.
5. 经济视点报记者刘慧、梁勇．营销的“色彩革命”[N]．经济视点报，2006－01－19(009).
6. 搜狐财经 http：//business.sohu.com/20120217/n334998251.shtml.
7. 曾强．我国城市营销策略研究[J]．山西高等学校社会科学学报，2008，20(07)：54—56.

19. 从"匠人营城"看杭州城市文化形象塑造

中国计量大学　金　颖　范天宁

摘要：本文通过对古人的"匠人营国"基本理念及形成背景的初步探讨，提出今人的"匠人营城"理念及其与城市文化形象概念、内涵的关联性，剖析匠人营城对城市文化形象塑造的影响，以期提升城市的内涵和品味，凸显城市的个性和魅力，塑造独具匠心的杭州城市文化形象。

关键词：匠人营城　城市文化形象　杭州

一、引言

众所周知，文化对人类社会延续的重要性，对城市而言也是如此。"在当今时代，文化越来越成为民族凝聚力和创造力的重要源泉、越来越成为综合国力竞争的重要因素。"[1] 在当下城市间的竞争不再是规模竞争、经济竞争，而是转向了城市文化、城市居民生活品质等方面的竞争，而其根本则是城市形象竞争，每一座城市的发展都蕴含自身悠久的历史及深厚的文化底蕴，独具风韵的城市文化能够提升城市的内涵和品味，凸显城市的个性和魅力，塑造独具匠心的城市文化形象。

早在2007年,杭州市委市政府明确提出要将杭州打造成“生活品质之城”的目标。杭州这一历史文化之城,创新活力之城,东方品质之城近些年又着力打造全国文化创意中心,近期又提出到2020年把杭州建成具有较高全球知名度的国际城市。对于一座城市而言,要求其不仅要具有国际化城市的共性,同时也要展现出现代城市的文化特性。在城市形象建设的整体布局中,城市文化形象建设是城市形象建设重要组成部分之一。当前“一带一路”战略的提出也是以丝绸之路、丝绸文化为历史根据,因而挖掘历史文化中值得挖掘的部分,为杭州城市文化形象塑造提供一些有益的思路。

二、“匠人营城”与城市文化形象

“匠人营国”一词出自战国时期的《周礼·考工记》。“匠人营国,方九里,旁三门。国中九经九纬,经涂九轨。”人们认为成书于春秋战国之际的《周礼·考工记》记述了关于周代王城建设的空间布局。《中国古代城市规划史》认为:“《匠人》一节载有营国制度,系统地记述了周人城邑建设体制、规划制度及具体营建制度。”“匠人营国”一词里的“国”意指周代王城,那时的国大概就是一座城,城就代表了一国的领地。因而笔者认为同样也可以以“匠人营城”来表述这一理念。

吴良镛先生指出:《考工记》所描述的只是“理想的原则”;是一种“理想城”;是当时城市规划理想的一个概括。可以说城市规划设计其实就包含了人们创造美好世界的意愿,社会理想和价值观对古代城市规划及建设也产生了深远的影响。在古代西方,我们可以找到很多理想城的概念与空间模式,同样古代中国的“匠人营城”也具有“理想城”性质,它是特定社会背景下人们对城市与社会的一种理想安排。但是这里所指的“匠人营城”并不完全等同于西方的“理想城”,其中最显著的差别就在于匠人营城有着深刻的中华文化背景,诸如宇宙观念、礼制思想等等。因而笔者启用"匠人营城"一词表示古代匠人们运用自身关于城市的理想规划及美好设想产生的对城市的整体形象的设置及营造,从中可看出我国古代匠人具有的有关城市形象塑造的理念,并对当今的城市文化形象塑造产生了一定的影响。

城市形象是城市长期积淀起来的社会公众对它的稳定印象和整体评价,也可以简单概括为城市总体的特征和风格。城市文化是城市形象的内核,是城市具有鲜明特点的决定性因素,是城市标志性的内在价值。从文化的角度解读城市形象,凸显了城市形象中文化重要性,克服了城市形象的经济指向性弱点,代表了一种全面可持续城市发展的理念。可以说城市文化形象是一个城市的历史文脉、蕴含的文化精神、核心价值理念、独特文化标志和鲜明气质特色的集中展示与体现,是城市主体对各种城市文化要素,经过长期综合发展所形成的一种潜在直观地反映和评价。城市文化形象是决定城市品位的外在显性标识,它就像城市的"身份证""名片",比较直观地呈现着城市的文化信息。

对一座城市而言,文化可以说是这座城市的根和魂,是这座城市的历史文脉、地理风貌及群体生存状态的反映,也是一定地域人们深层诉求的潜在表达。塑造城市文化形象对提升城市品位、优化城市功能、提高城市知名度和美誉度、促进城市经济社会发展等都具有十分重大的意义。

三、"匠人营城"塑造杭州城市文化形象

作为中国"七大古都"之一的杭州,素有"上有天堂,下有苏杭"的美誉,并且杭州人文古迹众多,西湖及其周边存有大量的自然及人文景观遗迹。杭州是吴越文化的发源地之一,历史文化积淀深厚。其中代表性的有良渚文化、丝绸文化、茶文化及运河文化等。从 2016

年 G20 峰会到 2022 年的杭州亚运会，无疑是杭州向世界展示自己的大好机会，而如何寄出这张文化“名片”就显得尤为重要。

城市文化形象作为人们对一城市的主要识别因素，其内涵主要体现在物质文化、行为文化和精神文化三个层面。而“匠人营城”中蕴含的工匠产品、匠人行为及工匠精神也在三个层面上对杭州城市文化形象的塑造产生了自身的影响。

（一）塑造独具匠心的杭州城市物质文化

第一层是塑造物质文化层面上，城市景观、建筑、特色产品等，由人创造出来，是城市民众物质财富的积累，体现着城市特有文化形象。诸如杭州西湖体现出的江南名城的温婉；北京紫禁城体现出的六朝古都的庄严。西湖作为世界物质文化遗产，它的历史与文化价值继承了自唐代以来历代文人对其的认知，西湖的治水工程也是经历了数代工匠的悉心疏浚，直到近年西湖的造湖工程仍在继续，“西湖西进”为西湖带来了新的生机。运河也是从隋朝以来到现今改造与提升，遵从了城市风貌的历史基因，最大限度地保留了运河杭州段的文化景观和信息，使之形成一个传承有序，有迹可循，生生不息的文化生态。杭州之所以成为“双遗”城市与城市建造者即历任工匠们为之付出的心血是分不开的。在物质文化层面，工匠所建设的城市景观、工程甚至其所打造的工艺品也都是城市特有物质文化的体现。如杭州的西湖龙井茶、张小泉剪刀、王星记扇子等，既是工匠所打造出的具有地域识别功能的产品，同时也是杭州独具匠心的城市文化在物质层面的展示。

（二）塑造礼让躬行的杭州城市行为文化

第二层是塑造行为文化层面上，一个城市的形象不仅仅存在于高楼大厦之间，还存在于市民与企业之中。市民不但是城市文化的主体，也是城市文化的分享者，更是城市文化形象塑造过程中的重要参与者。民众行为在城市生活中的集中体现，蕴含着城市特有的文化内涵，表现为城市特有的行为文化特征。市民的素质体现、生活行为举止同样映射出一座城市的形象，对于城市文化形象有着深远的影响。诸如杭州全城呼吁的“车让人”的社会现象，整体表现出一座城市特有的“礼让文化”。“礼让”杭州活动实施至今，受到了在杭群众及全国其他城市的关注与好评，人民日报曾发表署名文章：《“礼让”杭州》，文中提及：“因为文明，天堂杭州有了更深层次的美！”杭州历来有礼仪之邦的美名，“匠人营城”体现的创造美好世界的意愿、社会理想和价值观，其中蕴含的希望社会大同，礼制和谐的境界也同样在杭州市民行为中得到了体现。

企业在城市中也占有着重要的社会地位，企业形象作为城市构建的重要组成部分，也是城市的窗口，直接影响广大民众对城市的认识和评价。杭州作为浙江省的省会城市，是“浙商”群体云集之志，也是众多新兴民营企业乃至世界名企的总部所在地，同时杭州还是不少中华老字号企业的发源地，比如胡庆余堂制药厂、张小泉剪刀厂、王星记扇厂等等。这些老字号、老企业经历初创的艰辛、苦难中的辉煌、改革的阵痛，逐渐成为一个地区、一个行业的地标，深深铭刻在杭州城市的发展历程中，融入市民的日常生活中。2016 年 G20 峰会在杭州召开，杭州企业在世界舞台上展示杭州魅力，展现名企风范。这些企业在长期的生产经营活动中，沿袭和继承了中华民族优秀的文化传统，具有鲜明的地域文化特征，还有就是始终执著坚守，亲历躬行。执著坚守与亲历躬行也使得阿里巴巴这样的本土企业由原来小小的翻译社一直发展为如今举世瞩目的全球知名企业。工匠行为在一定层面上讲是工匠在技艺传承中对技艺的延续与创新的实践，是历经失败最终达到成功的磨砺。同时也是城市行为文化在这一类人身上的缩影，体现了城市行为文化整体的发展趋势，而企业行为文化的发展正是不畏艰辛、励志革新的工匠行为的再现。增强企业行为形象塑造同时也有利于带动城市形象的提升,提升城市的信誉度和美誉度。

(三)塑造兼容并蓄的杭州城市精神文化

第三层是塑造精神文化层面,精神文化是城市文化的一种升华,是城市文化形象所体现出的最高境界,集中表现在城市民众整体文化素养及其对城市文化的整体认可度。“匠人营城”体现古代匠人们身上所具有的“工匠精神”,简言之即工匠们对设计独具匠心、对质量精益求精、对技艺不断改进、为制作不遗余力地理想精神追求。“工匠精神”更广泛地是指凝结在所有人身上所具有的,制作或工作中追求精益求精的态度与品质。

“匠人营城”中蕴含的工匠精神是经过几代手艺人对手工技艺精益求精追求过程中良好精神与品质的凝集,是延续手工技艺传承的中坚力量,同时也是城市精神文化的重要组成要素之一。从工匠精神与城市文化的联系出发,我们可以清晰地看出工匠精神对城市文化形象塑造所形成的影响。工匠精神是工匠在手工艺制作过程中智慧与技艺的凝结,是精工细作的工匠态度、执着坚守的工匠意识,同时也是创新进取的革新精神。这些凝练的意志品质将引领城市各个阶层、各个团体的人士,不断完善个人素养、提升个体能力,“撸起袖子加油干”,为杭州城市文化形象的建设贡献自己的一份力量。

吴越文化构筑了杭州城市文化的底蕴;南宋的皇朝文化促进了杭州地域文化间的融合;明清的市井文化将诸多杭州老字号推向世人的眼前,催生了大批优秀的“浙商”群体,也为杭州城市文化的推广提供了新的介质。2016 年杭州 G20 峰会圆满落幕,向世界展示了中国文化的博大精深,同时也向世人展现了杭州城市精神文化的包容与开放。“还湖于民”“礼让行人”等杭州现象映射出杭州市民的风貌，对市民的日常行为也起到了规范和示范的作用，一个城市价值观念、城市精神凝聚以及法律法规中所体现的城市文化形象，体现了城市文化形象的境界和城市文化的本质特性。

杭州作为长三角经济区的中心城市之一，以其经济的高速发展吸引着亚洲乃至全球的同类城市聚焦于此。其文化的深厚积淀也定会成为未来文化事业发展的基础与方向，而如今杭州将自身定位于未来的“东方文化交流之都”，则定将会引起杭州城市文化形象新一轮的传播。[xiv]

三、结语

城市文化形象的塑造其最终目的在于带动城市形象的对外传播，城市作为一个主体，其本身是无声的，“发声”的在于城中的人、在于城中的人的行为及体现的精神境界，从而展现出的良好的城市文化形象。良好的城市形象正是在此基础上得以传承与发展。城市在不断地发展，城市的功能分区也在不断地优化，在此基础上，需要我们未雨绸缪，在城市变革发展的大背景下，依托城市自身优势提早规划可持续性城市文化形象传播策略，从自古就有的匠人营城理念及行为特质上丰富和提升城市文化形象内涵，从而为城市文化形象塑造提供有益借鉴；促进城市政治、经济、文化的全面发展，最终提升城市的综合竞争实力。

参考文献：

1. 徐艺霏.“匠人营国”——浅谈台湾社会的“匠人精神”[J].江苏商论，2016(26)：184—185.
2. 李小霞.试论城市品牌与城市形象塑造[J].沈阳大学学报，2008，20(05)：53—56.
3. 武延海、戴吾三.“匠人营国”的基本精神与形成背景初探[J].城市历史研究，2005，29(02)：52—58.

4. 李广斌、王勇、袁中金. 城市特色与城市形象塑造[J]. 城市规划，2006，30(02)：79—82.

5. 吴齐. 城市文化定位和塑造城市形象的思考[J]. 沈阳农业大学，2009，11(01)：48—51.

6. 崔丽莎. 城市文化在城市品牌形象塑造中的价值探究[J]. 城市形象研究，2017(04)：77—78.

20. 杭州城市品牌形象公关传播的启示

浙江传媒学院　张天宇

摘要：随着城市化进程的不断加快，城市形象已经成为一个城市发展的软实力。城市未来的发展已经逐渐趋向品牌化，品牌对于一座城市的发展越来越重要。公共关系作为一门塑造形象与传播管理的新兴学科在一定程度上对于城市品牌形象的传播具有推动作用。本文拟从公共关系的角度出发，分析杭州城市品牌形象的公关传播为其他城市形象塑造带来的启示。

关键词：杭州　城市品牌形象　公关传播

城市形象是城市展现给公众的综合性物质和文化印象，树立良好的城市形象能够提升城市的知名度和美誉度，从而获得公众的支持和认可。城市品牌的建设在一定程度上可以促进城市形象的形成和公众记忆。在一定程度上，城市品牌形象的建设也是国家形象的表现。

杭州在传播城市形象的过程中积极运用公共关系理念和策略，使得杭州城市品牌形象获得广泛的传播。通过对杭州城市品牌形象的传播经验进行总结，为其他城市如何利用公关策略传播城市品牌形象提供了借鉴意义。

一、做好城市形象定位，强化公众内心认知

美国营销学家杰克·特劳特对定位做了这样的解释：定位是你在潜在顾客的心智上下功夫。也就是把产品定位在你未来潜在顾客心中。通过对某一产品、组织等进行定位，使得产品或组织在公众心目中形成特定的印象，从而无法被其他产品、组织所取代[1]。

定位的清晰化、准确化可以在一定程度上强化公众对城市的认知，从而更好地促进城市品牌形象的传播。

（一）城市形象定位清晰化

一个城市的发展离不开她对自己的不断完善，和对自己的准确定位，城市品牌形象定位在一定程度上推动了整座城市的发展。

城市形象的定位就是为了塑造某座城市独特的自然、人文环境，以避免与其他城市定位雷同。纵观各个城市的形象定位，可以发现很多城市的定位雷同，例如："休闲之都""宜居城市""浪漫之都""魅力之都"等等，没有城市自己的特色，因此对城市进行定位从而区别于其他的城市势在必行。

以杭州为例，杭州在前期的城市品牌宣传中，没有综合地考虑城市内涵，只是将单项优势作为标签进行宣传，造成定位的模糊，2006年，杭州政府进行征集和商讨，对杭州城市品牌进行了一个全方位、系统地规划，最后将杭州定位为"东方休闲之都、生活品质之城"，此定位既能体现杭州的内在文化底蕴也能展现她的外在品质魅力，全方位概括和体现了杭州的整体优势。杭州在历史发展中，不断地对自己进行定位、重新定位、再定位，直到能准确地凸显出杭州城市的内涵和特色。

因此，在对城市进行形象传播的过程中，必须要清晰、准确地对城市加以分析，全方位把握整个城市的定位，对城市形象做出系统

的、科学的、符合城市文化特色的定位。

（二）城市品牌内涵多元化

城市如人一般，有着自己独特的性格和气质，城市品牌内涵则是一座城市内在气质的体现，将城市品牌内涵由单一转为多元是城市形象传播的内在需求。

杭州品牌形象的内涵也经历过由单一到多元的转变过程。杭州城市品牌推广初期单纯的以旅游资源作为品牌将其进行推广，西湖成了这一时期杭州城市形象的代名词。伴随着城市功能、经济、基础设施的不断完善，品牌内涵的不断丰富，知名度的不断提升，杭州这座以秀丽景色与繁华都市共存的“人间天堂”形象逐渐深入人心。2001 年至今，杭州品牌形象经过全新打磨培育，将单纯依靠旅游资源传播城市形象转向由经济、文化等各项特色资源与旅游资源相结合的方式，打造更具魅力、更多元的城市品牌形象。

对于一座城市来说，文化是与生俱来的，但对于文化的挖掘和传承需要城市对此下功夫。一座城市，她必须具有自身独特的文化底蕴和历史传承，这样才能形成城市独有的气质。当然，城市的交通、建筑等基础设施以及城市环境等等同样能在内涵上体现一座城市的品牌形象。最后，拥有一个属于自己城市的品牌，无论是产业品牌、旅游品牌还是产品标签也好，只要提及相关品牌信息就能瞬间联想到某座城市，这就是属于这座城市的名片和标签。

（三）增强公众对城市认知

公众对一座城市的内心认知在一定程度上决定了城市未来的发展，城市品牌形象的传播需要在公众心智上下功夫，突破公众心智便能推动城市发展。

城市形象定位要体现一个城市的独特内涵和特色，让公众全面了解城市内涵，在公众心目中形成共鸣，从而增加对公众的吸引力，促进城市形象的传播。

因此，城市形象的定位要从它的历史文化、人文内涵、外在感觉等各个方面出发，挖掘城市历史发展至今的与众不同的特色，以及城市独特的精神内涵，从而在公众心目中塑造一个独一无二的城市形象。

二、策划公关专题活动，加强城市对外传播

城市可以通过开展各项公共关系活动提升城市影响力和知名度，比如赞助活动、庆典活动、展览会等等公共关系专题活动，等等。当然，通过策划大型的国际公关活动，不仅推动城市内部发展，同时也推动了城市的对外传播。

（一）策划公关活动，传播城市形象

策划利用公关活动，在一定程度上推动了城市形象的传播。杭州通过在各大网站发布城市宣传片《大杭州》，“以规划构筑品质生活”为思路，体现出“杭州品质生活城”这一核心理念。张艺谋执导的《印象西湖》大型实景演出，更是将杭州的古老传说、西湖自然风光淋漓尽致地展现出来，从而在公众心目中形成特定的杭州城市形象。

每年 11 月份在杭州举行的国际马拉松赛，引来国内外公众的关注和参与。通过举办大型体育赛事让国内外公众认识杭州、了解杭州。

一年一度的展览会更是推广杭州城市形象的绝佳公关活动。例如：中国国际动漫节、西湖国际博览会、国际丝绸博览会等等，充分利用各行业的展会推动杭州城市品牌形象的传播。

正是通过这些公共关系专题活动，进一步提升了杭州城市的影响力和公众认知度。当前，对于大多数城市来说，在传播城市形象的

过程中没有利用有效的传播手段和策略，从而导致了大多数城市在传播城市形象过程中存在问题。因此，城市在传播品牌形象的过程中需要充分策划和利用各大公关活动，推动城市品牌形象的传播。

（二）开展国际活动，加强对外宣传

一个城市的整体形象在一定程度上反映了一个国家的形象，因此加强城市的对外传播，有利于对外传播良好国家形象。

对于我国大部分城市来说，被国外人知晓的无非就是北上广深这些经济发达的大城市以及一些极具历史文化古韵的城市，如西安、南京等。可以说国内的大部分城市都是不被国外人知晓的。对于城市形象的传播来说，不仅是让国内公众了解认知某座城市，更重要的是让国际公众知晓并且喜欢上某座城市。城市形象的对外传播不仅是提升城市的知名度美誉度，同时也增强了整个国家的软实力，提升了国家的美誉度和认知度。

如何加强对外传播，需要城市与各大国内外媒体合作，策划并开展各项国际活动。杭州在对外传播中便积极利用了各项优势资源，开展了各项国际活动，如，中国国际动漫节、西湖国际博览会、国际丝绸博览会、杭州茶博会等等，各项国际活动的开展在一定程度上推动了杭州的国际传播，特别是 2016 年的 G20 峰会，宣传片的制作播出、大型歌舞文化展示、各种美食的呈现，更是让国际友人领略了杭州的风采和特色，让杭州走向了世界，让杭州的品牌形象深入人心。

因此，一个城市品牌形象的对外传播要善于利用重大事件，借势宣传，也要善于利用优势资源，善于与各大媒体平台合作，适时地策划具有针对性的国际活动，让城市形象深入人心，从而加快城市的发展，推动城市形象的对外传播。

三、加强媒体互通交流，建立危机预警体系

传播城市形象，光靠自己内在发展也是不够了，需要与各类媒体加强联系，通过各类媒体对城市的报道达到传播城市形象的目的。但是，随着媒体的不断进步和发展，一些危机事件也会被报道、被关注、被公众知晓，因此，在与媒体加强联系的同时也要建立危机预警体系，防止危机的发生。

（一）加强媒体互通，传播城市形象

与传统媒体、新兴媒体建立良好的互动联系，有利于更好地推广城市品牌形象。一般情况下城市在发展过程中善于利用媒体资源，不仅可以及时掌握城市的主要发展动向、目标和成果，同时也大力推广了城市品牌形象。

杭州通过与新华社等媒体合作，制作了《中国杭州》等宣传画册和宣传片，建设了杭州旅游品牌形象推广网站，并通过相关的报纸杂志电台等媒介对杭州的旅游、交通等信息进行广泛的宣传。

例如：浙江卫视的大型真人秀节目《奔跑吧兄弟》、东方卫视真人秀节目《极限挑战》等都在节目中直接将杭州某个景点、区域作为某一期的推介对象，在进行娱乐游戏的同时推广了杭州城市形象。电影《非诚勿扰》，通过贺岁档电影的展映，让观众领略了杭州西湖、西溪湿地等景点以及杭州的美食等。并且，电影中的“西溪，且留下”这句台词已经成为西溪响亮的广告词，大大带动了西溪旅游业的发展。

在新兴媒体不断发展并与传统媒体不断融合之时，利用传统媒体传播城市形象之余，充分利用微信、微博等新兴媒体平台举办与城市形象相关的各类活动，鼓励公众参与微信的各项活动之中，让公众不断加深对城市的品牌形象认知，并有针对性地发布微信广告，向公

众推送关于城市的各类信息，不断提升城市品牌形象的知名度和美誉度。

（二）建立危机预警，从容应对危机

随着媒介技术的不断发展，各类危机事件都会通过媒介进行传播并被公众知晓。对于一个城市来说，哪怕一个小小的危机事件都会大大损坏城市的形象。因此，及时、准确、有效地处理城市危机是维护城市形象的一个重要方面。

对于城市危机来说，一般以软危机为主，而软危机的出现往往会损害城市的美誉度和认知度，这时候就需要利用公共关系来解决这些软危机。危机本身不可怕，可怕的是无法直面危机和不作为。

在城市危机将临之时，城市系统要有一套自己的对付软危机事件的预案和管理办法，事先建立危机防范体系和处理措施，不能仅仅局限于危机爆发时才采取被动的应对措施，更重要的是在危机出现之前就完善好监控和管理体系。在危机来临时，就能从容应对危机，做好新闻发布、争取公众原谅、修补城市形象。

四、总结

城市形象作为城市的软实力，是促进城市发展的重要部分。树立良好的城市形象可以增加城市的知名度、美誉度、认知度，并推动城市的发展和进步。

公共关系对城市品牌形象推广的作用毋庸置疑，城市作为主体需要有效运用公共关系手段来提升城市品牌形象的知名度和美誉度。杭州在推广城市品牌形象过程中积极运用各项公关宣传手段，确定了正确的城市定位，以及启动“女子十二乐坊”作为形象传播大使，对杭州的城市品牌形象进行了强有力的传播。

综合来看，对城市品牌形象的传播需要长期、持续、系统化地进

行,循序渐进,逐渐将城市品牌形象推向国内外。

参考文献:

1. [美]艾·里斯　杰克·特劳特.定位[M].北京:中国财政经济出版社,2002.
2. 谢婧.城市形象国际公共关系管理研究——以杭州为例[D],浙江大学硕士学位.2009.
3. 孙贺.公共关系视角下的城市形象构建与传播[D].北京林业大学硕士学位.2012.
4. 陆林、朱申莲、刘曼曼.杭州城市旅游品牌的演化机理及优化[J].地理研究,2013(03).
5. 谢婧.杭州城市品牌国际公关策略[J].公关世界.2014(07).

21. 从《大学》之道的自律与感化谈城市形象建设

——以杭州公交车礼让行人为例

中国计量大学　金大伟

摘要：传统文化对社会不良风气的修正除了强调法律的他律作用，亦重视教化、感化形成的自律作用。孔子曾言："道之以德，齐之以礼，有耻且格"，一旦自律意识形成并发挥作用，其行为的稳定性、长久性、影响力，比法律的硬性规范，具有更大的优势。在儒家学说中，特别强调"潜移默化"的作用，即"感化"，于无形中影响并改变他人的思想，从而修正行为，进而影响整个社会的风气，使之更为和谐。在卓越公共关系理论中，亦强调应当"把每个人看作是创新的来源"，杭州公交车礼让行人，行人从被礼让的过程中，是否会受到影响，继而在自身的行为中，去礼让他人，这是很有启发性的一个问题，也是面对当前种种不良的社会风气时，可以用来借鉴的一个案例。笔者拟结合儒家学说与此案例，尝试进行一些分析和探索，希望优秀的传统文化，在今日今时，也可以发光发热，真正为人类提供正确的精神指引。

关键词：礼让　传统文化　自律　《大学》

一、传统文化的转化、创新与激活

2016年5月17日习近平总书记在哲学社会科学工作座谈会上的讲话中说道："要加强对中华优秀传统文化的挖掘和阐发，使中华民族最基本的文化基因与当代文化相适应、与现代社会相协调，把跨越时空、超越国界、富有永恒魅力、具有当代价值的文化精神弘扬起来。要推动中华文明创造性转化、创新性发展，激活其生命力，让中华文明同各国人民创造的多彩文明一道，为人类提供正确精神指引。要围绕我国和世界发展面临的重大问题，着力提出能够体现中国立场、中国智慧、中国价值的理念、主张、方案。"

笔者认为这段讲话的核心，应该在于让中国以及世界重新认识中国传统文化中最有价值的那个部分，在认识之余，对它产生学习的愿望。在学习之后，将它应用于实践生活当中，并且在实践中产生良好的效果，以此来证明中国优秀传统文化的真正价值所在。

而国际名城的打造，不仅仅是物质层面，还应包括精神层面。因为物质层面只会对人对感官产生较为强烈的刺激，而精神层面却可以给人留下更为久远的愉悦的心灵的享受。

对于杭州而言，国际名城的打造已经持续了多年，并获得了不错的效果，不仅国人对于杭州有了更为深刻的了解，杭州在海外的知名度，也随着G20的成功顺利举办，达到了一个前所未有的高度。这是多年来政府与民众共同努力的结果。

不过，虽然杭州在国际化方面成效卓著，但是国际化本身是一条没有尽头的道路，只有不断地完善自我，不断地提升自我，才可以在这条路上走得越稳、越快、越好。

为此，正如习近平总书记所言："让中华文明同各国人民创造的多彩文明一道，为人类提供正确精神指引。"在打造国际名城的时候，也应当把中华文明一同熔铸进去，随着杭州知名度的提升，吸引更多的国内外民众欣赏杭州独特的物质文明的同时，也无形中受到精神文明的感化，为全世界人类文明的共同进步，做出独有的、令人称赞的、也让自己满意的贡献。

二、《大学》之道的自律与感化

中国优秀的传统文化，随着历史的变迁，也渐渐归分于儒、释、道三家。南怀瑾先生曾经对这三种文化做了一个很好的比喻，他说："佛学像百货店，里面百货杂陈，样样俱全，有钱有时间，就可去逛逛。逛了买东西也可，不买东西也可，根本不去逛也可以，但是社会需要它。道家则像药店，不生病可以不去，生了病则非去不可。生病就好比变乱时期，要想拨乱反正，就非研究道家不可。道家思想，包括了兵家、纵横家的思想，乃至天文、地理、医药等等无所不包，所以一个国家民族生病，非去这个药店不可。儒家的孔孟思想则是粮食店，是天天要吃的，'五四运动'的时候，药店不打，百货店也不打，偏要把粮食店打倒。打倒了粮食店，我们中国人不吃饭，只吃洋面包，这是我们不习惯的，吃久了胃会出毛病的。"

从这个比喻中，不难发现，儒家这个粮食店是我们传统文化中非常重要的一个组成部分，从古至今，影响深远，直至今天，儒家所提倡的"仁义礼智信"仍然是维系人与人、人与社会、人与自然的难以逾越的准则。因此在塑造城市形象，提高国际知名度的时候，提倡并实践这些道德的准则，才可以使得"名"更加的厚实、更加的有韵味，更加的意味深长。

儒家的文化传承依赖于儒家的经典著作，如四书五经，其中既有孔子本人的口述记录，如《论语》，也有孔子的弟子如曾子、子思、孟子等人的著述，如《大学》《中庸》《孟子》等。至于后世对于儒家经典的解读，其著作更是汗牛充栋，数量繁多。笔者限于能力所及，难以一一翻阅研究，仅就自己所读《大学》的一点感悟，并结合杭州国际化的现实，期望如习总书记所言，“推动中华文明创造性转化、创新性发展，激活其生命力”，古为今用，借用古人的智慧，结合当今的时势，试做分析，以期能对今人今世有微末助益。

《大学》是孔子门人曾子所著，是其本人对孔子心法的研究心得，曾子本人从历史的记载中，是一个勤学修习孔子心法也就是儒家文化的弟子，《大学》一书后被列为四书之一，成为科举时代士子必读书目之一，所以曾子的思想对后世的影响颇深，我们所熟知的“格物致知”即此书的要点之一。

之所以选择《大学》，亦因此书中提到“治国”，亦言及“平天下”，治国平天下，与此次论坛的主题世界名城建设，实属一事。天下，即世界各国，平天下，即世界各国能够互帮互助，和谐发展。治国，即治中国，其中城市建设，正是国家建设中的重要一环，而城市形象建设，又是城市建设的重要目标。

治国、平天下是《大学》中“外用”的终极归处，曾子对如何做到此目标，从儒家文化的观点，进行了深入细致的分析，治国平天下，是结果，而产生这个结果的原因，《大学》中对此有极为精妙的论述，这正是我们可以借鉴的地方。

《大学》对治国平天下的原因，有这样的记载：

“古之欲明明德于天下者，先治其国；欲治其国者，先齐其家；欲齐其家者，先修其身；欲修其身者，先正其心；欲正其心者，先诚其意；欲诚其意者，先致其知。致知在格物。物格而后知至，知至而后意诚，意诚而后心正，心正而后身修，身修而后家齐，家齐而后国治，国治而后天下平。自天子以至于庶人，壹是皆以修身为本。”

上面这段文字，提到了八个要点，即平天下、治国、齐家、修身、正心、诚意、致知、格物，也就是古人称之为“八目”的内容。从文字的表述上，前后衔接，环环相扣，因果明晰，治国要有成效之前，还需经过六个阶段，即“齐家、修身、正心、诚意、致知、格物”，而最初始的阶段是“格物”。

曾子对此前后因果逻辑关系，下了一个定论，即：“其本乱，而末治者否矣。其所厚者薄，而其所薄者厚，未之有也。”何为本？何为末？从上表述中，一目了然，格物即位本，平天下即位末，本末不可倒置，因果不可颠倒，格物如果没有真正做好，那么平天下也就是空中楼阁，可望而不可及。

但在格物致知之前，曾子在《大学》中还有一段非常重要的心得报告：“知止而后有定，定而后能静，静而后能安，安而后能虑，虑而后能得。物有本末，事有终始。知所先后，则近道矣。”这是曾子对提升自我心性修养的精华所在，并将心性修养的步骤分为前后七个步骤，即知、止、定、静、安、虑、得。

三、自律与感化在城市形象建设中的作用

国际名城的打造，并非一蹴而就之事，知名度有两个维度的考量，即“名”的好与坏，还有“名”保持时间的长与短，所以国际名城，既要博得美名、善名，也要让这样的名声能够持久不衰，而真正能够做到名满天下且名垂千古，必须要做到“名实相符”才可以。那么何为“实”呢？犹如市场上口碑好的商品，必然是物美价廉，且又符合民众需求。一座城市的口碑要好，同样也是如此，但不是物美价廉，而是让生活在这个城市的民众，有身心愉悦的感受，如此这般，其“美名”才能长久，其“善名”才可远播；而善名的远播，必须是实实在在落到民众生活当中去的，民众是能够从中获益的，同时社会风气也就是大部分民众的思想和行为也在“善”的范围之内，如此展现出来的社会风貌，必然是“诚于中”而“形于外”，其效果应是名实相符；联系到杭州公交车礼让行人这一社会现象，正是善的一种体现，因为其不仅体现了礼让自省的精神，而且其感化的作用，也对社会风气有着正面积极的影响。

杭州公交车礼让行人，有趣的社会现象，也是一种明显的礼让行为，怎么“明显”呢？因为见过只有一人准备过马路，公交车也会停驶，或者行人踟蹰不前，犹豫不决，公交车不是趁机快速通过，而是仍会等待或者提示行人可过马路（笔者有一次走斑马线过马路，只有笔者一个行人，恰逢一辆公交车驶来，本以为不会为我一个行人停驶，但是那辆公交车竟然停了下来，让我先过。我对此一经历印象特别深刻）。此外，公交车一旦停下来等待行人通过，路过的私家车也不得不停下来，或者主动停下来，这种较为“明显”的礼让，与笔者在其他城市之所见，确实有些不同之处。因此，对于政府而言，“将你的立场变成群众思考的一部分，以潜移默化、邀请群众共同参与的方式，不要一面倒地说教、威胁[xvii]”，这与《大学》中的道理不谋而合。

此外在网络上，对于杭州公交车这种高调礼让行人的行为，亦有诸多讨论，笔者亦曾见过某城市，一辆公交车对着一个推着三轮车的老年妇女狂按喇叭，催促其快走，而这种情况，在杭州并不多见，所以网络上一种有趣的现象就是不少网友建议其所在地学习和模仿杭州公交车的这一行为。

关于杭州公交车礼让行为的影响机制试分析如下：

此一行为的宗旨与目的在于引导与影响更多道路的行驶车辆在遇到行人过马路时，能够予以礼让，从而一方面减少交通事故的发生，另一方面更为重要的是，使得礼让的精神不仅仅存在于道路之上，而且呈现于生活的其他方面，比如诸多的公共场所，使得整个社会的秩序更为稳定，社会风气更为和谐，人与人之间的紧张关系得以缓和。

公交车是公共服务部门，即政府所管理，所以此一行为是由政府主动发起的，而“政府与个体公众的公共关系，在城市主要是办好社会公用事业”，其原因在于由政府主导，其执行力远胜于民间，对于相关的指导政策，也可以更为贯彻执行，使得公平“礼让”这一行为更能实现。第二，虽然公共服务呈现方式多种多样，但选择公交车作为礼让的载体和实验对象，是因为公交车在民众的生活中更为“眼熟能详”，是民众生活中常见并且不可缺少的一种交通工具，既然与民众的生活联系如此紧密，因此其礼让的行为，也必然在民众中会更为普遍地展现，因此其影响力也更为广大。

至于其影响力，可以从两个维度予以考量。一个是行人的角度，另外一个是私家车的角度。从行人的角度而言，公交车礼让的行为，会使得行人从中受益，既然受益，就会对此行为产生认可，既然能够认可，就会受其影响，影响其思想和行为，如果行人中间有人驾驶私家车，遇到类似的情况，可能就会模仿公交车的礼让行为，那么这种感而化之的效果就呈现出来了，这就是“有耻且格”“大家都能自动自发，如果做错了，有那惭愧的心情，这样做到人人有耻，不敢做不道德的事情，不要等到法律的制裁，自己就很难过。”（来杭州几年，笔者就是公交车礼让行人的受益者之一。受其影响，遇到行人过马路，笔者亦曾主动停驶让行人先过，而不是一脚油门逼行人让道。）

而从私家车的角度而言，如果遇到公交车停驶礼让行人，一般情况下，也会选择停驶，因为若继续行驶，那么就可能会撞到过马路的行人，发生交通事故（笔者初来杭州之时，对杭州公交车礼让行人之事并不了解，有一次公交车停下来让行人先过，笔者却径直开过去，差点撞到过路的行人，之后遇到此状况，不敢再造次）。此外，行为的产生，也是习惯的力量，如果类似的情形发生多次，对于私家车而言，可能在没有公交车停驶的情况下，也会自动停驶，如此则形成良好的礼让习惯，这也是一种感而化之效果的呈现。从社会心理学的角度而言，“人们的利他行为与当时的情境有关。如果人们看到别人都在做好事，为人民服务，就更能激发自己也去做好事”。

总之，杭州公交车礼让的行为，其感化的效果是存在的，行人是从中受益的，私家车从中受到良好的影响，对于来杭的民众而言，这一感受也是深刻的，所以杭州世界名城的建设中，这一做法必定是非常精彩的一笔。

儒家的学问特别注重内省之道，《大学》为孔子的学生曾子所作，曾子在《论语》中有一句名言："吾日三省吾身，为人谋而不忠乎，与友交而不信乎？传不习乎？"可见曾子把内省之道作为修身养性的一个极为重要的手段。而自省与自律又密不可分，如果对自己的言行不能够自我反省，则不知道何为对错何为是非？只有知道了是非对错，才能够防非止恶，使得人性的真善美的一面发扬光大，就是《大学》中所说的"止于至善"，同时将人性中自私、丑陋、邪恶的一面消除摒灭，这整个的行为就是自律的表现。所以说自律的前提是要自省，而自省的前提是要有正确的价值观。

《大学》中所说的"知止"、"格物"就是自省自律，所知者，即为通过自省而知道自身言行的是非对错，所止者即是改正错误，防止再犯；格物，即是格除物欲，格除言行中错误、自私自利的心理和行为。在杭州礼让公交车行为的案例中，确实可以一窥儒家这种"心法"的应用。

其实能让就是能止，能止有多种原因，或者是政策的规定，或者是奖惩等制度，或者是真有"礼让"行人的真心，无论是哪一种原因，产生的行为就是"止"。能让者，即是让利，而行人从中获利。道路之上，车辆比行人更加"强势"，以强凌弱是一种不良的社会风气，一声喇叭，一脚油门，长驱而过不让行人的驾驶现象在生活中并不少见，而这种驾驶习惯并不有利于道路安全，对过马路的行人而言，更具有伤害性，杭州公交车能够礼让，对于行人而言，所展示出来的就是一种"自律"的表现，杭州公交车礼让行人，礼让就是格物，所格之物就是"抢先"的心，所谓抢先就是"争利"，所以"礼让"就是"让利"，特别是这种行为脱离了政策的指导，真正成为自身的自觉行为时，其自律的意义更为真实。除此以外，受到这种行为影响的其他私家车驾驶员，在潜移默化中，如前文所言，思想一旦认同，行为自然产生，自律自然表现于外。而认同，就是一种态度，“态度并非行为，而行为以态度作为内在动力。”

杭州公交车礼让行人的现象，与儒家自省自律的修身养性之道有不少共同之处，不过其中意义更大者，当是格物之后的齐家治国平天下的效果。通过公家车这种礼让的行为，去影响更多人参与到道路“礼让”的行为中去，又或者将礼让的精神，扩大到社会生活中的其他方面，真正从无形中扭转种种不良的社会风气，其作用就不仅仅限于那一小部分获益的过马路的行人了。

综上所述，杭州若要成为世界名城，不仅物质层面需要提升，在精神文明方面更需要提升。而精神文明的提升，不能仅仅依靠法规等他律的手段，更应该想办法从自律的角度找到行之有效的做法。而杭州公交车礼让行人的做法，是实现自律的一种可以借鉴的方式，因为这种方式是无形中通过感化的途径改变他人的想法，进而改变他人的行为，当一种行为真正出于内心的自觉与自律时，这种行为才具有稳定性和长远性，而这种内心的自觉、自律、自省，恰恰与儒家的学问之道不谋而合，从格物致知开始，就是自我的内省，到齐家治国平天下，就是通过自身学问道德的不断提升，影响改变社会风气向着和谐和真善美的方向发展，这是一种潜移默化的作用，润物细无声，而强制性的他律，虽然在短时间内也可以起到一定的效果，但是公众难以做到长久的“心服”，只是“口服”罢了，因此总会去寻找法律法规等空隙，伺而钻之，如果自律的方式发挥效用，不仅口服，也会心服，因为内心会有认同感，而认同感一旦建立，就会自觉地修正自己的思想，从而调整自己的行为，杭州公交车礼让行人的案例，提供给我们一个心的角度，去思考政府和公众的关系，从中或许可以找到一条长治久安的道路，不亦乐乎？

参考文献：

1. [美]詹姆斯・格鲁尼格等著.卓越公共关系与传播管理[M].北京大学出版社,2008.
2. 南怀瑾.论语别裁[M].复旦大学出版社,2006.
3. [美]菲利普・莱斯礼.公关圣经[M].汕头大学出版社,2004(03)：85.
4. 胡锐主编.现代公共关系原理[M].杭州：浙江大学出版社,2004(11)：220.
5. 秦启文主编.公共关系心理学[M].北京：北京师范大学出版社,2017.
6. 蒋楠主编.公共关系学原理[M].北京：科学出版社(第2版),2016：99.

22. 论公共关系组织形象中知名度和美誉度的关系

浙江传媒学院　马志强

一、衡量组织形象的两个指标——知名度和美誉度

知名度和美誉度是形象的两个核心要素。所谓知名度就是公众对组织知晓的程度，所谓美誉度就是公众对组织的赞美程度。简单地说，这两个要素就是要回答两个方面的内容：一是知道与否，一是好坏与否。知名度和美誉度是评价组织形象的两个主轴，通过对两个主轴的评价和分析，可以量化组织形象，得出组织形象的好与坏的评价结果。由知名度可以引申出知晓组织的什么，知道组织的哪些方面？又可以据此得出知名度的评价指标。美誉度可以引申出喜欢什么，喜欢哪些方面？又可以据此得出美誉度的评价指标。

形象良好，表现为其知名度和美誉度同时较高；反之，其知名度或美誉度则低。我国形象评价的大量实践告诉我们，知名度和美誉度有时具有不平衡性，知名度较高的组织有时其形象较差，而有些美誉度较高的组织其知名度也不够高。这种不平衡性说明了塑造形象的必要性。良好的形象就是组织的无形资产，可以转化为组织的有形财富。一个良好的组织形象并不完全是自然天成的，也不是单靠埋头苦干干出来的，天上不会掉馅饼，守株待兔或“只埋头拉车，不抬

头看道”都不可能塑造出一个组织高大端正的形象。在市场经济的今天，一个组织要想迅速发展，提高组织的竞争力，扩大组织的优势，那就必须设法改善组织形象，设法提高组织的知名度和美誉度，使其在形象战略上占据主动。

从传播学的角度来说，组织形象最初是以人际传播为主要手段，它以人的口耳相传为主要媒介，以人的亲身感受为根据，以人的印象为评价标准。人们对一个特定组织，总会要亲身感受一番，总会要有一个自身的感受，也总会把这种感受告诉给别人，从而也就有了对一个组织的形象评价。现代传播技术的改进，传播方式的专业化，组织形象的传播开始使用大众传媒手段，利用大众传媒手段传播组织形象。大众传媒手段可以迅速提升组织的知名度和美誉度，提升组织的竞争力，当然传媒手段也可能迅速“毁坏”组织形象，让组织形象的美誉度一夜之间损失殆尽。组织利用媒体可以传播自己的形象，媒体也给组织传达着公众对组织的评价。

知名度和美誉度具有以下四种关系：

知名度高，美誉度高；

知名度高，美誉度低；

知名度低，美誉度高；

知名度低，美誉度低。

知名度和美誉度的这四种关系既是组织形象的现状说明，也是组织的知名度和美誉度的态势说明，也是组织开展公共关系前必须要做的调研分析。只有对组织的公共关系状态有了较为详细的估计，才有可能对下一步开展公共关系工作有较好的把握。

（一）知名度高，美誉度高

对一个组织来说，知名度和美誉度都较好是最理想的状态。组织开展公共关系的最终目的就是追求高知名度和高美誉度。如果组织形象达到这个状态，当然是最好了。但在现实中，组织形象处于这种状态的并不多见，任何一个组织或个人，其知名度和美誉度不可能都能达到顶点。除了极个别组织其形象可以达到相对理想的状态外，更多的组织其形象是达不到理想状态的。一般来说，组织形象的高知名度和高美誉度总是相对的。一些组织可能在一些行业或区域内其知名度和美誉度很高，但换个行业或区域，其知名度和美誉度也许就一文不名。

案例：高知名度和高美誉度是相对的

对国内高校来说，北京大学、清华大学是我国最著名的两所高校了，国内考生以能上这两所高校而自豪。但放在世界范围内，两所高校的知名度和美誉度就不那么高了。哈佛大学是世界上最著名的高校，很多世界高校的排行榜上哈佛大学都是世界第一。可把哈佛大学放在我国国内很多企业和农村，可能成千上万的人对其也一无所知。爱尔兰的圣三一学院是世界著名的大学，但在我国的知名度就不太高。

美国是世界上最著名的国家，世界上的很多事情离开美国就办不成。但美国的国家形象一直不太好，其美誉度一直受到挑战，在一些国家经常受到质疑。瑞士是世界上最富裕的国家，人民安康，生活安定，但它在世界上的知名度和影响力就是比不上美国和俄罗斯。

同时做到知名度和美誉度很高是很难的。

（二）知名度高，美誉度低

对一个组织来说，知名度高，美誉度低，美誉度和其知名程度相差过大，是很不好的。尤其是知名度甚高而美誉度甚低时，就有点“臭名昭著”的感觉了。处于这种状态下的组织形象是不光彩的。组织一定要扭转这种尴尬状况。危机事件的发生，短期内就会导致组织的公共关系状态出现这种局面。

组织处于这种状态，对组织的发展和壮大都很不利。一般来说，处于这种状态的组织，其形象由于某一负面事件的影响已经被媒体曝光得沸沸扬扬，知名度虽高，而形象已经被破坏或“毁容”，其美誉度在公众心中已经打折，组织日常工作由于负面形象的影响而不能正常开展，被舆论诱导的公众对组织形象已经产生抵制，甚至拒绝。这种状态下，组织开展公共关系工作会有较大的困难。组织这时要做的是尽快扭转在公众中的形象，让公众去再次相信自己，理解自己。但大家都知道，让别人知道自己很容易，让别人理解自己很难。这对一个组织来说也是如此。

一般来说，一个正常经营的组织其知名度不可能达到100%，而美誉度是零。如果真是这状态，那这个组织肯定是死定了。例如三鹿奶粉就是一个活生生的例子。当组织的知名度较高，而美誉度较差时，组织应当下大力气进行公共关系，去开展一系列提升组织美誉度的公共关系工作。

案例：家乐福和沃尔玛现今应有的公关策略

家乐福和沃尔玛两家超市是世界上最著名的两家零售商。但2011年春节两家超市的中国分店因在国内欺诈顾客而被国家发改委点名通报，并处以罚款。“欺诈门”事件严重降低了两家超市的美誉度，而其知名度随着被点名和罚款却是大大上升。这种以负面影响得到的高知名度是不太光彩的。现在两家超市最要紧的工作就是提高诚信，尽快挽回在公众中的负面影响，稳定忠诚公众，化解逆意公众，争取边缘公众，迅速提升美誉度，为今后恢复形象做好公共关系的铺垫。

（三）知名度低，美誉度高

知名度低，美誉度高。组织处于这种状态是最该开展公共关系工作的，也是比较容易进行公共关系的。相比之下，提升知名度要比提升美誉度容易。处于这种状态下的组织,可以选择机遇和机会,开展一次以提高知名度为主的公共关系,扩大知名度。

案例:香格里拉县今后应有的公共关系

由于组织的性质不同,对公共关系的开展肯定会有不同侧重。

例如云南的香格里拉县,在当地政府的治理下,空气质量良好,绝少污染,青山绿水,高山大川,蓝天白云,风景优美,五谷丰登,社会治安良好,风土人情绝美,很适宜居住,藏族人民在此安居乐业,其乐陶陶。但由于其远离大城市,交通不便,和内地交流不甚多,虽美誉度甚好,但其知名度往往不被国人普遍所知,或虽知但了解甚少,国内很多公众根本不知道香格里拉是个县,更不知道香格里拉在云南,只以为香格里拉是个酒店的名字。这种局面制约了其进一步发展的持久力。对香格里拉县来说,其最主要的工作就是开展提高知名度的公共关系,用公共关系大力提高县域形象,为开展旅游业和吸引人才打好基础,增强进一步可持续发展的持久力。

(四) 知名度低,美誉度也低

知名度低,美誉度也低。其实知名度和美誉度都不太高的组织是最多的,成千上万的组织多是处于这种状态。这种状态下的组织,虽然现在也明白开展公共关系的重要,也急于开展公共关系,进行自我的形象塑造,自我的形象设计,但其公共关系工作的成效并不显著,公共关系状态也不太理想。究其原因,是不知道如何真正展开本组织的公共关系。开展公共关系工作,一般而言是先易后难,即先提高知名度,再提高美誉度。提高知名度相对比较容易,提高美誉度相对较难。

二、辩证地看待知名度和美誉度

知名度和美誉度是相比较而言的。上面所述的四种状态也是相对的。现实中，很多组织其公共关系多是处于四种状态之内的某种亚状态阶段，就是说组织的知名度和美誉度说高不高，说低也不低，说没有公共关系吧，那也是开展了一些；说有公共关系吧，那开展的又不甚理想，公共关系处于一种冰封状态。这个时期，组织的公共关系工作千万不可掉以轻心。只有长时间地开展公共关系，其知名度和美誉度才能显著提高。每个组织，对自己组织的知名度和美誉度应有一个基本的评价和清醒的认识。

三、危机公关其中一个目的就是修补组织形象

软危机事件，最显著的特点就是导致组织知名度的上升和组织美誉度的下降，组织软硬两个实力迅速下降，给组织带来明显的破坏。这是危机事件典型的“一上一下”现象。

由于危机的发生，由于媒体的报道和炒作，公众抵触情绪明显，组织的名声在最短的时间内“一夜成名”，而组织的美誉度却遭到极度毁坏，在最短的时间内“臭名远扬”，造成组织形象的急剧下滑，软实力的下滑进而会直接导致组织硬实力的破坏。对政府组织和社会团体来说，这种危机会导致公权力和公信力的下降，造成人们普遍的不信任，政府和社会团体无法正常开展工作，导致的是政治利益的损失。对企业来说，这种危机会导致产品大量积压，客户急剧减少，品牌含金量急遽下降，企业赖以生存的环境明显恶劣，导致的是经济利益的损失。

在危机公关时，挽回和修补组织形象，主要有两个步骤：

第一步，修补已经遭到破坏的美誉度，努力恢复组织过去已有的组织形象。

第二步，依据已经造成的高知名度，争取因势利导进一步提升组织形象。

对一个组织来说，在平时状态下，知名度高一些当然好。但危机

事件来临时,高知名度带来的是更多的谩骂,高知名度意味着更大的破坏性。实践中,处理危机事件,不仅关乎知名度的问题,更关乎美誉度的问题。

因此,在进行危机公关时,不能仅仅去处理危机事件本身,也不能仅仅把平息危机事件当作最终目的,而是要把危机看成是一个机遇,想方设法去修补组织形象,尽量减少危机事件对组织形象带来的伤害。修补组织形象和进一步提升组织形象是相互连接的,如果组织形象没有挽回,那就意味着危机公关做得不太成功。

23. 政府运用公共关系塑造城市形象研究
——以杭州市为例

中国计量大学　牛新梅

摘要：城市形象是一个城市给人的整体印象和感受。城市形象是城市的无形资产，传达着一个城市物质、文化、生活水平等信息。现如今，公共关系在传播管理中的作用越来越大，在城市形象的建设方面也不例外。在城市形象塑造过程中引入公共关系已经成为城市管理者的共识。

本文在详细参阅相关文献资料的基础上，阐释政府运用公共关系塑造城市形象的意义。以杭州市为例，探讨杭州市政府塑造城市形象的发展历程，详细分析其取得的三方面的成就和优势，同时借鉴美国纽约的经典案例，在此基础上，探讨杭州市政府在城市形象建设方面的不足，并试着提出一点对策建议，最后提出杭州市政府的发展目标和方向。以政府运用公共关系塑造杭州市形象为其他正在建设中的大中小城市提供参考性意见。

关键词：城市形象　公共关系　政府　塑造

一、杭州市在城市形象塑造方面的发展历程

（一）1990 年代到 21 世纪初的探索阶段

杭州有着得天独厚的地理环境和历史文脉，是浙江省政治经济

文化中心、长三角重要的中心城市、国家级历史文化名城、国际风景旅游城市。杭州市政府充分利用了这些资源，从 20 世纪末就开始注重城市形象品牌建设。而 20 世纪末也是城市公关方兴未艾的时期，所以杭州市政府积极引入政府公关塑造城市形象。1997 年，杭州市政府组成专家课题组对杭州城市形象进行了历时一年的研究。1999 年，杭州市政府陆续提出“游、学、住、创业在杭州”的城市形象目标和“东方休闲之都，人间幸福天堂”的口号。同时也打造了“爱情之都”“休闲之都”“女装之都”等美好浪漫的形象。

（二）2002 年—2008 年的形成阶段

新世纪，中共杭州市委、市政府为加快杭州的发展，提出“构建大都市，建设新天堂”的宏伟战略目标，并着力打造杭州的旅游知名品牌，将旅游品牌与文化元素相结合。2002 年，开始打造“会展之都”品牌；2005 年，提出“中国茶都”和“动漫之都”的口号，中国唯一一座以茶文化为主题的博物馆“中国茶叶博物馆”就坐落在杭城。在一系列多元化定位的基础上，2006 年 9 月，杭州市政府组建了由城市规划、艺术界、文化界、社会界等组成的专家组，研究制定评审标准。一时之间为杭州征选城市品牌沸沸扬扬。在社会征集、专家评审和市民投票的基础上，最终市政府把“生活品质之城”确立为杭州的城市品牌。

在城市品牌确立之后，杭州市又成功举办了世界休闲博览会，并由著名导演张艺谋打造的“印象西湖”主题宣传片，得到快速推广。同时，政府花大力气进行旅游城市的形象推广，在 2006 年先后在香港、日本、英国成功举办了主题宣传活动、招商引资活动和文化交流等活动。通过一系列大型公关活动的策划，杭州的影响力在这段时期得到快速提升，杭州市政府的公关策略成效显著。

（三）2008年以后的快速发展阶段

2008年，北京这座千年古城借着举办奥运会的契机，运用公共关系，借助奥运会的平台和品牌作用，通过各种途径和载体，扩大北京在国外的影响力，取得了很大的成功，很多城市纷纷效仿。这一年，杭州市政府制定了《杭州市文化创意产业发展规划》，通过文化创意产业带动城市形象的提升，并提出了打造“中国电子商务之都”的口号。与此同时，也要进一步深化世纪初提出的动漫和女装之都形象。

现如今，传播方式的快速和传播渠道的便捷在互联网时代得到充分体现。充分利用各种媒体进行杭州城市形象的对外宣传，已经成为政府的战略目标。媒介作为信息传播的载体，一直都是城市形象推广的有力武器，杭州市政府抓住发展机遇，借助媒介的力量，杭州的城市形象发展得更快。杭州市政府利用网络媒体塑造和传播城市形象，积极加入各种有影响力的网络参评活动中，极大地提高了城市的知名度和美誉度。

二、杭州市在城市形象塑造方面取得的成就

（一）城市品牌的成功塑造

城市品牌是一种无形的财富，城市品牌形成后，城市知名度扩大，定会带来投资、旅游等诸多回报。改革开放之后，我国不少城市根据自身特色建设城市品牌，诸如北京、上海、成都、青岛等城市，并取得了不菲的成绩。准确的城市定位是城市公关的关键。杭州市在城市定位上也有过多方位探索。杭州市委持续围绕城市形象组织各部门进行诸多研究，也没有出现过混乱的局面。相反，最终形成了以“生活品质之城”为核心，“爱情之都”“女装之都”“中国茶都”“动漫之都”“休闲之都”等为辅助的全方位形象的塑造，使得杭州的城市形象不断提升。

“生活品质之城”的城市品牌建立以后，政府通过各种力量来宣传品牌，不断通过媒介的力量宣传西湖的魅力、宋城的千古风情、钱塘江的天下奇观，以及杭州人民富足、舒适、休闲的生活。政府还积极参加各类评比活动，如全国文明城市、最具幸福感城市、环保模范城市等，并且都能够榜上有名甚至名列前茅。杭州市连续几年位居全国最具幸福感城市榜首。这类评选在国内的关注度较高，还和老百姓生活密切相关，政府高度关注，市民积极参与，参评的过程就是把城市品牌对外宣传的过程。可以说，杭州市政府运用公共关系塑造城市品牌已经取得了巨大的成功。

（二）城市识别系统的建立

从 1990 年代开始兴起城市 CI 建设的热潮，目前全国已经有上百个城市导入 CI 建设，上海、北京、成都、西安、大连、杭州等城市已经取得了显著成效。

城市识别系统建设，即通过对有关的视觉、理念、行为进行系统的规划设计，塑造独特的城市形象。杭州市政府以旅游为核心、“国际旅游城市”为目标导入 CI，以此带动其他产业的发展。

以视觉识别系统的“杭”字为例，“杭”字地巧妙结合了江南建筑、园林、航船、城墙、拱桥等要素，将无可替代的城市名称与视觉形象合二为一，给人一种“精致和谐，大气开放”的感受。标志一经设计出来，迅速得到推广使用，在地铁站、公交车、景区等能有效宣传标识的地点都合理规划宣传，是城市标志的成功典范。

在导入 CI 时，杭州市政府把实施城市形象工程作为重要的战略任务来对待，通过报刊、电视和网络等传播方式广泛向各部门、各单位进行宣传教育，尤其强调对市民开展杭州城市形象的宣传教育。逐渐地，市民树立起自觉宣传城市良好形象的意识，推动了杭城新形象的树立。

（三）城市文化的塑造

城市文化是构成城市形象的内核。旅游者和投资者通过一个城市的形象做出是否前往的决策，而后，他们通过在这个城市的一系列亲身体验做出再选择，最终确定他们是否选择这个城市。

杭州市在文化塑造过程中，充分发掘和利用了本身独有的地域文化，不仅包括可见的人文自然景观，还包括民族文化中的一些思想元素。如杭州市的西湖成为其独有的文化，与西湖相关的元素被发掘得淋漓尽致。还有杭州的茶文化、丝绸文化、佛文化、休闲文化等。

市民的文化素养也是构成一个城市文化的重要部分。市民的一言一行，即城市的每一个成员都是城市形象的一部分，市民形象与城市形象密不可分。近年来，杭州市出现了多个感动国民的人物形象，先有最美“妈妈”吴菊萍，后有最美“司机”吴斌。这些代表着最平凡市民形象的人物，折射出杭州市民善良、朴实的形象，为杭州这座千年古城大放异彩。杭州市也是一个基本能做到车让人的城市，“文明杭州”的城市形象已经树立起来。

三、美国纽约城市形象对外宣传的经验借鉴

作为中国备受争议的准一线城市，同时也是世界级的城市，杭州和纽约的城市地位虽然不在同一个级别上，但纽约城市形象的塑造和宣传对正在向国际化城市努力的杭州来说，具有很好的借鉴参考价值。

（一）第三产业的带动

纽约作为国际性大都市，其城市形象的核心是国际金融中心，华尔街成为国际金融中心的象征。纽约强烈地吸引着各种相关服务业的集聚，如金融、医疗、房地产、法律、税收、广告、媒体、公关、艺术、娱

乐等。那里有世界最大的证券交易所,大公司、大银行集中于纽约。这些产业提供了大量的就业机会,吸引着全世界的人才集聚,使纽约成为当之无愧的国际金融中心。

杭州有独特的创业文化和创业环境,更有阿里巴巴带动下的强大的电商平台。2008 年以后,电商在杭州迅速发展起来,电子商务平台产业园、第三方物流、网络教育平台,还有活跃的电商产业投资、丰富的电商人才、大中小的电商产业在杭州集聚。经过十多年的打造,杭州已经坐实“电子商务之都”的地位,并随着阿里巴巴在纽交所的上市,这块金字招牌更加熠熠生辉。G20 峰会之后,杭州的国际知名度有很大的提升,并逐渐走向世界。杭州市政府要牢牢抓住这次机遇,深化杭州的城市品牌,将杭州引出国门,打造成“世界电商之都”。

(二)城市信息和识别系统

纽约有全世界最大的城市信息和识别系统,从市中心曼哈顿到近郊区,信息和识别系统全方位覆盖。曼哈顿主要街道呈十字形,南北为道、东西为街。用伟人的名字来表示公共建筑;有的地方则成为某一事物的代名词,如华尔街、金融帝国、百老汇、娱乐中心、哈莱姆、贫民窟。市内的道路、公园、桥梁、街区、公园、路标、门牌,以及政府、公司、商店、医院、广场、博物馆等都包括在信息识别系统中。人们不管在何处,都可以迅速在坐标上找到自己的位置。这些识别系统把识别功能和艺术美感完美融合起来,并与城市整体风格和谐统一,使城市的外在形象和内在特质融为一体。纽约政府还曾聘请专家设计出以“大苹果”为图案的旅游标志,把这个标志印在衬衫、领带、珠宝首饰、围巾、文艺作品、眼镜、餐具等生活用品上。经过广泛的宣传,城市标识得到广泛认同。

近年来杭州市也建立起比较完善的城市识别系统,但目前的城市识别系统仍然缺乏统一性、独特性、规范性，在城市识别系统的构架上还有较大的提升空间。

（三）城市景观形象

纽约有闻名全球的城市景观，能够给人留下难以磨灭的印象。城市景观是城市形象最直接的表达形式，包括城市的建筑、广场、公园、绿地等。如曼哈顿的摩天大楼群，是城市地标，也是闻名世界的标志性建筑；宽阔豪华的时报广场，坐落在纽约市中心。纽约也非常重视文化"硬件"设施的建设，仅各类博物馆就有 2 000 多所，成为重要的城市景观。

杭州以西湖为核心的城市景观已经家喻户晓，但其他景观的独特性相对较弱。总体来看，杭州的城市景观建设还有待强化。

四、杭州市在城市形象建设方面的不足与建议

（一）杭州市在城市形象建设方面的不足之处

一是市区形象建设不到位。市中心是一个城市的心脏，也是一个城市最大的名片，体现着城市的发达程度、文明程度，往往是城市建设的重中之重。杭州的市区有许多其他大城市无可比拟的优势，例如，闻名天下的西湖景区位于市区，招牌景点和闹市中心浑然天成；西湖景区的门票免费政策每年吸引大批的游客，带动市区服务业的发展；"车让人"政策获得舆论的好评，成为杭州名片；市区绿化面积大；保留了许多老建筑和城市原貌，等等。这些优势增添了杭城的魅力，但杭州的市区建设却也存在着不足之处。北京的市区多元化，上海的中心高楼林立，成都市区极具现代化，相比之下，杭州的市区形象给人老旧的感觉。西湖边的限高政策以及对西湖景区的保护政策使得杭州市区无法像上海、成都一样的现代化和气派。市区里还保留了一些老旧的、平淡无奇的低层住宅。杭州是旅游大市，每年的

旅游旺季和节假日都会吸引全国各地的游客前来，尤其聚集在西湖景区。但慕名前来、败兴而归的游客不在少数，也有一部分游客会在网上发帖宣泄心中的不快，给游客留下不好的旅游体验会影响杭州的城市形象。

二是国际知名度较低。高的知名度可以吸引游客和外商前来投资，从而带动旅游业和经济的发展，知名度对一个城市至关重要。上海凭借金融、“魔都”等，在国际舞台上知名度最高的内地城市非上海莫属。2008 年，北京举办奥运会后，国际知名度也一跃而升和上海齐名。2016 年杭州举办 G20 峰会后，在国际上的知名度也有很大的提升，但与上海、北京等城市比还有一定的差距。杭州的城市定位决定其要向国际化大都市迈进，所以必须提高国际知名度，这还有漫长的路要走。

（二）针对杭州市政府在城市形象建设的对策建议

一是加强市区的形象建设。高楼大厦不是评判城市品质的标准，杭州政府限高，导致杭州的市区不能像其他大城市一样高楼耸立，政府正好可以利用这一点，发展杭州市区的特色。西湖景区和市区的完美结合为市区增添了一大亮色。但是老旧的建筑要进行改造，导入 CI 系统，将市区的旧建筑进行翻新、装饰、整改，和其他建筑呼应，融为一体。为避免旅游旺季西湖景区的游客超过承载力，以致给游客带来差的旅游体验，同时减缓市区的交通压力，政府可以在淡季和非节假日鼓励周边住宿和餐饮给予外来游客一定的优惠。在旺季，引导本市市民避开西湖景区，优先让外来游客游玩，并加强交通疏导，在景区添置志愿者引导、帮助有需要的游客，体现杭州人民热情的品质，展示杭州的形象。

二是利用节庆活动提高国际知名度。节庆活动是宣传城市形象影响面最大的方式之一，国内外不少城市都有可值得借鉴的经验。

例如，法国南部的戛纳，一个全城仅有七万居民的地地道道的小城，靠每年一次的“国际电影节”而蜚声世界；澳大利亚南岸的小渔村仙女港，仅仅五天的音乐节，让濒临溃散的小渔村激发出勃勃生机；我国青岛的啤酒节，经过十几年的发展，成为每年吸引两百多万海内外游客的盛会；还有大连的“国际服装节”、哈尔滨的“冰雪节”、海南的“椰子节”、潍坊的“国际风筝节”等，都提升了城市的国际知名度，为城市提供了广阔的发展空间。杭州近年来也在着力打造“中国国际动漫节”“西湖国际博览会”“杭州服装服饰博览会”“国际电子商务博览会”等，但比起G20峰会这样让全世界瞩目的高级会议来说，这些会议的影响力较弱，在国际上的知名度较低，对其他国家的吸引力较弱。然而G20峰会只有一次，杭州政府应该紧扣G20时代的战略机遇，着力打造一个全世界独一无二、不可替代的会议，以此来吸引更多国家的参与。我认为，电子商务在全世界发展劲头迅猛，而杭州有中国电商的鼻祖阿里巴巴和马云这样优秀的企业家，以此作为杭州的招牌，全力打造“国际电商之都”，将杭州的“电子商务博览会”打造成一年一度的国际性盛会，杭州的国际知名度又将迈上新的台阶，也会吸引一批外商前来投资，拉动经济增长。

五、结语

2016年G20峰会后，杭州的优势更加凸显出来，杭州已经具备向国际化都市迈进的条件。杭州城市形象的塑造，不是照搬模仿国际大城市的过程，而是要发展杭州特色，形成独特的杭州模式。

城市公共关系开始于城市最高层，政府作为城市的管理者，是城市公关的主体和策划者。公关是一项系统的活动，城市公关更需要专业的策划。在形象竞争激烈的今天，杭州市政府一定要在借鉴国内外经验的同时，挖掘自身的特点，发扬杭州的城市特色，把杭州城市公关做得完整、系统，最大限度地展现城市的魅力。

参考文献：

1. 王蟾.浅谈城市文化公关的发展和前景[J].湖北经济学院学报，2007(04).
2. 许雄辉.传播城市：城市形象对外宣传策略[M].浙江：宁波出版社，2013.
3. 李芳.论政府公共关系视角下城市形象塑造[J].湖北函受大学学报，2015(07).
4. 吴玉宗.论加强政府公共关系[J].社会科学研究，2003(06).
5. 李彦军.政府公关在城市形象塑造中的作用[M].北京：中国地质大学出版社，2000.
6. 许先国.政府公共关系案例精选[M].北京：中国文化出版社，2012.
7. 黄宇丹.论现代广州城市形象塑造中的政府公共关系[D].中山大学，2000.
8. 刘韵秋、张春燕.施展政府公共关系打造品牌城市[J].公关世界，2008(07).

24. 杭州基层政府部门公共关系能力建设研究

浙江传媒学院　王　浩

摘要：随着现代社会的进步以及公共关系学科在我国的不断发展，我国各大城市纷纷意识到城市形象对于一座城市发展的重要性，而在塑造城市形象的过程中，政府的公关能力往往决定了城市形象塑造的成功与否。基层政府部门代表的是中央人民政府和地方人民政府，是和广大人民群众沟通的桥梁。因此，基层政府的公关能力直接影响到人民对于政府的认知和态度，基层政府尤为需要发展其公共关系能力，并且通过在与广大人民群众的沟通交流中，提高政务处理能力，提升政府形象。本文主要着重于分析杭州目前基层政府部门遇到的相关问题，并对于杭州市基层政府部门公关能力建设的重要性加以分析，最后为杭州市如何建设其基层部门的公关能力提供了三个方向：形象塑造能力、沟通交流能力、危机公关能力。

关键词：基层政府　公共关系　形象

一、目前杭州基层政府部门的问题

（一）理论研究滞后

1. 对基层政府本质认识不够清晰。在实际中，有不少人简单地把基层政府理解为政府下基层的含义，或把一些政府事务从政府大楼里搬到街道上处理，在处理一些基层的政务时，一味追求政务处理的形式，不考虑在基层处理政务和人民群众的关系，甚至很多基层的政府部门在运行机理、工作模式等实质性内容方面庸于改革，与原先的政府机关部门如出一辙，成效颇微。

2. 对于未来基层政府部门的发展认识不足。在现如今的社会生活中，人民群众对于政府的要求并不仅仅是要维护社会稳定，处理好政务，而且要在保证这些的基础上，以一个更好的方式让群众接受政务，参与政务。基层政府未来的发展方向就是未来政府和人民群众之间的“润滑剂”，而不只是政府开在社区的一个窗口。

（二）客观条件欠缺

1. 民众对于基层政府的认识不足，还存在着认识上两极分化的问题。一部分的群众对于政府依然存有戒心，认为政府不会真正地考虑人民群众的利益问题，基层政府只是一种形式；而另外一部人则完全将基层政府看作是一个服务窗口，在处理事务时对于政府人员极度不礼貌。也正是由于认识不足，才会导致人民群众和政府的矛盾容易出现激化，影响人民群众对于政府形象的认识。

2. 管理模式的不成熟。在杭州市，很多基层政府都是在近几年才设立开始运行工作的。因为其运行的时间不长，所以在工作上的管理模式不够健全，在处理政府工作上难免会出现效率低下的情况，从而影响基层政府的形象。

3. 社会的快速发展带来了基层政府工作的压力。当前，我国正处于稳健的高速发展期，经济、文化等各个领域都迅猛发展，然而与之相伴随的也是社会问题的不断出现，而基层政府既要承担一些基本的政府职能，又要在社会中协调企业和人民群众的利益关系，并且处理广大的社会问题，维护社会稳定而快速的发展。

（三）自身问题严重

1. 上级干预过多。众所周知，我国当前政府系统的管理机制即为上级直接领导指挥下级。这种管理机制一定程度上确实能提高办事效率，提升整体性。但事实上，在日常的工作服务过程中，上级往往对下级有超出正常范围的干预。这也直接导致了基层政府工作难以及时顺利开展，缺乏工作反馈，缺少基层服务时间等问题，严重影响了基层政府工作的顺利开展、健康发展。

2. 政府人员的素质较差。从日常的新闻报道中或是直接接触中不难发现，有相当数量的基层政府人员法律与业务素质较差，不善于与群众沟通，听取意见，不善于收集信息，发现信息，从而导致人民对于整个基层政府工作认识出现偏颇，影响其形象。

3. 基层政府人员的配置不合理。在杭州市的基层政府人员配置中，往往会出现很多合同人员，也就是所谓的编外人员，而这些人员的业务能力、业务水平往往不足以处理政府工作。真正的编内公务员以及高层领导，则是在政府大楼里办公，不下基层，由此可见，这样的配置势必会导致工作效率低下，难以令广大人民群众满意。

（四）政府工作跟不上时代进程

现代杭州主打的是互联网，整个城市在互联网行业快速发展的带动下，俨然是中国的互联网城，在这种互联网城市的时代背景之下，杭州市的政府部门也在努力让互联网服务政务，希望让人民群众可以通过互联网更好更快地参与政务。然而，杭州市的基层政府工作很多依然费时费力，跟不上互联网时代快速发展的脚步。

二、杭州市基层政府公关能力建设的重要意义

（一）有利于人民群众参与政治，推动社会主义政治民主化

由于我国建国初期的社会环境以及国际环境，政府工作往往不

够开放，并且政府一直处于一个管理者的角色，对于人民群众的思想和行为有着极大的约束。但是近三十年，随着改革开放和社会的进步，公民的权利不断增加，公民可以通过各种途径和渠道参与政府工作，并对于政府的工作提出意见，申诉不满，因此，基层政府公共能力的不断提升，有助于公民更好地了解基层政府的工作情况，更好地参与基层政府的工作和政府决策；有助于和公众进行更好的沟通和交流。能够让政府的工作以人民群众的意见为导向，这是我国社会主义政治民主化的最大进步。

（二）有助于减少社会矛盾，维护社会和谐稳定发展

我国正处于社会的转型时期，在这个时期，社会的矛盾凸显。尤其是近几年，警民关系、医患关系等等问题不断地出现在公众的视野之中。基层政府就是处在矛盾的正中心，也是矛盾的润滑剂。因此，基层政府公共关系能力的好坏，决定了基层政府能否更好更快地解决社会矛盾，促进人民群众和政府之间的沟通交流，营造一个良好的社会环境，从而维护社会和谐稳定的发展。

（三）有利于更好地塑造杭州城市形象

杭州这些年得以快速发展，离不开杭州市公关形象塑造和推广，同样也离不开杭州市政府对于自身公关能力建设的不懈努力，从“车让人”交规的实施和互联网政务的提出，无一不体现出杭州市政府对于自身公关能力建设的重视。可见，基层政府对于自身公关能力建设帮助杭州在人民心中树立起杭州形象，在未来的社会发展中，杭州市基层政府的不断努力，也有利于杭州在全国人民心中更好更快地树立起杭州良好的城市形象。

三、杭州市基层政府公关能力建设方向

（一）形象塑造的能力

政府形象是政府组织以其方针、政策、目标管理，以及领导人、公务员的行为等要素作用于社会公众而形成的一种综合认知的结果，即社会公众对政府组织印象的总和。政府的形象塑造是一个长期的过程，是政府通过一系列的活动，增加其和媒体以及广大人民群众的联系和互动，让他们更好地参与政府的政务工作当中来，从而在他们心中树立起良好的形象。具体来说，杭州市基层政府想要提升其形象塑造的能力，首先应该为其基层政府建立起一套完整的 CIS 形象识别系统，其中包括理念识别系统、视觉识别系统、行为识别系统三个方面。理念识别系统是其中最关键的部分，它决定了杭州市基层政府的内涵，包括服务理念、服务宗旨等等。视觉识别系统是指通过基层政府办公建筑、办公环境甚至是办公用品等等，来向公众表达其作为政府的形象和特征。行为识别系统是指通过政府公务人员的工作态度和方式以及作风，来向公众展示政府的行为并且传播政府的理念。良好的政府形象有利于拉近政府和广大人民群众的距离，让政府更好地为人民群众服务，同时，也让广大人民群众更好地参与国家政府事务的管理过程中来。

（二）沟通交流的能力

杭州市是一座互联网城市，随着互联网时代的来临，杭州市基层政府也赢来了最好的时代，除了广泛采用的政府和人民沟通交流的方式以外，更应该利用互联网来增加政府和人民的沟通交流能力。

1. 两微一端，增加公共信息提供的方式和渠道，接受人民监督。所有的政府部门在尽可能的情况下建设自己部门的微博微信公共平台以及手机客户端。通过这些平台向公众发布其工作规划、工作内

容以及重要决策等等，并且接受公众监督。近几年，广大人民群众通过微博和微信监督基层政府工作的事件常有发生，我们也应该看到，这些公共平台带来的影响力是巨大的。我们理应通过这些平台来更好地为公众提供信息和内容。

2. 增加双向沟通。通过政府网站等提供在线咨询和问答服务，让政府真正的可以听到最底层人民群众的呼声，增加基层政府与人民群众沟通交流的能力。

（三）危机公关的能力

政府时时刻刻都处在各种各样的危机当中，尤其是在互联网时代，只要是政府工作有失职或者不当的行为，很可能就会陷入危机当中。因此，政府应该提高其危机公关的能力，让基层政府可以在危机当中消除恐慌，维护社会稳定。政府危机公关的基本职责是紧急部署行动、及时向上级汇报、寻求协同参与、稳定内部和统一思想、领导权威表率、做好危机传播避免信息混淆。[xxiii]

四、结语

本文通过分析杭州市目前基层政府所遇到的问题入手，阐明在目前的社会环境下，人民群众和政府的矛盾越来越大，为了更好地塑造杭州市的城市形象以及政府形象，杭州市基层政府必须着力于建设其自身的公共关系能力、并且提出了三个建设公关能力的方面，在我看来，最重要的就是传播沟通的能力，如何利用杭州市互联网方面的优势，让杭州市基层政府更好地和人民群众进行沟通和交流，化解双方矛盾，更好地维持社会稳定，让杭州更快速地发展是当前的重中之重。

在杭州的基层政府实行公共关系能力建设的同时也希望能够帮助杭州市政府更好地进行政府公关。本人对如何实现基层公共关系能力建设的讨论比较肤浅，在事例分析上还不够完善和全面，所以，将会持续关注相关领域的新研究，新成果。

参考文献：

1. 当代新学科手册.续编阅.上海：上海人民出版社，1986.
2. 王乐夫.公共关系学[M].沈阳：辽宁人民出版社，1986.
3. 唐钧.政府公共关系策略与实务[M].北京：中国传媒大学，2008.
4. 徐美恒、李明华.公共关系管理学[M].北京：中国大百科全书出版社，2003.
5. 詹万生.公共关系的艺术[M].北京：北京师范大学，2001.
6. 汪淑珍.政府危机管理效益初探[J].北京科技大学学报，2003(03).
7. 胡爱敏.论社会公共危机管理中政府的角色定位[J].济南市社会主义学院报，2003(03).
8. 陈闽红.论政府危机管理[J].北京科技大学学报，2003(04).

25. 民营艺术馆公关形象塑造研究

浙江传媒学院　张　笑

摘要：公共关系在决策和行为中非常重视形象，重视形象投资、形象管理、形象塑造和形象竞争，将树立和维护良好的组织形象视为极为重要的目标并且将形象作为非常宝贵的财富。在竞争越来越重视综合实力的今天，“形象”一词，能够全面地反映出组织通过不断努力得到公众和社会认可程度；“塑造形象”则更能体现现代公共关系的本质。艺术组织不管是在中国的快速发展还是在公关管理行业的日渐成熟都让我们不禁试想，若是高效的公关推广和熟练的管理运营技巧能够巧妙地运用在中国民营艺术馆的发展过程中，民营艺术馆在中国的发展也将为中国的公共关系行业提供更加广阔的发展空间。

关键词：民营艺术馆　公关　形象塑造

一、定义

艺术馆的概念是从西方发展而来的，古罗马帝国战利品摆放在公共场所供人参观是最早的艺术空间形式，到了 15 世纪，意大利佛罗伦萨美第奇家族的收藏馆向我们展示了艺术空间，直到 17 至化世纪西方的教会、宫殿、名流贵族的一些藏品慢慢向公众开放。这些收藏品中有大量的绘画、版画、雕刻和实用艺术等艺术作品。从私人的艺术空间向公共展示时，那么它的性质就开始要发生大变化了，主要体现为参人群、对象以及服务方式，甚至博物馆的建筑都与传统有很大不同。因此，艺术博物馆就是现代博物馆的原始模型。经历了中世纪、文艺复兴和启蒙运动之后，博物馆伴随着工业革命的到来，人类迈进现代社会。

艺术馆顾名思义艺术博物馆，在英文中有两种表达：Art Museum 和 Art Gallery，指的是保存、展示艺术作品的设施。常见的展示品有绘画，但是雕塑、摄影、插画、装置艺术和工艺作品时常也被展示出来。艺术馆主要的目的是提供展示空间，但有时也会用作举办其他类型的艺术活动，例如音乐会或诗歌朗诵会等。此外艺术馆通常也具有推广与文化相关的教育、研究等功能。

民营艺术馆是中国特有的对非国营性质艺术馆的称呼，因为政策原因，欧美国家、日本、台湾地区通常称作私立艺术馆，广义上指的是由非政府人士和机构投资的具有收藏、展示、研究和社会教育功能的现代艺术馆。“民营”的概念等同于我国的“民营经济体制”，中国特殊的所有制形式有公有制、私有制和混合所有制。民营经济包括了个体工商户、私营企业、集体企业、外资企业和混合所有制企业，这些还是属于集体性质的。就企业来讲，股份出资人都是私人，私人产权被股份制组织起来后，也是属于公有的，产权的所有制与企业的所有制性质之间是有区分的。

所以说民营艺术馆是中国特有的，但形式上和其他国家、地区的私人艺术馆没有其他的区别，只因我国的经济体制与其他国家、地区不同。

二、国外艺术馆的发展

国外艺术馆看重自身非营利性质，有自身纳税的原因，但更多是为了吸引更多的捐赠者。随着艺术馆在艺术与商业结合的过程中越来越融入市场，商业化运作已经成为艺术馆不可避免的现实，在商业化运作、企业式经营的过程中，坚持艺术馆的非营利性质，是对公众的最高艺术承诺和最好的艺术服务。而且国外的艺术馆无论大小，都会设立基金会，基金会既监督了艺术馆的日常工作，更重要的是帮助艺术馆筹款、建议艺术馆馆长名单。

国外艺术馆性质也是各有不同的，有国家运作的，有私人运作的，从而吸纳资金的方式各有不同。资金提供方对于艺术馆各方面工作，在展览内容、展览方式上等多少会有影响。美国大都会美术馆有严格的规定，规定资金提供方的义务与权利，坚持艺术馆学术独立，即坚持策展人观念独立，尊重艺术家、尊重观众。新加坡美术馆在资金上则大多数由国家提供，在展示内容上也有艺术服务国家标准的意味，为了弥补这一点，它在社区服务中着重艺术讲座和活动的开展，这样能让更多的民众了解、理解和接触到艺术。同时，通过这一方式我们也知道了在艺术展览在服务观众不足时，该如何弥补的一个突破点。

如今，国外艺术馆从艺术品的日常维护与管理、导览设备、线上服务等内容中都可以看出，文化与科技的结合让人们好奇艺术究竟有多少体现方式，科技让视觉艺术有了新的突破。尤其是如今的 VR 技术日益发展，在艺术展示方面不仅让观众耳目一新，还使大众对艺术充满好奇，激发了他们想去往现场一睹原作的激情。

除了这些之外，国际政策的支持对整个艺术氛围也起到了积极正面的作用，国外的艺术馆因为政策上的支持坚持了自我管理、自我监督、自我学术独立与独特的艺术追求，高效管理艺术馆中的每一项工作，对工作内容都进行具体分化，将人员都安排到最合适的位置上，让艺术馆真正成为大众的艺术空间。

26. 社会综合治理一定要避免“塔西佗陷阱”

——泸州“4.1 跳楼事件”对危机处置的警示意义及危机公关在危机事件处理中的独特作用及研究

嘉兴市公共关系协会　宋家聪　张天宇　王　皓

摘要：习近平总书记2014年3月18日在河南省兰考县委常委扩大会议上的讲话中说了这么一段话：古罗马历史学家塔西佗提出了一个理论，说当公权力失去公信力时，无论发表什么言论、无论做什么事，社会都会给以负面评价。这就是“塔西佗陷阱”。我们当然没有走到这一步，但存在的问题也不谓不严重，必须下大气力加以解决。如果真的到了那一天，就会危及党执政基础和执政地位。温习一下习近平总书记的讲话，跟踪并研究一下“四川泸州4.1中学生跳楼事件”，总结一下该事件的教训，对我市推进社会治理，深化平安嘉兴，避免陷入“塔西佗陷阱”，具有很好的警示作用和借鉴意义。

关键词：塔西佗陷阱　社会治理　危机公关　危机处理

泸州发生的由一个中学生跳楼自杀而引发的社会群体事件，是一起以网络媒体传播为主导的危机事件，是一起典型的地方政府处理危机的失败事件，是一起典型的软危机诱发的社会治理事件，更是一起不会运用公共关系来处理危机事件的典型。该事件处理的失败，进一步凸显了公共关系在处理危机事件时的重要作用，显示了一些地方政府不知和不会运用公共关系来处理危机事件。

该起事件的负面影响是巨大的，对地方整个社会发展的破坏力是巨大的，对地方政府的公信力和执政能力的破坏是巨大的，对区域形象和区域软实力的破坏是巨大的。我们在处理社会突发事件，进行危机处置的时候，必须充分注意这方面的问题，避免陷入“塔西佗陷阱”的悲剧。

下面是我给泸州市公安局江阳区分局领导干部培训班做讲座时的部分内容。

一、该起事件给我们的警示

（一）透过“泸州中学生跳楼自杀“整个事件过程，我们可以明显看出泸县县政府在处理这起事件中的一系列危机公共关系方面的失误和错误，可以找出地方政府陷入“塔西佗陷阱”的主要原因。这主要表现在：

1. 县政府在处理危机事件时，习惯一贯的高高在上和傲慢自大，没有找准政府机关在危机来临时应有的位置。这实际上反映了有关方面在事件全程的处理没有显露出任何危机公关的意识，领导是凭拍脑袋来处理事件，没有进行事件的评估，没有聘请危机公关专家参与的痕迹。而时时透露出基层政府的自高自大和低素质，犯了经验主义和形式主义的错误。

2. 对危机事件处理的生疏和慌乱。尽管县政府、县政法委、县公安局和县教育局有应急办，尽管也号称在此次危机事件的第一时间启动了应急机制，但其应急措施毫无作用，结果是他们把危机处理的所有程序都走过了，危机应急的措施也都用过了，但危机就是越处理越麻烦，事件越处理越大。这明显表现出各部门没有经过事先的演练、操作和认真总结。应急处理措施只是挂到墙上，写在纸上而已。事件处理显得毫无章法。没有正确地去评估危机，对危机的发展和预见结果缺乏应有认识，没有行之有效的处理危机的班子及专家。

3. 延误了处理危机的最佳时间，错过了宝贵的“黄金 24 小时”和“黄金 72 小时”两个，处理危机的最佳时段任由谣言满天飞，而不知道如何回击谣言和争取主动，真正的本源事实迟滞到 7 天 7 夜才公布。

4. 完全违背了危机事件处理的“5S”原则。领导承担责任的原则无从说起，关键时刻没有适当层面的领导出面和公众沟通、解释，没有给出官方态度，更没有给出感情，和当事人的沟通也缺乏必要的公关准备和沟通技巧。领导不出面，专家不出面，事实没有更新，而谣言却是四起。危机事件的工作纪律形同虚设，缺乏必要的约束力和执行力，以致造成人心不稳。

5. 只知监控舆论，跟踪记者，防范记者，但不知如何利用和正确引导媒体。不会去和公众和媒体沟通，任由公众和媒体质疑，而不知如何应对。事件发生的最初 6 天 6 夜之内没有任何权威部门滚动公布事件发展，没有有效利用媒体对大众进行宣传和引导，任由事件泛滥。

6. 不恰当地使用了公安干警和武警。我们警力使用有两条原则，一是“打击敌人”，一是“保护人民”。面对群体事件，如果没有出现暴力的可能，没有严重对立和群伤的可能，只是呈现聚集态势时，尽可能不要公开动用警力。就是不得已使用警力，也要非武装的。因为绝大多数群众是人民群众，这些群众的心理绝不是要和政府对立，而只是看热闹。出动武装警察给群众造成的心理反感是巨大的，会让彻底摧毁政府最后的公信力和威信。这时，应当是一定层面的领导和群众对话，解释事实真相，表明政府态度和立场，争取公众理解。

7. 政治眼界不高。只知道从一时一地的角度去看待社会稳定，看待区域形象，而没有看清楚事件背后当时的国内外政治环境和敌对势力的猖狂。没有从国际政治和国内政治的格局来看待事件的影响力。事实上，重大危机事件的背后或多或少都有国内外敌对势力的影子。

网络社交软件，也已经成了敌对实力蛊惑人心，造谣中伤的工具。那些网络流毒有着很高的迷惑性，他们通过炒作热点事件、断章取义、移花接木、以偏概全，甚至无中生有地编造网络谣言等手段，像传销一样对人进行洗脑。现在的战争已经不全是什么飞机大炮这些物理的东西。网络谣言、政治谣言这些虚拟的东西，已经是一种武器，对一个国家的政权有着直接的威胁。它挑拨是非，蛊惑人心，让人对政权失去信心，从而产生怀疑，最后自发去推翻政权。叙利亚、乌克兰就是最初由网络软件的造谣开始，形成了反对派，再发展到聚集游行，再发展到抗议示威，一步步发展到武装对抗，演变成内战的。网络谣言和网络流毒，是敌对势力扰乱人心的第一步。我们应该从这方面认识到危机事件的严重性。

8. 极大地败坏了当地党组织和当地政府的形象。习近平总书记2014年3月18号在兰考县委扩大会议上的讲话，字字珠玑，一针见血，警示意义振聋发聩。如果我们任由这些危机事件发生，没有很好地处理，就会让当地政府失去了应有的公信力，大大削减了执行力，失去了民心，破坏了执政党的执政基础和地位。这就是“塔西佗陷阱”的怪圈。我们一定不能让这个怪圈过多产生。

正是这一系列的失误和错误，让一个不甚起眼的社会治安案件慢慢发展和酝酿成了一个震惊国内的重大的危机事件，严重影响了当地的社会稳定，造成了人心不稳，给当地的政治和经济生态带来了极为不利的局面。

这一系列的教训对我市今后处理类似的危机事件具有很好的警示意义。

二、对策和建议

（一）应加大对我市可能发生的危机事件的研究，注意区分不同的危机事件。针对不同的危机事件，提出不同的处理预案。

根据危机事件爆发的原因及对组织实力造成的损失，我们首先要把危机事件分为两大类，一类是硬实力危机，一类是软实力危机。硬危机事件主要是天灾人祸之类的事件。主要是处理人口伤亡或金钱、财物这些看得见的损失。处理这类危机事件主要是挽回生命和财产损失，只有处理这类事情遇到一些媒体应对、对外发布事实、恢复组织形象等问题时，公共关系才有用武之地。处理这类危机事件，公共关系只是一个组成部分，不是处理问题的全部，或者说，公共关系在此类事件处理中只是配角作用。

软危机事件主要是指组织知名度或美誉度受到损失、组织形象受到伤害的事件。这类事件的主要特点是组织的生存环境恶化。这类事件表现在组织内的人员和物质财产一如往常，组织照常运作，但由于组织赖以生存的某个环境明显恶化，直接影响到组织的生存，甚至造成组织的灭亡。软危机事件的处理主要是由公共关系来完成的，公共关系在此类事件的处理中是主角。所谓危机公关所涉及的事件主要就是这类危机事件。

处理危机事件，不能眉毛胡子一把抓，不能“以不变应万变”，而应根据不同情况对危机事件进行分类，尤其是需要加大对软危机事件的重视程度，加大对软危机事件的领导和研究，制定不同的软危机处理预案。我们现在的现状是，对硬危机事件比较重视，有充分的准备，预案比较充分，而对软危机预案，缺乏必要的预案准备，软危机预案制定得往往比较笼统，对软危机处理预案不太熟练，对媒体的应对缺少得力措施。而软危机事件恰恰又是频发和对软实力破坏最大的。

（二）要充分认识到危机公共关系在不同危机事件处理中的作用。

在处理危机事件时，危机公关和危机管理应该是相辅相成的两个部分，它们共同组成了处理危机事件的一个完整过程。危机管理替代不了危机公关，同样危机公关也不可能替代危机事件处理的全过程。

在一个完整个危机事件中，危机公共关系主要负责两个方面的打理和处理：

一是在硬危机事件发生时，处理与组织形象、组织信誉、媒体宣传、美誉度维护以及由此引申出的次生软危机等等有关的工作。如地震、火灾、暴雨暴风、房倒屋塌等等危机，这类危机的处理主要靠各类专家来进行。在这类危机处理中，危机公共关系发挥的效力是有限的。

二是软危机的处理。如由诚信问题、企业社会责任问题、公平和公信问题等引发的危机，组织形象的修复等等。这类危机的处理主要由公共关系专家来进行，其他专家发挥的效力是有限的。

软危机事件主要是指组织知名度或美誉度受到损失、组织形象受到伤害的事件。这类事件的主要特点是组织的生存环境恶化。这类事件表现在组织内的人员和物质财产一如往常，组织照常运作，但由于组织赖以生存的某个环境明显恶化，直接影响到组织的生存，甚至造成组织的灭亡。软危机事件的处理主要是由公共关系来完成的，公共关系在此类事件的处理中是主角。所谓危机公关所涉及的事件主要就是这类危机事件。

从公共关系的角度来看，由自然和其他原因造成的组织危机并不十分可怕。因为这些危机并没有危及组织形象，没有对组织的公信力造成危害，组织已有的形象还在，受损组织在公众中依然有相当的知名度和美誉度，组织用以重生的软实力还在。尽管危机让组织蒙受了巨大的经济财产损失，组织的运营能力可能被迫中断，但这只是暂时的，破坏的只是组织的皮肉。一旦措施得当，时机把握合适，组织凭着原有的巨大软实力，凭着原有的形象和公信力依然可以重整旗鼓，很快发展起来。公共关系对这类危机的处理一般多注重组织硬件的改善，多关注对组织内部公众的管理，其成功的可能性比较大，风险系数小。

据专家研究，现代互联网社会，能引起社会关注的，能引起社会强大反响的多是由网络引爆的软危机事件，这类事件已经占整个危机事件的80%以上。贪官行贿受贿、官员行为不端、官僚主义作风、大肆请客送礼、为人飞扬跋扈；官二代、富二代、情妇情人；企业缺少社会责任、污染空气和环境、造假售假、产品质量不过关、售后服务不到位；一些社会团体欺行霸市、欺压百姓、一味追求经济效益等等，这些事件时时冲击着人们的眼球，给各级各类组织带来形象和软实力的损失，造成一些人的家破人亡。这些由网络引爆的软实力事件抹黑了组织形象，损害了组织的美誉度，造成组织“千夫所指”的局面。对企业来说就直接导致产品挤压，顾客减少，名誉扫地，其带来的损失同样也很惊人，甚至可以直接导致企业的消亡。对其他社会组织来说，则会导致组织形象的极度毁坏，破坏了组织的公信力和美誉度，让组织在社会上成了负面典型，使组织无法正常开展工作。

而对政府部门来说，这类软危机事件破坏的是政府的公信力和执行力。破坏的是政府在百姓中的形象，让政府做什么都不能得到百姓的认同，最后导致政府公信力丧失。

（三）注意聘请危机公共关系专家加入危机事件处理中。

在处理危机事件时，适时的引入公共关系专家参与，让公共关系专家参与事件的处理，可以有效地防止处理危机事件的偏颇和失误，可以加大事件处理的科学性和多角度性，争取修补和恢复应有的组织形象，以争取事件处理中的政治利益和社会利益的最大化。

（四）由市级应急管理机构牵头，对我市不同层面、不同机关和企事业单位进行危机事件应对的检查和演练。

危机事件的应对不仅仅是写出预案，挂到墙上，更重要的是要进行平时的演练，同时发现问题，不断纠正和总结。

以往国内不同的危机事件处理时，往往有这种情况，由于危机处理不当，危机处理本身也演变成了危机事件，往往危机事件本身还没有处理，又不断衍生出了新的次生危机。这是我们一定要坚决杜绝的。

（五）打造一支过硬的网络宣传员队伍。

加强各级应急办的力量，提高他们发现危机和应对危机的素养。现在，越来越多的各类组织开始重视对软危机事件的处理。成立了网络办，有了自己的网络监督员和宣传员，随时监控舆情舆论，组建了新闻发言人队伍，有了一套对付软危机事件的预案和管理办法。应对这些有网络发酵和炒作引起的影响组织形象的危机事件，正是危及公共关系擅长和对口处理的，这些恰恰是危机管理和危机传播学科所擅长的。危机公共关系的重要性正被越来越多的组织和个人所认识。

（六）加强各级、各单位领导的危机意识，做到自觉地科学有序地去处理危机，防止领导“拍脑袋”地处理危机事件。

因为领导不力，危机事件处理不妥已经不是个案了。对此各级领导要有清醒的认识。同时在危机发生后，领导本人要勇于担当，敢于和善于去和群众进行沟通，这是考验领导能力的一个重要方面。

27. 论多媒体状态下的舆论反转模式

浙江传媒学院　林小静

摘要：舆论反转现象逐渐引起大家的重视，舆论是社会的皮肤，公众发表恰当的舆论有利于社会稳定运转，舆论反转可以帮助公众正确及时判断是非对错，有利于媒体及时弥补报道的错误内容、修补完善报道内容，加强提高媒介素养。在多媒体状态下的舆论反转模式有两种：肯定否定式与修补还原式。研究这两种舆论反转模式可以认识到大体的舆论反转的特点、给予媒体更加充分的认识舆论反转现象，减少因自己的不恰当的传播行为而造成的舆论反转现象。

关键词：多媒体状态　舆论反转模式

网络作为新型的信息传播方式，具有实时便捷、信息海量复杂等特性，公众在冗杂的信息面前缺乏合理的引导与理智的判断，容易发表的不恰当舆论会在一定程度上影响新闻事件的正常发展。在多媒体环境中公众获取信息的途径多种多样，不再被动地接受信息，公众拥有更多的选择权和主动权。多媒体状态下的公众舆论更是自由散播于各处，公众可以自由公开发表意见、彼此之间互相交流信息，有了更多表达的自由和途径。但也正因为如此，当一则新闻事件涉及公众自身利益，或者与自身的价值观、世界观发生冲突，再或者是不符合常理，公众首选做法是在多媒体平台上发表舆论，而且是持续地发表舆论影响事件的正常进展。从新闻事件刚发生开始公众对此发表舆论，到后期新闻事件的新细节补充报道还原了事情的原貌和真相，公众的舆论发生反转，再次表明自己的态度和立场。

笔者总结了大体的在多媒体状态下舆论反转过程会产生两种模式：肯定否定式与修补还原式。下文将对这两个模式进行案例结合分析说明公众舆论反转的过程。研究这两种舆论反转模式可以认识到大体的舆论反转的特点、产生舆论反转的原因，以及舆论反转带来的影响，给予媒体更加充分地认识舆论反转现象，减少因自己的不恰当的传播行为而造成的舆论反转现象，所以，研究多媒体状态下的舆论反转现象具有重要的理论和现实意义。

一、肯定否定式

肯定否定式是指初期公众舆论场的态度是全盘肯定（或否定）甲方、否定（或肯定）乙方，经过深入报道，更多的细节曝光，完善还原事情的真相原貌，公众舆论反转，后期公众舆论场的态度是全盘否定（或肯定）甲方，肯定（或否定）乙方。所以肯定否定式又细分为两种模式：肯定否定式、否定肯定式。

（一）肯定否定式

肯定否定式是指初期公众舆论场的态度是全盘肯定甲方、否定乙方，经过深入报道，更多细节曝光，完善还原事情的真相原貌后，公众舆论反转，后期公众舆论场的态度是全盘否定甲方、肯定乙方，以“2015 年成都男司机暴打女司机案”为例说明舆论反转过程的肯定否定式。

2015 年 5 月 3 日，新浪微博名为“成都同城会”发表微博：“今天下午 2 点左右，一名姓段女士的行车记录仪记录下在娇子立交十字路口一名男子将红色小车上的女司机拖下车进行殴打的视频，该男子现已被派出所警察控制。初步了解得到的消息是该男子的车在高速公路行驶时被女司机的车刮擦，男司机车上有小孩受到了惊吓大哭，该男子一路追到娇子立交十字路口对女司机进行殴打，该案件正在进一步的调查当中。”几个小时后男司机殴打女司机的视频被上传到网络上，该视频立即被大量地转发，网友们纷纷指责男司机有暴力倾向，不应该打女司机，同情女司机的遭遇，紧接着女司机受伤住院的照片也被上传到网络上，更多的公众加入转发、评论发表舆论。这时候的公众舆论态度是认为男司机有错、谴责男司机。在这初期的舆论场中公众舆论一边倒向女司机、同情女司机、支持女司机，而公众对于男司机的舆论态度则是明显的谴责和否定批评。

5 月 4 日晚上成都锦江公安曝光男司机的行车记录仪录像，还原这一事件的原貌：女司机在行驶途中随意变道，男司机急踩刹车，车里孩子受到惊吓大哭，男司机开车加速上前与女司机的车互相别道之后下车对女司机进行殴打。这时候公众的舆论开始反转，纷纷认为该事件最大错误方是女司机，而不是男司机，若不是女司机随意变道在先，男司机也不会忍受不了下车打女司机，公众谴责女司机随意变道，不遵守交通规则的行为，对女司机的车技进行嘲讽，公众舆论也停止了对男司机的谴责，认为该事件主要的错误者是女司机，女司机应该负主要责任，而且越来越多公众认为女司机被打是罪有应得的，大部分公众表态支持男司机的行为。行车记录仪曝光的新事实细节，补充完整了事件的原貌，改变了公众对事件的认知和态度，也改变了公众舆论，男司机行车记录仪曝光的视频是公众舆情反转的导火索。

在警方的调查询问下，女司机承认自己的行为，并公开道歉，女司机一家人主动出来公关想要扭转公众舆论，但为时已晚，公众舆论全部一边倒向支持男司机。女司机虽然被男司机殴打受到伤害，但这时候公众不再同情女司机，更多的公众舆论还是站在男司机这一边。

5 月 13 日,“网易新闻”发文《媒体批评变道女司机被打事件：自食其果谁都不冤》,文中说道:“女司机不文明的行为是‘因’,被人暴打是‘果’,男司机打人被刑拘是‘果’,这两人都自食其果,谁都不冤,不用可怜和同情。”

5 月 15 日,“新浪财经”发文“女司机被打的舆论狂欢”,文中呼吁公众“要理智发表言论,切莫利用网络的匿名性而肆意使用语言对他人进行语言暴力攻击”,此后,一些极端的公众在宣泄情绪后归于理性。这起事件两人都付出相应的代价和承担相应的责任。《中国青年报》对此事进行评论:“一个人的暴戾,既肇端于这个社会,又加害于这个社会。”

下图表示成都男司机暴打女司机的公众舆论反转过程：

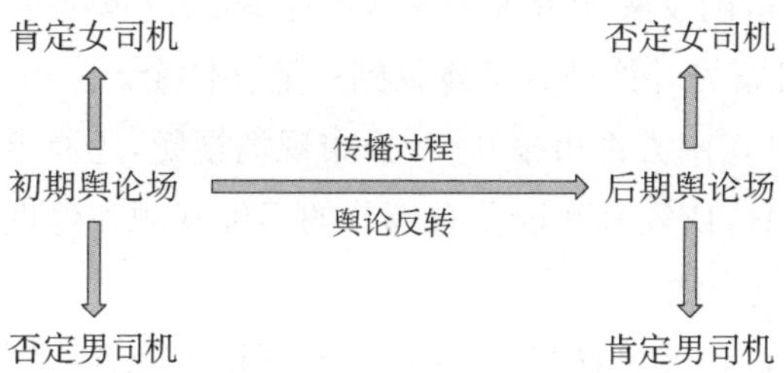

在这起事件中公众舆论发生了一次反转,形成了两种截然相反的态度,碎片化的事实细节拼凑出完整的新闻真相,公众重新认识该则新闻事件,公众舆论发生反转。

(二) 否定肯定式

否定肯定式是指初期公众舆论场的态度是全盘否定甲方、肯定乙方,经过深入报道,更多细节曝光后,完善还原事情的真相原貌,公众舆论反转,后期公众舆论场的态度是全盘肯定甲方,否定乙方,以

“2015 年庆安枪击案”为例说明舆论反转过程的否定肯定式：

2015 年 5 月 2 日，黑龙江省绥化市庆安县火车站候车室内发生一起枪击案，事情的原委是死者徐纯合生前酒后闹事，堵在安检闸门口不让乘客检票上车，警察李乐斌上前劝阻被徐纯合殴打，徐纯合还将自己的孩子抱起摔向李乐斌，警察李乐斌对徐纯合劝阻无果后徐纯合的行为越来越激烈，随后被警察李乐斌开枪击毙。当天晚上 7 点《中国新闻网》报道称“死者的母亲介绍自己和儿子及 3 名孙子孙女准备到庆安县火车站乘车，在候车室检票时，不知为何警察和儿子发生冲突，不久后警察开枪击毙儿子”。此事刚发生不久时，网络上公众的舆论就沸腾了，公众对于死者徐纯合与警察李乐斌的身份背景、两者发生冲突的原因一直在发问质疑。

5 月 3 日，庆安县副县长董国生慰劳受伤警察李乐斌。

5 月 5 日，网友曝光董国生家人吃空饷以及董国生本人年龄、学历造假的事情；另外徐纯合家属收到一笔补偿金。

5 月 8 日，《南方都市报》呼吁公布现场视频，还原事情真相。

5 月 14 日，庆安县政府公布部分的案件视频和处理结果，认定警察李乐斌开枪合法。

5 月 18 日，《人民日报》刊文：“警察开枪依规合法”并解释疑点。

5 月 24 日，中央电视台公布全部视频并针对社会热议的疑点进行了分析举证，平复事态。

庆安枪击案通过网络传播公众舆论迅速发酵，由于案发十多天后公安部才向社会公布官方信息，民间与官方对现场描述存在脱节，从而引发媒体与公众对警察李乐斌开枪击毙徐纯合该行为合理合法性的质疑与探讨。庆安枪击案事件中公众舆论的演变过程：5 月 2 日发生枪击案，公众舆论开始发酵；5 月 3 日到 13 日案件真相不明，公众舆论持续发酵；5 月 14 日庆安县政府公布部分视频和处理结果，公众舆论达到高潮；5 月 24 日中央电视台公布完整视频并针对社会热议的疑点进行了分析举证，公众舆论逐渐平复。从一开始的警察李乐斌枪击徐纯合视频被曝光出来，视频显示死者徐纯合被警方李乐斌击毙之前的几分钟里，警察李乐斌一直在殴打徐纯合的画面，而徐纯合并没有还手，此视频一公布立即引起公众舆论的一片哗言，几乎一致谴责警察李乐斌，并对案件进行揣测，对于相关部门迟迟不公开完整录像、未回应网络传言，引发了多数媒体和公众的诸多说法和质疑，在初期舆论场中舆论几乎是一边倒向死者徐纯合，对警察李乐斌的行为持否定与谴责的态度，认为不应该击毙徐纯合。后期中央电视台公布庆安枪击案的部分视频、黑龙江省公安厅刑事技术总队公布徐纯合的尸体检验报告证实徐纯合饮酒的事实，以及中国刑事警察学院警务战术专家李和教授对现场视频进行仔细分析，认为警察李乐斌开枪行为是合理合法的，媒体与公众正式认识到警察李乐斌的行为是正当的，维护公共秩序和人民的生命安全，这时候的舆论反转为对警察李乐斌的肯定，对徐纯合破坏社会公共秩序的行为进行否定。

下图表示庆安枪击案的舆论反转过程：

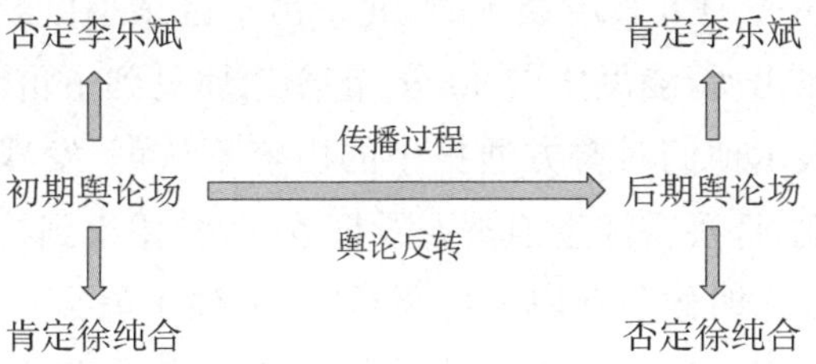

庆安枪击案过程一波三折最后真相大白，徐纯合喝酒闹事，暴力袭警，甚至还将自己的孩子砸向警察，最后被当场击毙。在初期公众舆论场中，公众舆论肯定徐纯合否定李乐斌，经由媒体不断报道与各方权威鉴定共同证明还原事实，在后期公众舆论场中，公众舆论转变为否定徐纯合肯定李乐斌，最终还给警察李乐斌一个公道。

二、修补还原式

修补还原式是指初期公众舆论场的态度是全盘肯定(或否定)甲方,经过深入报道,更多细节曝光,还原事情真相原貌后,公众舆论反转,后期公众舆论场的态度是对甲乙双方各有肯定(或否定),且对甲乙双方的评价更加客观和理性。修补还原式也细分为两种模式:肯定修补还原式、否定修补还原式。

(一)肯定修补还原式

肯定修补还原式是指初期公众舆论场的态度是全盘肯定甲方,经过深入报道,更多细节曝光,还原事情真相原貌后,公众舆论反转,后期公众舆论场的态度是对甲乙双方各有肯定(或否定),且对甲乙双方的评价更加客观和理性。现以"2016 年的雷洋案"为例说明舆论反转过程的肯定修补还原式:

2016 年 5 月 7 日晚,中国人大硕士研究生雷洋之死引发各媒体和公众的关注;5 月 8 日凌晨 1 时,北京昌平区东小口派出所通知雷洋家属前往派出所;凌晨 4 点 30 分,雷洋家属见到了雷洋的尸体,家属通过媒体表示他们对警方通报中的内容不认可,发现其手臂和头部有明显淤血,怀疑雷洋生前被人殴打致死,希望得到检察院进一步的调查结果。这时候公众舆论主要是"人大硕士怎么会在接机的 10 分钟左右去嫖娼? 警察暴力执法的借口找的真烂!""初为人父的人大硕士被剥夺生命",或者就是"天堂没有暴力""我们会替你找回公道,不会让你冤死的"……在警察面前雷洋属于弱势群体,公众的舆论一边倒向雷洋,而且除了该则微博没有其他视频材料可以证明事情的真伪,目前针对此事的讨论,公众的舆论声纷纷扬扬。

5 月 9 日 21 时 24 分,北京市昌平公安局官方微博"平安昌平"发布微博称"5 月 7 日 20 时许,接到举报称:在昌平区霍营街道某小区有一家足疗店，店里面有组织卖淫嫖娼行为。当晚警方抓捕 6 名涉嫌卖淫嫖娼人员，在回局途中，雷洋试图抗拒逃跑，警方依法采取强制措施将其制服。之后雷洋感到身体不适，警方立即将其送往医院，后经医院抢救无效死亡”。

5 月 10 日，雷洋家属要求对雷洋进行尸检并希望警方能够公布执法记录仪视频，还原真相。

5 月 11 日，警方第二次通报案情：有物证证实雷洋嫖娼。此时的舆论分为两个方向，一方依然支持雷洋没有嫖娼，另一方则认为雷洋有嫖娼的行为，两种舆论交锋将事情推向高潮。

5 月 17 日，雷洋家属到北京检察院递交刑事报案书，要求对涉事警察立案侦查。

5 月 19 日，北京市公安局表态：决不护短。

6 月 8 日，北京检察院第四分院约见“雷洋案”律师。

6 月 25 日，涉案警察代理律师建议更换鉴定机构。

6 月 30 日，北京检察院第四分院公布雷洋尸检鉴定意见。这时候很多公众舆论大多为“想不到雷洋的死因是这样的”“想不到初为人父的人大硕士会跑去嫖娼”……此时经过事件的不断修补还原后，公众舆论逐渐反转为对真相需要时间、社会法治建设等的问题进行讨论，而公众舆论对雷洋嫖娼行为的讨论逐渐减少。

12 月 23 日，北京检方对雷洋案涉事警察依法做出不起诉处理。

12 月 28 日，雷洋家属表示放弃刑事自诉和申诉程序，雷洋事件作为一个个案到此结束。

下图表示雷洋案的舆论反转过程：

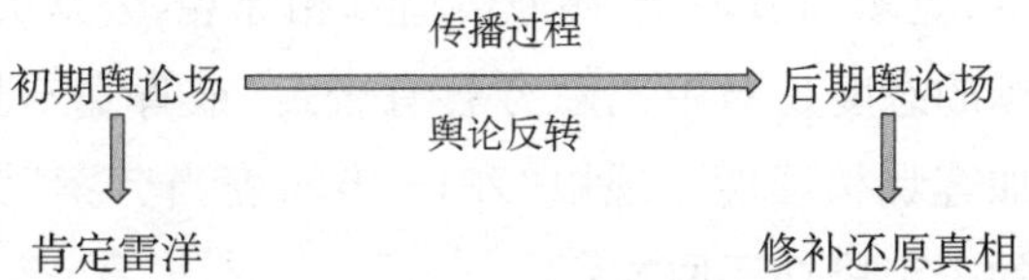

雷洋案的舆论演变过程：5 月 7 日雷洋之死引发大部分媒体和公众的关注；5 月 9 日到 17 日媒体和公众纷纷对雷洋是否嫖娼、警察是否殴打雷洋致死等问题进行探讨，昌平警察局迟迟未出面解释事情的原委，公众舆论持续发酵；6 月 30 日北京检察院第四分院公布雷洋的死因，公众舆论逐渐消退；12 月 28 日雷洋家属放弃刑事自诉和申诉程序，历经大半年的雷洋案到此结束。回顾整个雷洋事件：当死者雷洋被贴上“人大硕士”“初为人父”等标签，公众舆论对雷洋是一边倒的肯定支持，认为警察滥用公权力殴打雷洋是不正确的行为，初期的舆论场中公众舆论是一边倒向雷洋、肯定支持雷洋，舆论要求还给雷洋一个公道，虽然雷洋已经死亡，死无对证了，但是各大媒体与公众纷纷以不同角度探究警察在执法过程中的行为是否依法依规。随着事件的深入进展，涉案的警察被北京检察院立案侦查，北京检察院第四分院公布雷洋尸检鉴定，雷洋案在各方的帮助下最终还原了事情的真伪：雷洋的确是嫖娼了，但警察也违法违规殴打雷洋并受到了应有的惩罚。雷洋案的舆论反转过程是典型的肯定修补还原式：在初期舆论场中媒体和公众对雷洋是一边倒的全盘肯定和支持，但经过各方对事件的不断探讨和发掘，不断还原事件的整个过程，还原了该事件发生的整个环境，后期舆论不再是一边倒的肯定支持雷洋，而是对该事件中的雷洋和警察都有批评否定，后期的舆论场对该事件的评价更加客观和理性。

（二）否定修补还原式

否定修补还原式是指初期公众舆论场的态度是全盘否定甲方，经过深入报道，更多细节曝光，还原事情真相原貌，公众舆论反转，后期公众舆论场的态度是对甲乙双方各有否定（或肯定），且对甲乙双方的评价更加客观和理性。现以“2012 年的麦当劳案”为例说明舆论反转过程的否定修补还原式：

2012年3月15日，中央电视台“3·15”晚会，一段长则8分22秒的视频曝光北京市三里屯麦当劳店工作人员违规操作，把过期的芝士、生菜、肉制品、炸鸡腿、香芋派继续出售的整个过程、生牛肉饼掉到地上捡起来不做任何处理直接使用，并伴有工作人员对此事的不负责任的回答和态度，该视频一曝光引起社会的广泛关注和热议。

随后21点50分，“麦当劳中国”在微博上发表道歉声明：“我们立即对此事进行调查，绝不姑息、严肃处理，我们将以实际行动向广大的消费者道歉，我们将会确保食品安全、切实执行营运的标准，为消费者提供安全、卫生的食品和饮食环境。”该微博一经发表立即引起公众的“围观”。23点20分，在新浪财经等众多媒体的带动下，这条微博被转发八千多次，参与评论互动人数超过一千多万。有不少公众指责“麦当劳中国”道歉的态度敷衍了事：“麦当劳的食品管理是全世界著名的典范，在北京的一家麦当劳店却被曝出工作人员违规操作，改动食品保质期的时间，而麦当劳公司称这是极个别现象，那这极个别现象是被麦当劳允许的吗?”有不少公众表示麦当劳有严格的食品标准，却在实际运营中违规操作，麦当劳这样的国际企业存在着一定的问题，一些消费者对麦当劳工作人员违规操作的行为感到很失望，并表示以后不会再去吃了。但有更多的公众表示中央电视台“3·15”晚会曝光麦当劳工作人员的违规操作，却不曝光国内更多企业的黑暗作坊、黑暗食品，央视的行为是在五十步笑百步，且公众并没有完全否定批评麦当劳，有公众发起名叫“我信麦当劳胜过信仰央视”的活动，号召大家到就近的麦当劳门店消费，用实际行动表明自己对麦当劳的信任。在活动投票统计结果中，信任麦当劳的人数远远超过信任央视的人数，可见，公众对麦当劳的忠诚度和信任度很高。

由麦当劳引起的舆论不断在扩大，最终公众舆论矛头指向了政府监管失职、法律法规不完善、食品安全监管不力的问题上，此时政府的监管失职问题被公众舆论“狂轰滥炸”。随着网络信息化的进步,公众变得越来越理性,从一开始初期舆论场对麦当劳持否定批评的态度,随后反转为对麦当劳的肯定支持,后期舆论场中公众不断的争论将事件矛头指向政府,最终认清该事件的源头是在政府监管不力、法律法规不完善的问题共同助长了食品安全问题的滋生。

下图表示麦当劳案的舆论反转过程:

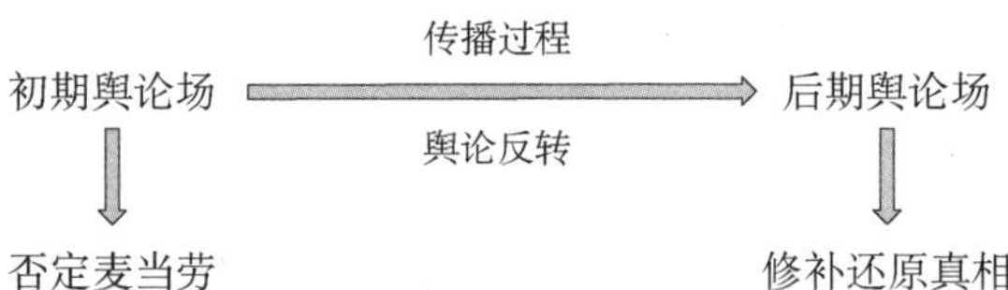

在麦当劳案中,初期舆论场对麦当劳一开始是一边倒的全盘否定,但“麦当劳中国”借助微博向广大消费者道歉并承诺改进的声明,让公众感受到麦当劳道歉的诚意,很快得到公众的原谅。

综上分析,在舆论反转过程中大体上产生的四种模式对研究认识舆论反转有很大的理论意义和现实意义,在舆论反转过程中不可能一方是全对或者全错的,后期舆论场主要是对初期舆论场的补充说明与还原,肯定的舆论修改后加上否定的报道内容,事件修补还原后的舆论不是全部的否定或者批评;否定的舆论修改加上肯定的报道内容,事件修补还原后的舆论不是全部的肯定。

参考文献:

1. 段思哲、尹承姝.网络舆论助力下的新闻反转[A].1674—8883(2016)12-0104-01.
2. 廖声武.网络舆情事件传播与社会公平正义实现[J].新闻前哨,2016(01):11-13.
3. 赵黎.从“肃宁事件”的舆情反转看民警网上集群共鸣现象[J].公安教育,2016(01):37—39.
4. 荆林波、甄宇鹏.两个舆论场的碰撞与挑战——网络时代舆论新格局[N].

中国青年报，2015(02)：26.
5. 谭宏民　赵欣茄.探析新闻反转剧中网络舆情的发展态势及成因——以“成都女司机被打”事件为例[J].新闻传播，2015(15).
6. 袁鑫.从舆论的反转看新闻的正反面[J].新闻研究导刊.2015(06)：102.
7. 徐金玉.自媒体环境下“舆情反转”的成因分析[J].新闻研究导刊，2015(16)：283.
8. 张松超.被打女司机“被扒皮”，网络暴力何时休？[N].包头晚报，2015(05).
9. 于德清.变道女司机被打事件，自食其果谁都不冤[N].新京报，2015(05).
10. 黄鸿业.“舆情反转”新闻的成因及其规制[J].青年记者，2015(03)：22—23.
11. 白红义.剧情反转新闻与记者的职业素养[J]，社会观察，2015(11).
12. 王国华、闵晨、钟声扬等.议程设置理论视域下热点事件网民舆论“反转”现象研究[J].情报杂志，2015(09)：112—117.
13. 苏雨、杨璐.浅析“舆情反转”的成因及媒体责任——以“成都女司机被打”事件为例[J].传播与版权，2015(07).
14. 赵国宁.浅谈“舆情反转”现象及成因[J].新闻世界，2015(07).
15. 张斌.浅析当下媒介传播过程中的舆论“反转”——以庆安枪击事件为例[J].东南传播，2015(07).

28. “一带一路”背景下杭州“国际电子商务之都”城市形象的建构与传播

浙江传媒学院　凌佳佳

摘要：G20峰会后，杭州城市知名度大幅度提升，随着2022年亚运会等重大会议将相继在杭召开，杭州自身经济发展迅速，杭州越来越可能发展成为国际性都市。在对外宣传杭州形象时，“东方休闲之都，生活品质之城”的目标成为过去时，“国际电子商务之都”将会成为这座城市未来努力发展的目标。如何建构与传播杭州“国际电子商务之都”的新形象，是一个值得深思的问题，需要政府、市场、媒体等各个行业的配合，共同打造杭州“国际电子商务之都”城市新名片。

关键词：杭州城市形象　国际电子商务之都　城市形象建构路径　城市形象传播

城市形象的定位，有利于城市的宣传和推广，便于人们快速认识和了解一个城市，推动城市的可持续发展，提升城市的综合竞争力。2004年，杭州市委、市政府邀请亚太旅游组织（PATA）和北京大学的专家为杭州打造核心竞争力，在广泛调研的基础上，“东方休闲之都”被正式确定为杭州的城市形象。2007年，杭州市第十次党代会上提出将“生活品质之城”作为杭州城市发展战略目标。至此，“东方休闲之都，生活品质之城”成为杭州城市总体形象定位。经过十多年的建设和发展，“东方休闲之都，生活品质之城”的城市形象已经渐渐融入这座城市的发展理念中，并在民众中有一定的知名度。

2015 年 3 月 7 日，国家批复在杭州成立中国首个跨境电子商务综合实验区，使杭州成为“网上丝绸之路”的始发地；2016 年 G20 峰会后，杭州知名度迅速提升，一跃成为国际都市；2017 年 6 月 13 日，UCLG 亚太区“一带一路”地方合作委员会落地杭州，这是杭州积极参与“一带一路”建设，推动杭州城市国际化的又一重要举措。2022 年第 19 届亚洲运动会将在杭州举行，杭州发展日新月异，此时提出更加适应杭州发展趋势和定位新的城市形象迫在眉睫。据杭州统计信息网发布的“2016 年上半年杭州经济运行情况报告”，2016 年上半年，杭州实现增加值 1 193.76 亿元，其中移动互联网、电子商务、数字内容产业分别增长 48.7%、48.3% 和 41.9%，尤以电子商务为 465.55 亿元的增加绝对值位居榜首。

表 1　2016 年上半年全市信息经济分产业增加值情况

产业名称	绝对值(亿元)	增速(%)	较一季度增减百分点	同比增减百分点
合计	1193.76	26.2	+1.6	+1.5
电子商务	465.55	48.3	+0.8	+14.2
云计算与大数据	419.84	35.4	−0.9	+7.7
物联网	146.55	10.8	+0.7	−5.4
互联网金融	114.17	9.0	−7.4	−58.3
智慧物流	36.78	6.9	+2.0	+8.6

(表 1 来源：2016 年上半年杭州经济运行情况报告)

号称“无现金城市”的杭州，在阿里巴巴等优势电子商务资源的支持下，大力发展电子商务，打造“国际电子商务之都”无疑是将杭州介绍给世界的一张有力的新名片。

一、建构“国际电子商务之都”新名片

（一）营造良好政策环境

杭州要打造“国际电子商务之都”必然离不开政府政策方面的支持。“一带一路”背景下，杭州市和浙江省抓住发展电商产业的新机遇，相继颁布了《浙江省电子商务产业“十二五”发展规划》《杭州市人民政府关于进一步加快电子商务发展的若干意见》《杭州市电子商务创新发展三年行动方案》等规划成果的指导意见。2014 年 3 月 31 日，杭州市政府提出要逐步创造条件积极申报杭州网上自贸区。这相当于建立一个虚拟的跨境贸易电子商务园区，将电商、物流、第三方支付等企业和相关数据纳入其中，形成一个单一的窗口平台，并实现监管体系、金融服务体系、智能物流体系、电商信用体系等信息共享；2014 年 1 月 28 日，杭州市委、杭州市政府确定保税业务落定，建立由招商、综管、海关、检验检疫为核心的工作团队，完善电子商务交易链、服务链和监管链，推荐电子商务快速健康发展。2015 年全省电子商务交易额突破 3 万亿元，实现网络零售 7 610.62 亿元，超额完成“十二五”目标。

2016 年 4 月，浙江省商务厅印发《2016 年浙江省电子商务发展工作要点》，要求深入实施“电商换市”工程，争取全年实现电子商务交易额 3.5 万亿元，进一步加快“国际电子商务中心”建设进程；2016 年 12 月 26 日，省商务厅公布《浙江省电子商务产业发展“十三五”规划》，规划到 2020 年，全省将实现电子商务交易额逾 5 万亿元，力争通过五年时间将浙江建设成为全球知名电子商务企业集聚区、全国电商应用和创业创新先行区、国际电子商务模式创新和标准引领区。

杭州市政府还大力建设和完善物流园区，修建城市交通，完善互联网支付等金融服务体系和税收、监管体系等，为杭州成为“国际电子商务之都”添砖加瓦。电子商务作为杭州发展的顶层设计，需要良好的政策环境，这是杭州打造“国际电子商务之都”的首要条件。

（二）培育有利于市场的沃土

杭州市拥有占全国三分之一的互联网企业、占全国七分之一的电子商务网站，居全国22个城市群之首的网商数，涌现了阿里巴巴、淘宝、支付宝、网盛科技等一批电子商务企业和浙大网新、信雅达等软件提供商，杭州东方电子商务产业园、杭州下沙电子商务园等一大批电子商务产业园初具规模，相当数量的电子商务类企业集聚在电子商务产业园，为电子商务企业的发展提供了良好的基础。2009年杭州成立下沙电子商务产业园，2012年8月，杭州成为国家首批五个跨境贸易电子商务服务试点城市之一（杭州、郑州、上海、宁波、重庆），2015年建立全国首个跨境电子商务综合试验区，杭州电子商务发展有着成熟的市场条件。此外，杭州市积极打造“国际电子商务中心”的支撑体系，电子商务认证、信用体系、物流配送、在线支付等支撑体系不断完善，为推动国际电子商务中心建设提供了较好的基础。

“一带一路”作为国家发展战略，是一辆快速行驶的高铁列车，杭州想要成为“国际电子商务之都”必须要搭上这列车，带动杭州快速发展。杭州既不在“一路”之上，又不在“一带”之内，要搭上这趟“一带一路”列车，可以借助自身发达的电子商务信息网络和支付宝等强大的支付网路，努力构建一条以杭州为起点的“网上丝绸之路”。2016年10月马云在云栖大会上提出“新零售”概念，指出未来线上线下和物流的结合是电子商务行业的趋势。“一带一路”能为杭州带来更加广阔的市场，帮助杭州的企业走出去，利用自身电子商务方面的优势，在跨境电商业务领域快速发展，将杭州打造成“国际电子商务之都”。

（三）打造专业人才队伍

可以结合高新区（滨江）、未来科技城（海创园）、下沙电子商务产业园、跨境电子商务综合试验区等重点区域，以企业为主体，推进建设阿里巴巴淘宝城、顺丰电子商务产业园等一批具有商品贸易、平台建设流配送、融资支持等多种功能和业态的电子商务产业集聚区，积极创建浙江省重点电子商务园区和国家电子商务示范基地。同时这些电子产业园和示范基地，又是很好的人才培养实训实践基地，有利于培养电子商务专业人才队伍。

目前杭州高校中，开设电子商务的高职院校有 9 所，本科院校和中职院校开设电子商务专业的学校较少，对于电子商务高校师资队伍建设还需要加强，这是高校培养专业人才的首要条件。

表 2　杭州市开设电子商务专业的职业院校（部分）

类型	院校名称	专业	所属院系	2015 年招生计划
高职	浙江长征职业技术学院	电子商务	经济学院	189
	浙江育英职业技术学院	电子商务	工商管理系	160
	浙江商业职业技术学院	电子商务	信息技术学院	251
	浙江旅游职业学院	电子商务	旅行社管理系	100
	浙江经贸职业技术学院	电子商务	信息技术系	177
	浙江经济职业技术学院	电子商务	商贸流通学院	82
	浙江金融职业学院	电子商务	经济管理系	100
	浙江机电职业技术学院	电子商务	经贸管理学院	47
	杭州职业技术学院	电子商务	金都管理学院	
中职	杭州技师学院	电子商务	商务类	80
	杭州市中策职业学院	计算机网络技术（电子商务专业）		40
	杭州江滨职业高级中学	电子商务	物流服务与管理	
	杭州市开元商贸职业学院	电子商务		360
	杭州市萧山区高级技工学院	电子商务（网店经营管理）		40
	杭州市萧山区第二中等职业学校	电子商务	商贸类	
	杭州市萧山区第三中等职业学校	电子商务		

（表 2 来源：前瞻产业研究院发布的《杭州市电子商务行业与职业教育报告》）

除了高校人才培养外，还可以企业培养，淘宝大学每年都培养大批的电子商务方面的实用人才。企业也应该积极参与电子商务人才的培养中来，邀请专家对员工进行定期业务培训，各种相关机构组织，如杭州市电子商务协会可以定期举办公益讲座或培训课程，免费提供给行业人员。电子商务的专业人才，是杭州电子商务产业发展的基础条件，决定了杭州能否成为“国际电子商务之都”。“一带一路”背景下，电子商务方面的专业人才，除了需要过硬的专业知识外，还需要对国际贸易、国际法律等有一定的了解，对外语的培训也很重要，国际城市需要国际化人才。

二、传播“国际电子商务之都”新名片

（一）打造杭州故事媒体传播2.0版本

1. *互动传播讲好故事*

习近平在《人民日报海外版》创刊30周年时指出，现代建构和传播好中国国家形象，必须“讲好中国故事，传播好中国声音”。“讲好中国故事”的关键点就是要用易于理解的语言和表达方式传递信息，加强与受众的互动，及时了解受众的反馈。中国人民大学新闻学院院长赵启正谈到其在上海工作时的一次经历。有次印度总理到上海郊区参观，乡长像做政府工作报告一样给总理介绍情况，总理有些不耐烦，说其实给我一张文字就可以了。到了一位农民家里，农妇向总理介绍她家新房子：这是我和丈夫的房间，那是儿子和儿媳妇的房间。总理很感兴趣，问为什么你们两口子的房间很小，而儿子、儿媳妇的房间又大、采光又好？农妇说，在中国儿媳妇是贵客，当然把最好的房间给他们。印度总理若有所思，哦，中国是这样！这位普通农妇没讲什么大道理，只是几句话就说明了中国社会对妇女的尊重。

在北京召开的“一带一路”国际合作高峰论坛上，浙江之声、浙江新闻广播推出特别直播节目《“一带一路”浙江先行》，新蓝网、中国蓝

新闻客户端、蓝天云听、网易视频客户端等平台同步视频直播，收看的观众、网友超过 80 万人次。节目邀请专家做客直播间，就“一带一路”的概念、意义等进行点评解读，帮助受众理清概念；同时，前方会场采访记者联系，实时关注高峰论坛的进程，同时还采访参会浙江嘉宾。节目期间不断与观众、网友通过微信和客户端等参与互动，真正打造出一个杭州“一带一路”2.0 版本的好故事，取得了较好的社会效果。

因此在传播杭州“国际电子商务之都”新名片时，媒体之间一定要相互沟通，做到媒体之间积极互动。在传播方式上，注重与受众的互动，同时还需要根据受众的反馈情况，及时调整和修改传播策略，讲好杭州“一带一路”故事。

2.“复调传播”统一发声

从传播策略方面来看，杭州在传播“国际电子商务之都”上应该采取多声部的复调传播，多种声音的“大合唱”，共同唱好“一带一路”背景下杭州“电子商务之都”这首歌。“澎湃新闻网”运作的外宣新媒体平台“第六声”是复调传播策略的好的案例。“第六声”聘请来自国际主流媒体的外籍员工直接参与新闻策划与报道制作，积极借助“外口”“外脑”讲中国故事，引导外籍人士近距离观察中国社会。同时其聘用的特约撰稿人中既有城市规划师、高校教师，也有动漫导演、外交官员，专业角度切入，报道题材广泛。中方人员和外籍人员不同立场和观点的“多音大合唱”形成了“第六声”复调传播策略的典型特点，赢得了外媒的广泛关注和信赖，纽约时报曾在一篇报道中积极评价澎湃新闻网开办“第六声”的实践，“用更具人性化关怀的角度讲好故事”。

对国内外传播杭州“国际电子商务之都”新形象，更需要复调传播策略，“多音齐鸣”共同唱好这首主旋律。传统主流媒体和民间自媒体相互合作，传统主流媒体要把好传播报道的方向，民间自媒体要充分发挥自己主动性，与传统主流媒体相互促进，出陈创新，共同传播杭州“国际电子商务之都”的新形象。

3. 视频可视化传播

从传播手段上来看，信息的可视化传播是当代传播方式的一种趋势。2016 年短视频、直播等可视化传播手段大行其道，并取得较好的传播效果。“复兴路上工作室”发布的 5 分多钟的短视频《领导人是怎样炼成的》两天内播放 100 多万次，受到网友广泛好评，在网友发布的 400 多条评论中，多数认为视频生动、有趣，没有刻板严肃，是“跟得上时代的宣传片”。由此可见，在传播杭州“国际电子商务之都”形象上，应当充分发挥信息可视化的优势，达到事半功倍的效果。杭州 G20 峰会民间自媒体人程方和程晓制作的 8 分钟短片《杭州印象诗》达到了很好的宣传杭州的效果，让全世界都认识到了杭州的美丽，同样我们也能做到让全世界都认可杭州是一座现代“国际电子商务之都”。

（二）扩大杭州电子商务国际影响力和知名度

要将杭州打造成“国际电子商务之都”，必须提高杭州在国际上的影响力和知名度，而发展杭州会展业是一个不错的宣传途径。会展业能提升城市的知名度与美誉度，提高城市竞争力，促进城市基础设施建设，增加经济收入，已成为衡量一个城市开放度、城市活力和发展潜力的重要标志之一。会展活动是最有意义的城市广告，它能够向世界各地的与会人员宣传这个形象，扩大城市影响，提高城市在国际上的知名度和美誉度。

2014 年 10 月 30 日，博鳌亚洲论坛——2014 中国（杭州）全球电商领袖峰会在杭举行，阿里巴巴、亚马逊、微软等名企“大腕”齐聚一堂，围绕“电商：经济转型新驱动”主题，分享先进发展模式与经验，共同探讨产业未来趋势，是杭州建设国际电子商务的重要平台，促进杭州电商产业走向国际化。

为了打造杭州“国际电子商务之都”，可以引进与电子商务相关的大型知名展会，举办大型峰会、论坛，奠定杭州在电子商务领域全球领先地位。此外，杭州还可以举办全国性乃至全球性的电子商务创业项目、学术论文大赛等选拔类竞赛，一来可以选择电子商务方面业界和学界优秀的成果，二来也可以扩大杭州作为“国际电子商务之都”的影响力。

杭州政府要积极引导会展业的发展，制定科学完善的会展发展法规法律，为会展发展营造健康良好的市场环境。同时，会展人才的培养也必须提上日程。建立健全高校的会展专业课程体系，加强会展先关课程建设，探索走“校企联合的道路”，加强对现有会展从业人员的培训，必要时可以推行从业人员资格认定制度。杭州电子商务的发展，需要充分利用“一带一路”的大背景，可以针对“一带一路”沿线国家创办有特色的电子商务活动，发展论坛、贸易交流会等，通过“一带一路”将杭州的电子商务产业带出国门，走向世界。

（三）建设全球知名电子商务产业园

2010 年杭州电子商务产业园在杭州西湖区正式开园，占地 28 亩，现有电子商务企业 96 家，就业人数 4 600 人，构建了良好的电子商务生态圈。目前江干区是电子商务最集中的地方，有东方电子商务产业园、新月电子商务产业园和下沙电子商务产业园；余杭区有东部电子商务产业园。2015 年阿里研究院发布的全国电子商务园区研究报告指出，电子商务园区数量最多的 10 个地级城市中，杭州排在了第一。电子商务产业园可以发挥产业集中优势，基础设施集中建设，相应配套设施和机构都可以达到最大利用率，最大限度促进电子商务行业在杭州的发展，促进杭州“国际电子商务之都”城市形象的推广。

目前杭州的电子商务产业园区发展还处于初期阶段，各个产业园区之间联系还不紧密，同时园区内产业发展链条也不健全。2013年首届电子商务园区发展论坛上，伟雅网商的创始人伟雅谈到，“各地的电子商务园区他们‘堵’在创造自己的经验，但是他们缺乏交流。”“电子商务园区里，我总觉得缺少些什么东西，缺少什么呢，缺少电子商务里面各个环节的服务商。”他举了“朵牧”女鞋为例，“朵牧”用40万资金起家，做到了年销售一个亿。“朵牧”女鞋在下沙电子商务产业园租用了3 000平米的场地，其中1 000平米用来办公，2 000平米当仓库。他们引进了9家分销商，对其实行像电子商务园区一样的几个免费，第一个是免房租，第二个是免宽带，第三个是免办公设备，第四个是免培训费。9家经销商相互在一起培训、生活、工作，实际上形成了一个大的团队概念。进驻的9家分销商只需一个承诺，只能做“朵牧”的品牌，“朵牧”的品牌因此很快就到了月销售几百万。再凭着这个销售额，凭着仓库里面的货物，去向不同的信贷机构借款，几乎就创造了奇迹，40万就可以做一个亿的事情，这就是产业园区集中发展的优势。

发展杭州电子商务产业园区，通过产业园区发展的集中优势，促进杭州成为“国际电子商务之都”，必须加强对产业园区的建设。首先，需要加强杭州各个电子商务产业园区之间的合作和交流，形成杭州电子商务产业园区集群，增强杭州电子商务园区在全国乃至全球的影响力。可以采用CIS战略对杭州电子商务产业园区进行统一的形象设计，统一发声，统一标识。其次，对产业园区内的政策要落实到位，协助入园企业进行相关认定，协助符合条件的企业申请获取政府优惠政策；不定期走访园区企业，及时了解企业现状及发展难题，有的放矢地运用政府的方针、政策、法律、法规为企业排忧解难，帮助企业破解发展难题等。再次，产业园区内相关配套设施要完善，物流、金融、信息服务、人才培养、法律关联服务、公共设施配套服务等，都需要建立健全，最大限度方便园区企业的发展。

三、小结与展望

鉴于发达的电子商务市场和有利的政策环境，建设杭州“国际电子商务之都”的城市新名片，值得我们为之付出努力。在“国际电子商务之都”的形象建构上以及同期的协同宣传上，都需要各个行业共同付出努力。在“一带一路”这样利好的发展背景下，杭州应该利用这个好政策、大市场，建设以杭州为起点的“网上丝绸之路”，使杭州成为“国际电子商务之都”。

参考文献：

1. 胡正荣.对外传播应“顶天立地　直指人心”[J].新闻与写作，2017(08).
2. 赵启正.国家形象的形成和公共外交，《新闻与写作》，2017(08).
3. 张亚静.“一带一路”背景下电子商务发展创新模式研究[J].电子商务，2016(02).
4. 曹燕、方微.“一带一路”背景下杭州会展业的机遇挑战与对策[J].商业评论，2015(12).
5. 蔡强华.打造杭州电子商务产业升级版[J].浙江经济，2014(06).

29. 公共关系视角下国内社区警务模式建设探究
——以浙江德清县城北警务室为例

浙江传媒学院　任信达　王　皓

摘要：社区警务是西方第四次警务革命的标志性产物，产生于1960年，全球警界争相学习实践。2002年的"杭州会议"上首次提出在我国建设社区警务的战略规划，至此国内也发起了一股社区警务建设的潮流。当前虽取得了一定成效，但部分群众包括公安机关对社区警务室在认识上仍存在着误区，同时，社区民警对自身警务理念认识也不足，缺乏行之有效的社区警务模式。本文主要研究公共关系视角下社区警务室的现存问题、建设对策和相应警务模式的探索，主体部分首先介绍了社区警务、警察公共关系等概念，同时列举分析了国内部分成功和失败的农村社区警务模式，进而总结出当前社区警务存在的问题及原因。其次通过对浙江德清县乾元镇城北警务室的先进社区警务模式——"庭院式"警务的全方位多视角的分析探究，总结出一套符合我国国内现状并行之有效的"以人为本，执法为民"的民意导向型社区警务模式，最后对其在全国范围内的推广做了简要分析。

关键词：社区警务模式　警民关系　公共关系　"庭院式"警务模式

一、绪论

（一）选题背景与目标

改革开放在三十余年的积极推进下，取得了较为成功的理想效果。党的十八届三中全会在以习近平主席为中心的科学领导下，结合当前我国构建社会主义现代化国家的蓝图，战略性地提出了“全面深化改革”的重要举措。通过改革开放推进中国梦的实现，依据实现中国梦的总体要求全面深化改革开放，具有重大的理论意义和实践价值。《中共中央关于全面深化改革若干重大问题的决定》紧紧围绕经济、政治、文化、社会、生态文明、党建等六大改革主线，涵盖 15 个领域，包括 60 个具体任务，《决定》中关于政府职能方面明确提出：“增强政府公信力和执行力，建设法治政府和服务型政府。”

在全面深化改革的大浪潮下，政府行政职能单位，尤其是作为维护社会稳定繁荣的公安体系，结合当下社会发展的实际情况做出适应社会主义现代化建设的改革势在必行。尽管我国目前城镇化进程已取得显著成果，但作为国民赖以生存并提供基础保障的社区仍旧承担着十分重要的角色。治理并维护好社区稳定，增进基层民众的团结，保障群众的切身利益仍旧任重而道远。

然而，我国的社区形态又不一而足，尤其是占有相当比例的农村社区实际状况更是错综复杂，作为维持社区稳定繁荣的社区警务也多是呈现“各自为政”的局面。积极构建先进科学的农村社区警务是农村派出所顺应全面深化改革的重要举措。当前面临许多新情况和新问题，现有的社区警务体制已不符合日益巨变的社会治安形势，而且农村警务改革更是严重滞后。因此，急需根据农村社区的普遍特性应运而生出一套具有普遍适应性和广泛应用性的“农村社区警务模式”以推广至全国。在积极响应全面深化改革的同时，为实现伟大的“中国梦”推波助澜。

（二）研究的主要内容

本文运用社区警务和公共关系学的相关理论，通过实地调研等研究方式，以浙江省湖州市德清县乾元镇城北警务室为例，探讨了在公共关系的视角下结合自身特质构建出一套具有普遍适用性的行之有效的农村社区警务模式。本文首先介绍了社区警务这一概念的具体内涵，及科学合理的社区警务模式的应用意义。同时，简述了警察公共关系的基本表现及相关理论。其次，分析介绍了我国目前农村社区警务的建设情况及主要问题，并列举了几例构建失败的社区警务模式。然后，根据实地调研和访问的情况对浙江德清县乾元镇城北警务室展开详细分析，从其发展现状、警务特色、现实意义等方面做了详尽分析，并对“庭院式”警务模式做了具体说明和介绍，将之形成一套科学的理论体系，与此同时结合公共关系相关研究，总结归纳出推广“庭院式”警务模式的实施细则。为其在全国范围的推广应用奠定基础。

（三）该课题的现实意义

公安部于 2006 年出台文件《关于实施社区和农村警务战略的决定》，这个决定意味着不仅在城市，而且在农村也要全面展开社区警务。加快农村社区警务的创新不仅是当前提升农村警察服务和改善农村警务模式的有效途径，同时也是保障社会主义新形势下新农村建设顺利进行的重要途径。浙江湖州市公安机关就根据本市各社区的实有人口、地理位置、社区面积、治安状况等因素，积极摸索与之相适应的社区警务模式。近年来更是提出了“以民意为导向，以服务为准则”的民意导向型警务理念。德清县乾元镇城北警务室更是积极响应市里的号召，大力开展社区警务工作。乾元镇作为城乡接合部在地理位置、人口构成、治安状况、警力配置等各方面都显得十分复杂,这对 2008 年刚刚新建的警务室构建社区警务来说,是一场不小的挑战。但经过数年的不断努力与调整,城北警务室仍然构建了一套相当科学并极具创意的农村社区警务模式——“庭院式”警务模式。因此,将德清县乾元镇城北警务室作为研究案例具有一定的代表性和合理性。

构建农村社区警务是建设社会主义新农村,创建新格局新局面和构建社会主义和谐社会的需要。构建新型农村社区警务,转变农村现行的警务模式,最终使农村社区真正地实现“发案少、秩序好、社会稳定、群众满意”的社会效果。

二、基本概念及农村社区警务模式现状分析

(一) 基本概念

1. 社区警务概念

社区警务的概念产生于西方,但经历了半个多世纪的应用与发展,目前世界各国对社区警务的定义也不尽相同,或为一种警务工作方式,或是一种警务理论,甚至是一种警务发展战略。

(1) 国外相关理论

美国休斯敦警察局认为:社区警务是指存在于警方与社区之间的相互作用的过程,其主旨是警察和社区居民共同发现并解决一系列社区问题。

英国内政部研究规则司的研究报告则指出:社区警务即恢复英国传统警务原则,以减少犯罪为目的,由警察与公众共同承担控制犯罪的责任的做法。

坦桑尼亚警察部队于 2006 年提出了一项社区警务政策,目标通常强调转向“为社区维持治安而不是为社区维持治安”,这意味着警察的责任和对公民的反应。这些积极的内涵使得社区治安成为“良好和民主治安的几乎无可挑剔的定义”。

(2) 国内相关理论

王苏醒认为：社区警务战略就是以社区的治安需求为导向来开展警务工作。

陆东英认为：农村社区警务是以农村社区(或以村庄形式)为范围，以警民联手协作的方式，通过立足社区、服务社区，与社区建立长期的合作关系，动员和鼓励社区群众以多种形式参加农村治安防控工作，形成以社会为主体的防控网络，并辅以多种具有农村警务特色的矫正和疏导措施，有效维护农村社区的社会秩序和社会稳定的具有农村特色的警务模式。

(3) 笔者对社区警务模式的理解

社区警务即为：把警务工作融入百姓日常生活中，以防范为目的，同时贴近百姓，服务百姓，坚持以“识百家人、进百家门、知百家情、连百家心”为准则，积极构建和谐温馨，鱼水相依的警民关系的一种基层警务工作模式。

2. 警察公共关系概念

公共关系作为一门发展较为成熟的学科，其实际应用价值普遍受大众认可，适用的领域也十分宽广。警察公共关系即为其中重要的组成部分，公共关系在警务工作中的广泛应用也具有重大的现实意义。针对警察公共关系，角度不同理解也不尽相同。

周锦秀认为，警察公共关系是指警察组织或警察个人以民意为立足点和导向采用各种方式积极与社会公众、组织和个人进行及时有效的沟通，以建立和谐持久的警民关系，提高警察影响力，更好地为公众提供服务的过程。

也有学者认为警察公共关系是帮助警察部门树立顾客导向意识，根据公众意愿改善组织行为；通过沟通与传播，达成警察与公众相互理解与合作的一种管理活动和管理职能。

社区警务缺乏连贯的定义。尽管如此，这个术语已经被用作修辞手段来支持怀旧和以国家为中心的警务模式。这些模式越来越受到多样性的挑战。政府通过倡导一个“大家庭”警务模式来应对这一挑战。

笔者经过公共关系学的学习和实践，认为警察公共关系就是警察组织依据自身公共服务的本质，结合公共关系行为准则，出于塑造自身服务形象，体察民意更好地为群众服务的目的，而做出的一系列与社会及群众双向沟通、修缮行为的管理活动。

（二）部分成功农村社区警务模式概述

我国的农村社区由于历史原因导致结构极为复杂，这一因素也决定了村落的治理不可能依附于某一单一模式，致使农村警务模式趋向特异化、多样化。这就要求我们在实践中必须深刻认识到农村社区警务战略是真正实现全心全意服务人民群众、实现执法为民、以民意为导向，是维护社会长治久安和谐稳定的必由之路，应遵循“因地制宜”和务实的原则，

依据社区警务的基本原理和形态，我们不难发现农村社区民警在农村警务系统中，只是其中的一部分而非所有。警察指导和协调社区群众，不仅依赖于整个农村社区各种基层组织的健全和高效运行，就其内在属性而言更依赖于全体村民的积极性和自觉性。同时，由于各地经济发展的情况不尽相同、社会治安状况各有差异，农村警务的建设必须有针对性地根据不同地区的经济、人文、地理、治安状况等差异，积极探索建立各具特色、灵活高效的警务工作模式，坚持走因地制宜的建警之路。

1. “警务＋租房‘中介’”型农村社区警务模式

城郊处可谓是每个城市最头疼的地方，不仅集聚着数目庞大的外来人口，而且人员结构复杂，流动性极高，形形色色、素质相对而言较低，其中甚至潜藏着个别在逃的罪犯。在大部分城郊接合部，美容

店、按摩店等隐蔽色情场所十分集中,成为卖淫嫖娼等社会不良现象的集聚地,成为阻碍社会和谐发展的一个难题。

山西省太原市寇庄地处太原市繁华的南内环,是太原有名的城中村之一。村内几乎集中了整个太原市的数码电子产品经营公司,人员结构极为复杂,新建居民区和老旧城中村交错在一起,在同一片地方呈现出了现代化与脏乱差的矛盾景象。行业种类也十分繁多,私人出租屋密布于大街小巷的各个角落,脏乱差屡现与人。据统计,全市历年刑事案件有30%左右发生在该城中村。为有效防控社区内的违法犯罪,2007年5月,寇庄社区警务室挂牌成立。

社区有超过一千多间的出租房屋,警务室民警结合该社区外来人口众多且趋向年轻化等特点,探索出"警务+租房'中介'"的警务模式。其关键在于对辖区内的所有出租房进行免费实时的托管登记,将在租的房屋全部纳入系统管理,外来人员租房必须到警务室进行查询联系。社区警务室不收取任何费用,免费提供服务,同时租房必须进行实名登记和临时住户登记,既保证了流动暂住人口的有效管理,房东和租客也得到了方便。

2. "星盘"型农村社区警务模式

在农村的老区域多为老居民,人员结构稳定,治安相对乐观平稳,由此可根据规模大小以及位置分布等特点,选择3—4个行政村抱团设立警务联动区。在各个警务联动区选择规模较大辐射覆盖面广或治安复杂的农村社区设立一个一级警务室重点建设,其他设立为二级警务室。这样构成了以一级警务室为主、周围二级警务室为辅的联动布局,村与村之间相互照应,形成不同村落的分类管理和重点带动一般的"星盘"型农村社区警务模式。

江苏省是目前国内"星盘"型农村社区警务模式首创的地区,一级警务室至少配备一名民警和两名辅警,二级警务室至少配备两名正规辅警。各个警务室平时立足所在行政村开展工作,与此同时,一级警务室负责紧密加强对二级警务室的工作指导,更为关键的是组织群众力量,做到“未雨绸缪”共同维护警务联动区治安的稳定。平时各个警务区之间相对独立地开展工作,一旦发生突发情况或重大案件,相邻警务联动区及警务联动区的各个警务室立即相互协作,统一调配、布防、巡逻,迅速形成工作合力。

此种农村社区警务模式适用于农村社区较为分散且交通相对便利的地区。社区民警可以充分发挥自身先进性作用,在维护治安的同时,协助做好农村基层扶助工作、促进区域经济发展、加深文化氛围,村委会与警务室相互帮助,实现社区警务与村民常规事务共赢互促局面。

3. “内部协勤”型农村社区警务模式

“内部协勤”警务模式是选用当地合适的村民作为辅警,协助警察开展警务工作。不难理解,长期生活在村子里的“文化”青年,对村内有更深的了解,在处理常规警务事务,尤其是日常的矛盾纠纷上有着得天独厚、先入为主的优势。

辅警通过串门走访的日常生活方式,潜移默化地向村民宣传治安法规、安全知识,从根本上解决了村民知法、懂法、用法的难题。当前派出所普遍警力不足,而日常事务尤为繁重,甚至还不时发生许多突发事件,不可避免地侵占了为群众上门服务的时间,难以真正做到面对面心连心地为辖区群众进行服务,这一难题本村的“辅警”恰恰可以有效地弥补。

(三) 部分失败社区警务模式案例及原因

笔者选取了几个不同省份的基层派出所,对其工作效果走访了辖区居民。现将两个有代表性的反馈结果举例如下:

1. 山西省榆社县云竹镇派出所调研情况

山西省榆社县云竹镇派出所坐落在云竹镇边,目前共有 12 名警员。辖区总面积 127 平方公里，33 个行政村，21 506 人，常住人口 15 000余人。由于辖区面积广，因此民警基本都是待在办公室，极少出去走访村民。出警办事也都是依托群众报警后 110 指挥中心的指派。这种常规的警务方式，虽然能极大地缓解警力少、效率低的问题，但无形之中也疏远了与群众的距离。

在我们对当地百姓的简单采访中得知：百姓虽然对派出所的办事效率，服务态度有所肯定，但总觉得没有“警民一家亲”，感觉很陌生。所里几位领导也在反思当前这种模式，渴望探索出一条新型之路。

2. 甘肃省凉州区金羊镇派出所调研情况

派出所辖区总面积 25 平方公里，辖 15 个行政村，下设 140 个村民小组，总人口 37 545 人。由于辖区地处城郊，外来流动人口规模较大，管理工作极其辛苦成效也低。派出所也无法抽调多余的警力去辖区走访。在走访居民过程中，多数居民都反映在平时到派出所办事的过程中，对具体的工作流程等不是很清楚，只能到派出所询问，这样一来二去花费时间也比较多，希望建设电子平台提高办事效率。

（四）当前农村社区警务存在的问题

1. 理论研究滞后

(1) 对社区警务本质认识不够清晰。在实际中，有不少人简单地把社区警务理解为“1 + 1”的强行叠加，或把传统警务室从城市里放到社区内。在实施社区警务时，一味追求社区警务的形式，只顾不断建社区警务室扩大数量，而在运行机理、工作模式等实质性内容方面庸于改革与原先的警务模式如出一辙，成效颇微。

(2) 对社区警务未来认识不明朗。有相当部分基层公安机关对推进社区警务的战略意义了解甚浅，只是停留在按章办事的层面，没有进行细致深刻的剖析，导致众多基层社区警员主观积极性不强，缺乏工作动力。

2. 客观条件欠缺

（1）民众的单向索取性影响了社区警务的开展。在现实生活中群众要求社区民警帮助解决矛盾纠纷多、解决困难多，为了眼下自身的利益一味地索取。相比之下对社区警务工作理解少、支持少、参与少。服务对象的积极性直接导致了工作的成效和发展。

（2）管理模式的变化不可避免地影响了社区警务的开展。在社区警务工作过程中民警实际可依靠的力量非常之小，自身信念又不太坚定导致工作难度提升，成效低下。

（3）社会治安形势复杂影响了社区警务的开展。当前，我国正处于稳健的高速发展期，经济、文化等各个领域都迅猛发展，然而与之相伴随的也是社会治安形势复杂严峻，公安机关维护治安稳定的压力十分巨大。

3. 自身问题严重

（1）上级干预过多。众所周知，我国当前公安系统的管理机制即为上级直接领导指挥下级。这种管理机制一定程度上确实能提高办事效率，提升整体性。但事实上，在日常的执法服务过程中，上级往往对下级有超出正常范围的干预。这也直接导致了基层警务工作难以及时顺利开展，缺乏工作反馈，缺少为基层服务时间等问题，严重影响了社区警务的顺利开展、健康发展。

（2）民警素质较差。从日常的新闻报道中或是直接接触中不难发现，有相当数量的基层民警法律与业务素质较差，不善于与群众沟通，听取意见，不善于收集信息，发现信息，不善于调动和激发群众开展群防群治的积极性，根本上阻碍了社区警务的发展。

（3）警力配置不合理。由于历史原因"倒金字塔"警力配置结构，导致了一线警力的严重不足，现实中往往看到一名警察负责着整个社区的警务工作。整日奔波仍然难以满足社会需求，影响了社区警务的开展。民警常年超负荷工作，不仅无法真正落实社区警务政策，对其个人而言也伤害极大。

（五）国外先进社区警务与我国的比较与思考

新加坡、日本警方实行社区警务，在维护社会治安方面取得的成绩是令人瞩目的。其许多做法可以为我们进一步改进工作提供借鉴：

1. 预防犯罪为先

新加坡、日本的社区警察对于案件的态度与我国不一样。我国的派出所工作往往有些急功近利，功利性太强，缺乏长期经营的战略思想，案件一上升就认为派出所基础工作不起作用。实际上，新加坡警方在学习日本交番制度，在本国实行邻里警岗制度的过程中，从 1983 年至 1988 年很长一段时间案件是持续上升的。案件的上升没有动摇他们开展社区警务的决心，果然案件上升的势头在 1988 年得到遏制，以后开始逐年下降。单纯从数字上看，他们的工作好像没有取得什么效果，但是与 1983 年相比，社会经济已飞速发展，社会生活已取得巨大变化，而案件没有同步上升，这本身就是了不起的成就，同时他们赢得了最广大民众的支持和理解，民众的安全感增强了。我国公安机关往往太在乎案件数字的升降，自觉不自觉地就围绕着破案开展工作，其实没有必要，因为新加坡警方的调查也告诉我们，相对于整个社会案件的升降来讲，民众往往更关心身边发生的事情以及可能受到的威胁，这才是社区警察的工作重点所在。

2. 管理方式科学

上级机关对下级机关的工作一般不进行干涉，一线指挥官在职权范围内有权自行做出决策，上机指导机关更像一个研究所，通过数字分析、实地调查、听取反映等方式监测一线机关的工作，对于下级忽略的地方提出建议，对于超常做法要求做出解释，对于不恰当做法帮助进行检讨，真正做到工作重心的下沉。我国派出所往往“责权”不统一，派出所没有工作主动权，必须听取上级的安排，派出所不是从社区群众的需求出发部署工作，而是根据上级指令安排工作，工作往往没有针对性。

3. 警力部署合理

在一个社区内，新加坡、日本尽量将职责任务相同或相近的人员纳入一个指挥官的统一领导之下，可以有效地利用现有的人力资源。如两国的交警很少，社区巡逻警察同时也承担着高峰时间交通疏导的任务，而在日本，社区警察还负责处理交通事故。

4. 社区警察的素质高

新加坡、日本社区警察没有警种分别，从我们的角度看，他们同时是“片警”“治安警”“巡警”“刑警”“交警”，他们要同时承担入户走访、调解纠纷、处理轻微犯罪案件(相当于我们的治安案件)、110 快速反应、巡逻守候、现场勘查、维护交通秩序、处理交通事故等勤务工作，真正做到了“一警多能”。新加坡注重基本工作技能训练的同时，也注重工作技巧的训练，如如何与人沟通、怎样与居民建立良好关系、如何说服别人接受自己的观点等。

5. 勤务方式规范

新加坡的勤务制度非常规范。从勤务时间上看，他们将执勤人员每天分成两班，执行 24 小时勤务，随时接受民众的报警求助。我国派出所还大多沿袭 8 小时工作制，8 小时以外的值班往往不看作为正常上班时间。实际上对于派出所来讲，尤其在城市随着市民活动时间的延长，夜间工作量也不少，甚至比白天工作还要多，在警力部署上应该当作正常工作时间对待。

从勤务内容看，各种勤务活动社区警察一般两人一组按照小时相互轮换，衔接紧密，效率非常高。我国的派出所在勤务内容上还不是很规范，由于工作太多，作为派出所基本勤务方式的巡逻和入户走访往往被挤掉。同时还存在着工作效率不高的问题。

6. 注重公共关系

新加坡、日本警方十分注重警民关系，把建立良好的警民关系、树立警察形象、赢得民众信任作为开展社区警务的重要内容和先决条件。在建立警民关系的方式上，他们不仅通过传统媒体进行宣传，还通过邻里警局组织联欢会、座谈会、入户宣传等方式确保他们的宣传内容深入人心。每个社区都有固定的社区警察与他们联系，警察经常与社区领袖一起研究解决社区中出现的问题。警察还与社区中的各类组织紧密联系，共同承担改善社区生活环境的任务，使警方与社区融为一体。反过来，社区民众被充分动员起来，也共同承担着维护治安的任务。

三、德清县乾元镇城北警务室建设现状及分析

（一）德清县乾元镇城北警务室环境分析

浙江德清县城北警务室管辖乾元镇城北、联合、幸福三个行政村，有61个自然村，1.3万余人口，辖区面积33.5平方公里。辖区内多石矿，地势相对曲折，且交通较为不便。由于辖区多石矿，因此村民与石矿，石矿与外来工，外来工与本地人之间，矛盾纠纷多发。

（二）德清县乾元镇城北警务室发展介绍

1. 城北警务室硬件建设

警务室没有坐落在繁华的地段，反而是建在一个小村庄边。警务室建得相较于其门口挂的金闪闪的荣誉牌来说由显朴素简单。如果不注意门上的警徽、门口的警车以及墙上的蓝白色，乍一看，还以为这警务室是个农家小庄园。警务室内又设调解室、办公室、宿舍

等。警务室房前是一片桑树林，穿过去，是一个一亩见方的鱼塘，养着2 000多条草鱼。房屋左侧的菜园里种着绿油油的青菜、萝卜和大葱，后头是猪圈。右侧的山地竹林里，几百只母鸡、公鸡在找虫叼草，自得其乐。

2. 城北警务室工作成效

浙江德清县城北警务室辖区多石矿，因此村民与石矿，石矿与外来工，外来工与本地人之间，矛盾纠纷多发，竟占了乾元镇矛盾纠纷总数的一半以上，而其中涉及石矿的纠纷又占了近9成。自2008年9月建立城北警务室后，城北辖区所有210起矛盾纠纷，包括8起非正常死亡引起的争端，均在警务室就地化解，如今辖区矛盾纠纷数比城北警务室建立初大幅下降。今年上半年，仅有的18起矛盾纠纷又在警务室消解于无形。

四、"庭院式"警务模式分析

（一）基本概况

1. "庭院式"模式警务概念

依托自身人文、地理的环境优势，通过营造，平易近人，热情服务的"庭院式"警务氛围并坚持以"识百家人、进百家门、知百家情、连百家心"为准则，积极构建和谐温馨，鱼水相依的警民关系的一种基层警务工作模式。

"庭院式"警务模式是浙江省德清县公安局乾元派出所城北警务室民警沈根财带领7名协警，在应对治区的特殊情况、解决警务工作上的具体矛盾中摸索出来的一种以"民意"为导向、以"感情"为纽带、以群众为"靠山"的警务工作法，具体表现于生活在群众中，工作在群众中，真正做到了以民意为导向。

2. "庭院式"警务模式与社区警务的关系

"民意主导警务"是浙江省湖州市公安局提出的一种全新警务工

作理念,它的核心是以人为本,现已在我国公安系统内成为共识。它要求公安工作的出发点和立足点是想问题、做决策、办事情始终为群众着想,首先要考虑老百姓的感受。要弄清民意真实涵义,才能真正做到敬畏民意,从而树立民意导向理念。庭院式警务模式就是这个理念的深刻实践和体现。

从两者关系来看,"庭院式"警务模式是社区警务的一个具体体现,与之是个体和一般的关系。"庭院式"警务模式是在践行"社区警务"的道路上,湖州基层公安干警结合我国的国情和地方自身具体情况所得出的适合中国基层尤其是社区层级的一种高效、具有针对性的警务工作模式。

(二) CIS **战略设计**

1. MI—理念识别系统

(1) 模式概念

依托自身人文、地理的环境优势,通过营造平易近人,热情服务的"庭院式"警务氛围,并坚持以"识百家人、进百家门、知百家情、连百家心"为准则,积极构建和谐温馨,鱼水相依的警民关系的一种基层警务工作模式。

(2) 模式核心理念

模式愿景:把警务工作融入百姓日常生活中,贴近百姓,服务百姓,构建"警民鱼水情,警民一家亲"和谐机制。

模式使命:走到百姓中间,住进百姓心里。担当百姓"安全、法律、生活"的卫士,在中国共产党的领导及社会主义核心价观的指导下,为进一步构建和谐社会而奋斗。

模式口号:如鱼得水的新型警务,春风化雨的调解艺术。

模式发展理念:民意领导警务,警务服务民生。

模式服务理念:贴近百姓生活,全心全意为人民服务。

(3) 模式运作理念

"庭院式"警务工作模式。顾名思义看到"庭院"两个字,大家会想到一个家庭,一个院子。"庭院式"警务室就是要让人有家的感觉,一个属于大家的家!

这个家,首先要让百姓觉得温暖,能为百姓排忧解难,能为百姓化解矛盾纠纷。老百姓来警务室就好像邻居串门。出了什么事,有什么信息,警务人员很快就能知道。甚至条件合适的警务室,后院也可以像农家院子一样,养鸡养猪种菜,建厨房和灶头,百姓来了,添几双筷子,一边吃饭,一边交流信息,真正将百姓多有畏惧的警务室变为一个百姓之家。如此,处理警务工作时方能如鱼得水,从根本解决问题,赢得百姓的爱戴。

(4) 警员工作理念

警员敬业观:乐业,勤业,精业

警员行动观:严格执法,热情服务

警员服务观:识百家人、进百家门、知百家情、连百家心

警员自我要求:坚守平凡,坚守奉献,清正廉明

警员团队观:顾全大局,通力协作,相互尊重,相互支持。

2. BI—行为识别系统

(1) 内部行为识别

道德规范:

- 忠诚可靠:听党指挥、热爱人民、忠于法律
- 秉公执法:实事为据、秉持公正、惩恶扬善
- 英勇善战:坚忍不拔、机智勇敢、崇尚荣誉
- 热诚服务:情系民生、服务社会、热情周到
- 文明理性:理性平和、文明礼貌、诚信友善
- 严守纪律:遵章守纪、保守秘密、令行禁止
- 爱岗敬业:恪尽职守、勤学善思、精益求精

- 甘于奉献：任劳任怨、顾全大局、献身使命
- 清正廉洁：艰苦朴素、情趣健康、克己奉公
- 团结协作：精诚合作、勇于担当、积极向上

行为规范：

忠于职守，清正廉洁，纪律严明，服从命令，严格执法

工作环境：

在保持原有的国家公安机关统一风格的基础上，依托自身独有的地理位置、人文生活条件，营造“庭院”的氛围。保证公安机关应有的严肃、公正、严谨的同时，尽量为广大群众提供一种家庭的温馨感，将警务室打造为真正的“百姓之家”。

(2) 外部行为识别

服务原则：

- “功夫在诗外”——平时要与村民建立感情打好沟通基础，赢得信任和支持的前提。
- “设身处地，将心比心”——用心是很多难题迎刃而解的关键。因此，每次都全力以赴，全身心投入。
- “一碗水端平”——不偏不倚才会让人信服，办事要做到公正、公平、公道。
- “细致深入抓要害”——要善于发现细节，防微杜渐。
- “雷厉风行，快刀斩乱麻”——决不让小事成大事，决不让纷争蔓延，决不让歪风成气候！很多时候成功的要害就是一个“快”字。

警员形象：

- 平易近人，实事求是
- 清正廉洁，甘于奉献
- 心系百姓，倾情服务

(3) VI—视觉识别系统

1. 模式标志

图 1

2. 标志象征

整个 Logo 由图形与中英文全称两大部分组成,采取左右横排形式展现。整体颜色采用国内公安系统统一色调——蓝色。左半部分的图形整体呈现圆形,又可分为左右两部分。整个图形有着两种表现与寓意:

图形左半部分形似一条鱼,右半部分又如一弯蜿蜒的河水,两部分紧紧相连在一起象征着"鱼水相依",凸显了"庭院式"警务模式是一种心系百姓,服务人民,创造警民一家亲的新型模式,展现了本模式的核心理念。

图形的左右两部分又可看作是两只握在一起的"手",分别代表着中国广大民警与普通百姓。两只手紧紧相依,也展现了警民相互帮助共创和谐型社会的决心。

3. 标志标准色

- 图形标准色: 020661 渐变到 A3B1FA
- 文字标准色: 222A75

蓝色不仅代表着宽广、包容和深邃,还代表着神圣、正义与宁静。其有着夜曲般的柔情和大海般的宽容,同时蓝色也是勇敢、坚强的象征。

五、"庭院式"警务模式建设推广

(一) 公关目标

1. 通过对"庭院式警务模式"的理论论证学习,改变警务系统和

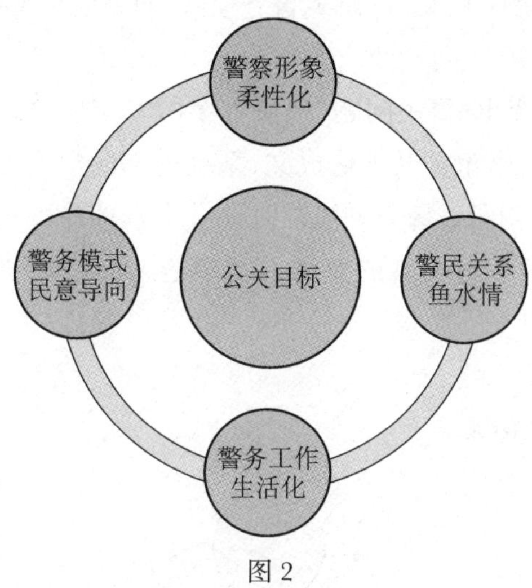

图 2

人民群众之间的固有认知，实现警民关系的和谐发展。

2. “庭院式警务模式”在经过科学论证后，使之理论化、标准化后，在警务系统内部进行推广学习，转变警务系统固有的工作思维和行事方式。

3. 将“沈根才”的个人形象、工作经历等通过大众媒体进行包装，使之成为“警民鱼水情”的典范，从而引起社会大众对“警民关系”的关注，促进大众对警务系统的理解。

（二）公关策略

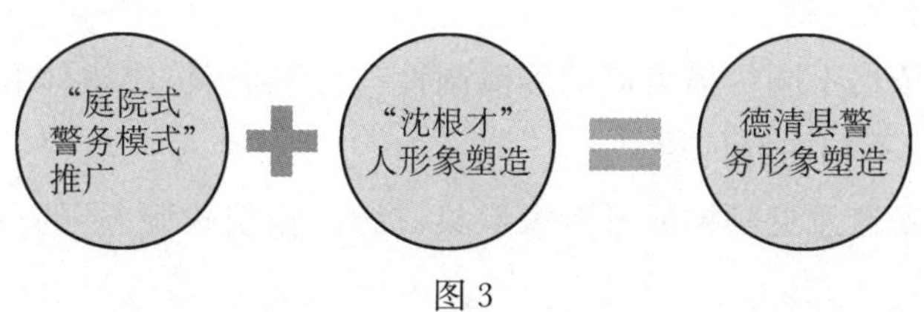

图 3

1. 核心议题：围绕“庭院式警务模式”对系统内部的借鉴作用进行公关活动。

2. 对内：突出“警民问题”解决方案的专家形象，主要包括以下几点：模式的科学论证及理论成文、系统内部的学习借鉴、模式推广的可行性分析；对外：警务系统针对社会大众的品牌正名，主要包括以下几点：警民和谐关系的典型人物塑造、大众遇到“警民问题”应该如何合理诉求。

（三）传播策略

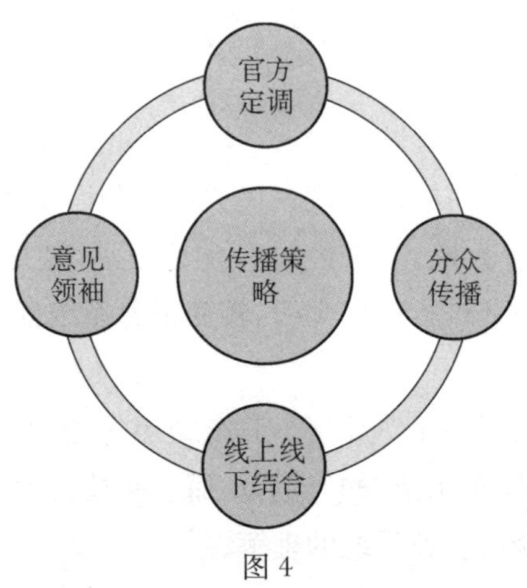

图 4

1. 根据目标人群的不同特点，采用不同的传播渠道，实现有针对性的分众传播。

2. 依据不同传播渠道的传播调性，合理利用传统媒体和社会化媒体进行不同内容传播。

3. 塑造意见领袖或者专家形象，提升“庭院式警务”的科学性和权威性。

(四) 媒体策略

1. 对内使用传统媒体和官方渠道,强调客观性;对外通过新媒体和社交媒体,强调互动性和传播性。

2. 分析不同受众的媒体消息接触渠道,扩大传播对象覆盖面。

六、结语

本文认为,如何应对我国当前错综复杂的社会形态,适应新时代高速发展的趋势,把"为人民服务"真正落实到日常农村社区警务工作中,寻找一套科学合理,"因地制宜"的农村社区警务模式成为必由之路。在公共关系的理论指导下,贴近民生,符合民意的"庭院式"警务模式不乏为一种成功之选。百姓是国家的基础,只有真正做到"识百家人、进百家门、知百家情、连百家心"才能让人民群众得到切实的益处,保障社会的长治久安。浙江省湖州市德清县乾元镇城北警务室,在沈根才警官的积极实践和不断探索下推行的"庭院式"警务恰恰符合了这一客观要求,且具有一定的代表性。

当然,目前国内各个农村社区呈现出错综复杂的情况,人文、地理、历史等背景不尽相同,但"庭院式"警务模式不失为一个借鉴对象。在参考其成功之处的同时结合自身特质转化调整,创新出一套符合自身高效开展警务工作的模式。

诚然,一个成功的优秀的农村社区警务模式是根本,但做好其系统研究、开发和传播同等重要。在 CIS 的系统指导下,将实际操作理论化成了关键。本文对"庭院式"警务模式的系统研究和分析,在一定程度上提升了该模式的现实意义,扩大了其传播范围提高了其影响力。

七、致谢

感谢导师马志强教授带我探索公关实战的领域尤其是警察公共

关系方面，给予我各方面的无私帮助和支持，引导我站在更高的角度看待农村社区警务及警察公共关系，并顺利完成论文。

感谢张咏梅副教授带领我实地调研德清县乾元镇城北警务室，并结合自身实战经验指导我系统科学的认识警察公共关系实务，助我顺利完成本次论文。

感谢浙江省公安厅丁钟文主任为我提供城北警务室及沈根财警官相关报道和书面资料作为参考，并结合自己多次的实地调研和访谈助我深入了解城北警务室以及沈根财警官的先进事迹，为我顺利完成论文提供了莫大帮助。

感谢沈根才警官提供的“庭院式”警务模式的相关信息和资料，让我更深层次的了解了“庭院式”警务的内涵与精髓。

参考文献：

1. 曹意强.美术博物馆学导论[M].北京：中国美术学院出版社，2008：35.
2. 维基百科，http：//zh.wikipedia.org/wiki/%E7%BE%8E%E8%A1%93%E9%A4%A8.
3. 朱其.中国的私立现代美术馆体制[J].美术馆，2003 年 A 辑，广西师范大学出版社，2003(10)：10.
4. 朱琰.国外著名美术馆的发展特点与启示[J].艺术百家，2015(02)：240.
5. 陆冬英.关于农村社区警务建设的思考[J].广州市公安管理干部学院学报，2008(03)：5.
6. 赵可.国外警学研究集粹[M].北京：中国人民公安大学出版社，1999：381.
7. 张兆瑞.社区警务论[M].北京：中国人民公安大学出版社，2003：38.
8. Johnston L：From ‘community’ to ‘neighbourhood’ policing，Police community support officers and the ‘Police extended family’ in London. Journal of community & amp；applied social psychology，2005 年版第三期。
9. 王苏醒.基于无缝隙政府的社区警务战略研究[J].福建警察学院学报，2010(06).
10. 陆冬英.关于农村社区警务建设的思考[J].广州市公安管理干部学院学报，2008(03)：5.
11. 周锦绣.《社区警务中警察公共关系建设的 SWOT 分析》，载《法治与社会》

2016 年第 4 期。孙娟：《一个战略型警察公共关系的示范》，载《公安学刊——浙江警察学院学报》2011 年第 1 期。

12. Cross，Charlotte：Community policing and the politics of local development in Tanzania [J]. *Journal of Modern African Studies*，52(04)：517—540.

13. 胡建刚.论农村警务模式的多元化结构[J].云南警官学院学报，2012(02)：42—47.

14. Sefer Yilmaz：Tailoring model in reforming police organizations towards community policing. *Journal of organizational change management*. 2013(05).

15. 公安机关人民警察职业道德规范，2011 年修行版。http：//www.mps.gov.cn/n2254098/n2254176/c3625573/content.html.

图书在版编目(CIP)数据

世界名城建设之公共关系使命：第八届西湖公共关系论坛论文集/虞华君，刘江，金大伟编著.—上海：上海三联书店，2018.9
ISBN 978-7-5426-6387-0

Ⅰ.①世… Ⅱ.①虞…②刘…③金… Ⅲ.①城市管理—公共关系—文集 Ⅳ.①C912.81-53

中国版本图书馆CIP数据核字(2018)第147660号

世界名城建设之公共关系使命

——第八届西湖公共关系论坛论文集

编　　著／虞华君　刘　江　金大伟

责任编辑／郑秀艳
装帧设计／一本好书
监　　制／姚　军
责任校对／张大伟

出版发行／上海三联书店
　　　　　(200030)中国上海市漕溪北路331号A座6楼
邮购电话／021-22895540
印　　刷／上海惠敦科技印务有限公司

版　　次／2018年9月第1版
印　　次／2018年9月第1次印刷
开　　本／890×1240　1/32
字　　数／250千字
印　　张／10.25
书　　号／ISBN 978-7-5426-6387-0/C·576
定　　价／52.00元

敬启读者，如发现本书有印装质量问题，请与印刷厂联系 021-63779028